조용헌의
도사열전

목차

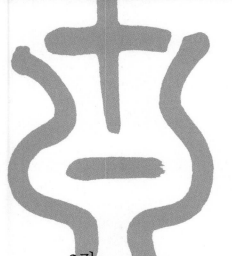

2장

고생을 해야만
영적인 세계가
열린다

5장

도사의
기술과
신통력

인생,
절체절명의 위기에 놓였을 때
신이(神異)와 영발의 세계에서
길어올린 삶의 결정타

일연 스님은 〈삼국유사(三國遺事)〉를 왜 썼는가? 그것은 신이(神異)를 다루기 위해서였다. '신이'는 신비스럽고 영험하며 상식을 벗어나는 콘텐츠를 가리킨다. 눈에 보이지는 않지만 인간 삶에서 작동한다고 느끼는 그 어떤 영역이다. 이 세상에는 눈에 보이는 세계와 눈에 보이지 않는 세계가 공존한다는 것, 내가 60년 인생을 살며 내린 잠정적 결론이다. 눈에 보이지 않는 세계가 있다고 전제하면 삶의 영역과 차원이 훨씬 넓어진다. 삶의 영역이 넓어지면 시야가 넓어지고 존재 그 자체가 평화스러워진다.

김부식의 〈삼국사기(三國史記)〉는 눈에 보이는 세계를 기술하였다. 논리와 이성의 세계이기도 하다. 그러나 〈삼국유사〉는 이것을 벗어나 있다. 논리와 이성만 가지고는 사는 게 너무 답답하다. 절체절명의 위기에 부닥쳤을 때 특히 그렇다. 사방이 가로막혀 도저히 빠져나갈 수 없다고 느끼는 순간에 붙잡으려고 애쓰는 그것, 그것은 종교의 세계이자 영험의 세계이고 신이의 영역이기도 하다. 어찌 논리와 이성의 잣대만으로 자신의 삶이 모두 해명되고 설명될 수 있다고 말한단 말인가. 운명이라고 하는, 때로는 우연이라고 하는 요소가 삶의 결정타가 되기도 한다. 〈도사열전〉은 이러한 문제의식을 갖고 쓴 책이다.

논리와 이성의 세계에 대해 책을 쓸 사람은 많다. 그러나 논리와 이성을 벗어난 세계, 즉 신이와 영발의 세계에 대해 책을 쓸 사람은 많지 않다. 나 같은 소수파나 이단자만이 이야기할 수 있는 영역이다. 제정신 가진 586세대 가운데 '영발'을 이야기할 수 있는 사람이 있겠는가. 나는 스스로를 이단아라고 생각한다. 지금까지 신이에 대해 관심을 갖고 이것을 밝혀보려고 노력했기 때문이다. 그 과정에서 많은 천대와 비웃음을 받았다. 지금도 받고 있는 중이다. 나를 도와줬던 사람들은 이 땅의 명산에서 도를 닦던 방외지사(方外之士)들이었다. 참새가 어찌 대붕의 속마음을 알리오!

비디오 아티스트 백남준은 〈삼국유사〉를 자신의 텍스트로 삼았다. 예술적 영감의 보고였던 것이다. 이 책 〈도사열전〉도 한류 콘텐츠의 텍스트가 되었으면 좋겠다. 내용 가운데 일부는 필자의 상상력도 가미되어 있다. 사실도 있지만 어떤 부분은 소설적 요소도 포함되어 있다는 것을 독자 여러분께서 감안해주시기 바란다.

2022년 초여름
장성 축령산 편백숲 휴휴산방(休休山房)에서
조용헌 쓰다

1장

운명은 이미
기록되어
있다

최규선은 '사막으로 가라'는
토르 선생의 점괘를 듣고
곧바로 실천에 옮겼다. 중동으로 간 것이다.
중동의 누구에게 간단 말인가?
바로 사우디아라비아 출신의 '알 왈리드'
왕자를 만나러 갔다.
알 왈리드는 세계적인 부자로 소문나 있다.
가끔 외신에 그가 타고 다니는 전용기
사진이 소개되기도 한다.
최규선이 세계적인 부호 알 왈리드와
어떤 연줄로 만날 수 있었는가.
그 중간에 마이클 잭슨이 있었다.

열사(熱沙)의
사막으로 가라!

오전 10시쯤은 하루 일과 중에서 차를 마시는 시간이다. 12지(支)로 말한다면 사시(巳時, 오전 9~11시)에 해당한다. 불교에는 '사시마지'가 있다. 사시에 대웅전 법당의 부처님께 밥(마지)을 올리는 공양을 말한다. 좋은 그릇, 즉 누르스름한 놋그릇이나 방짜 유기로 만든 그릇에 밥을 담아 정성스럽게 불상 앞에 올려놓는다. 부처님은 하루에 한 끼, 사시에 식사하는 습관이 있는 셈이다. 나는 사시에 차를 마신다.

사(巳)는 인신사해(寅申巳亥) 가운데 하나다. 역마살(驛馬殺)에 해당한다. 사주팔자에 역마살이 많은 나는 하루 중 역마살이 본격적으로 가동되는 사시에는 되도록 방바닥에 앉아 있으려고 차를 마신다. 또 한 가지, 사(巳)는 불에 해당한다. 불은 위로 뜨는 성질도 있다. 자꾸만 위로 뜨다 보면 사고 나기 쉽다. 뜨다 보면 오버한다. 오버하면 결국 코피 나고 갈비뼈 부러지게 되어 있다. 아래로 가라앉혀야 한다. 어떻게 아래로 가라앉히느냐? 물을 부어야 된다. 차를 마시면 반강제적으로 물을 몸 안에다 붓는 수행을 하게 된다. 물이 들어가니 불이 좀 잠재워진다고나 할까. 일부러 12지를 따져 차를 마시는 것도 인생만사에 타이밍이 중요하다는 사주명리학의 가르침을 신봉하다 보니 생기게 된 습관이다.

사시에 찻상을 마주하게 되면, 나 자신과 홀로 대면하는 시간이다. 오로지 나를 위한 시간이다. 조용히 앉아 전기포트에서 뽀글뽀글 끓는 물소리를 듣는 것도 좋다. 끓는 물소리는 그 자체로 하나의 명상 거리가 된다. 물이 끓고 나면 대만의 명인이 만든 당성(唐盛) 차호(茶壺)를 꺼낸다. 나는 붉은 색의 당성 차호를 좋아한다. 혼자 마실 때 쓰는 조그만 차호다. 손잡이에 손가락이 겨우 들어가는 작은 차호에 '보이차 7542'를 넣고 흑갈색의 차를 한 잔 우려 마시면, '이만하면 나쁜 인생이 아니다'라는 느낌이 올라온다.

느긋하게 나 혼자만의 시간을 즐기고 있는데 '따르릉' 휴대폰이 울린다. '웬 방정맞게 이 시간에 전화가 온단 말인가!' 대개 이 시간의 전화는 안 받는다. 그러나 그날은 안 받을까 하다가 받았다. 이럴 때 전화를 받고 안 받느냐에 따라 인생 스토리가 갈리기도 한다.

순간이 사건을 결정하는 것이다. 그 순간은 어떻게 보면 우연이다. 우연이 인연을 만든다. 차를 마시는 혼자만의 오붓한 시간을 깨는 전화를 안 받을 수도 있는데, 왜 번호 입력도 안 되어 있는 모르는 전화를 받을까? 전화 건 사람의 조상 혼령들이 나로 하여금 전화를 받도록 압력을 행사했을 가능성도 있다. 눈에 보이지는 않지만 세상사 미묘하면서도 결정적인 찰나의 순간에는 이러한 신명계의 보이지 않는 음부공사(陰府公事)가 작동한다.

10.26사건 당시 김재규가 박통(박정희 전 대통령)을 총으로 쏘고 난 후, 정신없는 상황에서 승용차를 타고 가다 갈림길을 만났다. 운전기사가 '국방부로 갈 것인가, 중앙정보부로 갈 것인가'를 물었을 때의 순간이 아마도 이런 음부공사의 순간이 아니었을까. 중앙정보부로 가자고 했어야 하는데, 순간 김재규는 국방부로 가자고 말을 뱉어버렸다. 이때 '국방부로 가자'는 순간적인 결정에서 김재규의 모든 운명이 결정되어버렸다.

그 1~2초의 순간, 치밀한 계산과 이성이 작동되지 않은 이 미묘한 순간이 인생사의 분기점이 될 수도 있다. 아주 짧으면서도 그 어떤 불확실한 결정을 하는 순간을 운명론자들은 주목한다. 이 순간이야말로 그 집 조상들의 혼령(魂靈)이나 그 사람을 보호하는 보호령(保護靈)이 작동하는 순간이다. 그 보호령의 급수가 낮으면 낮은 결정을 내리거나 작동 자체가 멈춰버리는 상황도 있다. 그 순간에 허둥대지 말고 차분해야 한다.

사시에 차를 마시다가 전화를 받았다. "누구십니까?" 모르는 사람이었다. 나이가 어느 정도 든 중년 남자의 목소리였다. 그런데 그가 대뜸 직설을 쏘았다. 거추장스러운 서론 없이 바로 본론이었다.

"저, 최규선 게이트의 최규선입니다. 제가 감옥 안에서 선생님 책을 열심히 보았습니다. 거기 보니까 도사들 소개한 내용도 있더군요. 지금 감옥에서 나온 지 얼마 안 되었는데 제 인생이 어디로 가야 할지를 모르겠어요. 제가 가야 할 길을 알려줄 도사님 좀 소개해 주세요."

최규선 게이트라니? DJ(김대중) 정권 때의 금융사건 아닌가. 그 당사자가 최규선인데, 지금 전화로 이야기하는 사람이 바로 그 최규선이라는 것 아닌가. 대개 이런 창피스런 사건 당사자는 자기 이름을 얼른 밝히지 않는다. 근데 이 사람은 얼굴도 알지 못하는 책의 필자에게 곧바로 자기를 게이트의 당사자라고 밝히는 것이었다. 이 점이 내 맘에 들었다.

"생년월일시는 어떻게 됩니까?"

불러주는 생년월일시를 듣고 만세력을 뽑아보니 '기해(己亥), 임신(壬申), 임오(壬午), 갑진(甲辰)'이 나온다. 사주의 특징이 임수(壬水)가 2개라는 점이다. 임월(壬月)의 임일(壬日)에 태어났다. 임수는 큰 강물이다. 이 큰 강물이 하나도 아니고 두 개다. 임수가 더블(double)로 들었으니 홍수가 나서 물이 범람하는 사주다. 홍수가 나면 모든 것을 쓸고 간다. 살림살이, 키우던 소와 돼지, 초가지붕 등이 범람하는 물에 둥둥 떠내려가는 풍경이었다. 이렇게 큰 홍수가 난 사주팔자는 내가 감당하기 어렵다고 판단했다. 이럴 때는 토스도 필요하다. '토르(Thor) 선생한테 넘겨야겠다'라는 직감이 들었다.

토르 선생은 '천둥번개 신(神)'을 모시는 인물이다. 천둥번개 신으로부터 신통력을 물려받았다. 북유럽 신화에서는 천둥번개를 '토르'라고 부른다. 할리우드 판타지 영화에도 단골로 등장하는 신이다. 흔히 망치로 상징되기도 한다. 천둥번개 신은 자신이 쥐고 있는 커다란 망치로 건물을 부숴버릴 수도 있기 때문이다. 엄청난 파괴력을 지닌 신이다. 해적질로 생계를 삼았던 북유럽 바이킹들이 숭배했던 신이 바로 토르 신이다. 바이킹의 성질에 딱 맞는 신이다. 해적이 무슨 인정사정 있겠는가. 무조건 도끼와 오함마 들고 가서 때려부수고 재물 뺏어오고 여자들을 납치하는 삶을 살았던 게 바이킹 아닌가. 그러나 토르 선생은 바이킹이 아니다. 운명을 거울처럼 들여다보는 분이다. 고려·조선 시대부터 내려오는 천둥번개 신인 뇌성보화천존(雷聲普化天尊)을 모시고 살다 보니, 이 신으로부터 사람의 운명을 거울에 비춰보는 신통력을 가지게 된 인물이다.

토르 선생을 찾아간 최규선이 마주했던 자신의 나아갈 길은 무엇이었나? "열사(熱沙)의 사막으로 가라. 거기에 당신의 돈이 있다."는 점괘였다. 왜 열사의 사막이라는 점괘가 나왔을까? 나는 토르 선생의 이 점괘를 곰곰이 분석할 수밖에 없었다. 나처럼 토르의 가피력을 받지 못한 사람은 이성과 논리를 이용할 수밖에 없다. 신의 영역과 팔자의 영역을 계산기로 두드려볼 수밖에 없는 것이다. 계산기로 두드려보니 어슴푸레하게 그 점괘가 짐작이 간다.

대홍수가 난 상태에서 이 물을 막을 방법이 없다. 어설프게 둑을 쌓아서는 홍수를 막기 어렵다. 큰 물이 밀려오면 어설픈 둑은 무너져버린다. 둑이 무너지면 모든 물이 흙탕물이 되면서 뒤죽박죽 엉켜버리는 상황으로 악화될 수 있다. 그러나 뜨거운 모래가 있는 중동의 사막으로 홍수가 흘러가면 어떻게 되는가? 모래사막으로 흘러간 물은 제아무리 큰 홍수라도 스며들 수밖에 없을 것 아닌가. 홍수 잡는 데는 사막이 딱이다. 굳이 제방을 쌓고 자시고 할 필요도 없다.

최규선은 '사막으로 가라'는 토르 선생의 점괘를 듣고 곧바로 실천에 옮겼다. 중동으로 간 것이다. 중동의 누구에게 간단 말인가? 바로 사우디아라비아 출신의 '알 왈리드' 왕자를 만나러 갔다. 알 왈리드는 세계적인 부자로 소문나 있다. 가끔 외신에 그가 타고 다니는 전용기 사진이 소개되기도 한다. 최규선이 세계적인 부호 알 왈리드와 어떤 연줄로 만날 수 있었는가. 그 중간에 마이클 잭슨이 있었다. 최규선이 미국에서 마이클 잭슨과 친하게 지낸 적이 있었고, 마이클 잭슨을 통해서 알 왈리드와 인연이 맺어진 것이다.

감방에서 나온 최규선은 사우디아라비아의 알 왈리드를 찾아갔다. 홍수 난 사주의 특징은 무대뽀 기질이다. 섬세한 계산을 하지 않고 '사막으로 가야 산다'고 하니, 무대뽀로 비행기 타고 알 왈리드에게 갔던 것이다. ▲▲▲

마크툽의 뜻이 '기록되어 있다'라고 한다면
이는 '사주팔자대로 산다'는 의미로
해석할 수 있다. 사람의 운명은 이미 하늘의
염라대왕 장부책에 기록되어 있다는 말
아니겠는가. 미리 정해져 있다는 의미다.
아랍식으로 바꿔 말하면 '신의 뜻대로
살아갈 수밖에 없다'는 이야기다.
팔자가 성공할 사람으로 기록되어 있으면
결국에는 성공할 수밖에 없고, 돈을 벌어
엄청난 거부가 될 팔자 같으면 우여곡절을
겪겠지만 결국 돈을 번다는 메시지다.

아랍 왕자의 메시지,
'마크툽(Maktub)'

감옥에서 출소해 '이제 뭘 먹고 살지? 길바닥에 나앉아야 하나? 자식들은 어떻게 하고?' 하는 막막함에 휩싸여 있을 때 만난 도사, 토르 선생. 그 토르가 '뜨거운 사막으로 가라'는 웬 뜬금없는 선문답 같은 처방을 내놓았을 때 이를 덜컥 접수한 최규선. 사실 최규선같이 입으로 덥석 물기도 어렵다. 배고픈 불독(bulldog)처럼 처방전을 덥석 받아먹는다는 게 그리 쉬운 일인가. 그게 쉽지 않다. 보통 사람 같으면 뜬구름 잡는 이야기로 치부하고 말았을 것이다. 한 귀로 듣고 한 귀로 흘린다. 기분 나쁜 말을 들었을 때는 한 귀로 흘리는 게 좋은 건강법이자 괜찮은 사고방식이다.

그러나 인생을 살면서 어느 순간에 어떤 사람과 이야기하다가 한마디 주워들은 대목이 삶의 행보를 바꾸는 촉매제가 될 수 있다. 문제는 이를 '받아들이느냐 아니냐'다. 이걸 '세 갈래 갈고리로 날카롭게 낚아채느냐 채지 못하느냐'다. 최규선은 이 상황에서 '사막으로 가라'는 처방전을 낚아챘다. 이게 비범하기도 하고 독특하기도 하고 복불복의 무대뽀 기질이기도 하다.

사주팔자를 보면 '수(水)'가 많은 사람들에게 무대뽀 기질이 있다. 팔자에 물이 많으면 우선 유들유들하다. 자존심을 크게 내세우지 않는다. 자기가 어떤 청탁을 했는데 이게 거절되더라도 크게 상처받지 않는다. '거절할 수도 있지, 다음에 언제 기회 봐서 또 부탁하면 되지!' 하고 생각한다. 그러나 자존심이 강한 사람들은 자기 부탁이 거절되면 크게 앙심을 품는다. '너 언제 한번 두고 보자! 아주 모처럼 꺼낸 내 부탁을 그렇게 야멸차게 거절할 수 있어?' 하면서 섭섭함을 품는다.

우리나라 기관장이나 단체장 업무의 80%를 차지하는 업무는 주변 사람들이 들고 온 개인 민원사항일 것이다. 기관장들은 이 민원사항 처리하는 데 애를 먹는다. 학교 동창, 친척, 자기가 신세 진 사람, 사회생활 하면서 이런저런 인연으로 알게 된 사람들로부터 '이것 좀 해결해주시오' 하는 민원이 들어온다. 이런 민원을 냉철하게 거절하면 욕을 바가지로 먹는다. '너 언제까지 그 자리에 있나 보자. 너 잘 먹고 잘 살아봐라.' 하는 저주를 받아야 한다. 그렇다고 민원사항을 다 들어주다가는 기관장 자신이 법망에 걸리거나 구설수에 휘말릴 확률이 높다.

대개 민원을 가지고 온 사람들은 그 단체장과 인연이 상당히 깊다. 아무 관계도 없는 사람은 민원을 부탁할 수도 없다. '내가 부탁할 만해서 부탁했는데 이걸 야멸차게 거절하다니 저 인간은 참 인정머리 없구나. 나와의 관계가 이 정도밖에 안 되었구나.' 하고 쓴맛을 다신다. 이 쓴맛은 다 무의식에 섭섭한 감정으로 저장된다. 단체장이나 기관장 하다가 결국 주변 사람들에게 섭섭한 감정만 불러일으킬 수도 있다.

가장 대표적인 사례가 국회의원 한 번만 하고 그만둔 사례다. 의원이 되기까지는 주변 코 묻은 표까지 다 긁어모아서 당선되었는데, 초선 국회의원이 얼마나 힘이 있다고 그 주변인들의 민원사항을 다 들어줄 수 있겠는가. 더군다나 요즘같이 인터넷과 대중권력이 그물코처럼 감시하는 세상에, 어영부영 인심 쓰는 일 했다가는 불법이 되거나 대중으로부터 엄청난 욕을 먹을 수 있다. 국회의원 그만두고 나면 주변 친지들로부터 외면받는 삶을 사는 수가 많다. '너 잘 나갈 때 모른 체했잖아?' 하는 섭섭함의 반영이다.

최규선은 임수(壬水)가 두 개나 포진한 '더블 임수' 즉 홍수가 난 팔자다. 이렇게 물이 많은 팔자들은 자존심이 강하지 않고, 유머감각이 있다. 잘 웃긴다. 사람을 편안하게 해주는 재주가 있다. 그 편안함은 불안을 낙관으로 전환시키는 재주다. 어떤 상황에서 다른 사람은 모두 불안하고 막막하게 생각하는데, 물 사주들은 '다 방법이 있을 거야. 되는 대로 한 번 해보지 뭐. 가다 보면 무슨 수가 생길 거야.' 하고 낙관하는 버릇이 있다. 불안 팔자들은 수(水) 체질의 이 근거 없는 낙관을 의외로 편안하게 받아들인다.

또 하나 수 체질의 특징이 있다. 어떤 상황에서라도 얻을 수 있는 조건을 제시하는 능력이다. 5개 희망사항 중에서 4개는 거절되더라도 최소한의 조건인 나머지 1개라도 타결시키는 능력이다. 어떤 사람은 4개가 거절되면 거기서 이미 기분이 나쁘다. 나머지 소소한 1개는 거들떠보지도 않는다. 그러나 수 체질은 이 나머지 1개라도 땅바닥에서 주워내 흙먼지를 닦아내고 쓴다. 이 점이 바로 '수 체질은 사업가 체질에 맞다'는 핵심 포인트다. 거기에다 어떤 사람과 돈으로 엮어지는 관계에는 전생 인연이라는 게 있다. 전생 인연이 작동하면 쉽게 거래처를 뚫는다. 불가능해 보였던 장벽이었는데, 생각지도 않았던 어떤 사람을 알게 되어 그 인연으로 거래를 성사시키는 경우다. 이건 눈에 보이지 않는 현상이니, 전생 인연이라고 보아야 한다. 토르 선생의 처방을 듣고 사우디아라비아의 알 왈리드 왕자를 찾아간 수 체질의 최규선, 그에게 궁금한 이야기가 많다.

"왈리드는 왜 당신을 만나줬나? 왜 당신의 부탁을 들어줬나? 아랍 왕자와 아시아의 키 작은 한국인이 무슨 공통분모가 있다고, 왈리드는 최규선을 상대해 줬나?"

"왈리드는 내가 무슨 이야기만 하면 잘 웃었다. 잘 웃지 않는 사람인데 내가 이야기하는 모습이나 말투, 표정을 보면 웃었다. 왈리드는 엄청난 금융투자가다. 어떻게 보면 돈놀이 하는 사람이다. 돈놀이 하는 사람의 특징은 잘 웃지 않는다는 점이다. 매사를 의심한다. 의심이 직업이다. 의심 많이 하는 사람이 어떻게 웃음이 나오겠는가. 매사가 긴장 거리다. 하루 종일 긴장의 연속으로 있다가 나와 이야기하기 시작하면 10분도 못 가서 '하하하' 하고 크게 웃어제꼈다. 자기를 웃기는 사람에게 호감을 가질 수밖에 없지 않겠는가."

"왈리드는 어느 정도 부자였나?"

"그가 사는 저택은 방만 해도 150개쯤 되는 궁궐이었다. 자가용 비행기도 5대나 있었다. 헬기에서부터 점보 여객기인 A380까지 가지고 있었다. A380을 한번 태워줬는데 그 안에 없는 게 없었다. 친절하고 상냥한 비서진부터 시작해서 세상 오만 요리가 다 있었다. 전문 셰프도 여러 명 배치되어 있었다."

"돈이 많아도 아주 짠 부자가 많다. 돈은 수천억 원 가지고 있어도 개인 씀씀이는 아주 인색한 경우를 많이 보았다. 특히 자수성가한 사람은 개인적으로 만났을 때도 절대로 손을 후하게 쓰지 않는다. 재산 규모와 당일 현금 씀씀이는 반비례하는 경우가 많다. 그렇다면 왈리드는 어땠나?"

"내가 경험한 왕자의 씀씀이는 우리 애들에게 용돈 줄 때였다. 왈리드를 만날 당시에 나의 쌍둥이 아들을 데리고 갔다. 9세가 된 애들에게 각각 1억 원씩을 주더라. 사탕 사 먹으라고. 애들 사탕 값으로 1인당 1억 원씩 주길래 '과연 왕자는 다르구나' 하는 인상을 받았다."

"왈리드는 중동의 왕자로 태어났으니 국왕인 아버지로부터 많은 유산을 받았나 보다. 거액의 유산을 받았으면 돈을 좀 쓸 수 있지 않을까?"

"아니다. 왈리드가 어렸을 때 부모는 이미 이혼했다. 그래서 홀어머니 밑에서 자랐다. 겉으로는 왕자였지만, 어머니는 일찍 이혼을 당하고 왕궁 밖의 평범한 동네에서 아들을 데리고 살아야만 했다. 왕자라고 해서 부유한 환경에서 자란 것이 아니다. 청소년기를 레바논의 베이루트에서 보낸 것으로 알고 있다. 베이루트는 전쟁의 폭격으로 도시 건물들이 거의 폐허가 된 상태였다. 이런 데서 청소년기를 보낸 왈리드 왕자는 불량소년에 가까웠다고 한다. 부서진 골목에서 싸움질이나 하고 다니고, 경제적으로 그렇게 넉넉한 환경에서 자라지는 않았다."

"그런데 어떻게 왈리드는 엄청난 부자가 되었는가? 유산을 물려받지 않았는데도 말이다."

"내가 왈리드 왕자를 만나면서 가장 인상 깊게 들었던 말은 '마크툽(Maktub)'이라는 단어였다. 아랍어였다. '기록되어 있다'라는 뜻이다. 왈리드는 입만 열면 '마크툽, 마크툽'이라고 읊조렸다. 입에 달고 다니는 말이 이 단어였다."

마크툽의 뜻이 '기록되어 있다'라고 한다면 이는 '사주팔자대로 산다'는 의미로 해석할 수 있다. 사람의 운명은 이미 하늘의 염라대왕 장부책에 기록되어 있다는 말 아니겠는가. 미리 정해져 있다는 의미다. 아랍식으로 바꿔 말하면 '신의 뜻대로 살아갈 수밖에 없다'는 이야기다. 팔자가 성공할 사람으로 기록되어 있으면 결국에는 성공할 수밖에 없고, 돈을 벌어 엄청난 거부가 될 팔자 같으면 우여곡절을 겪겠지만 결국 돈을 번다는 메시지다.

왕자로 태어났지만 어렸을 때 부모가 이혼하고, 이혼 당한 홀어머니 밑에서 컸던 왈리드. 청소년기에는 싸움질이나 하는 불량소년. '저 애가 장차 어떻게 되려고 저렇게 싸움질이나 하고 다니는가' 하고 어머니는 걱정만 했을 것이다. 그러나 가끔 만나게 된 아랍의 도사들이 '저 애가 나중에 성공해서 큰 부자가 될 것이다'라는 예언을 했다.

"내 아들이 어떻게 그런 거부가 되나요?"

"알라신의 뜻이오. 이미 장부책에 그렇게 된다고 기록되어 있어요. 마크툽!"

아마도 아랍 도사는 왈리드의 어머니에게 이렇게 이야기를 해주었을 것이다.

아랍에도 영험한 도사가 많다. 영발은 가혹한 환경에서 자란다. 등 따시고 배부르면 영발은 안 생긴다. 배부르면 주색잡기로 간다. '기한(飢寒)에 발도심(發道心)'이라고 하지 않았는가. 사막은 목마르고 배고프며 더워서 죽는 환경이다. 이처럼 처절한 환경이 어디에 있는가. 최악의 환경이다. 이런 환경에서 산다는 것 자체가 도를 닦는 셈이다. 사막에 있다 보면 아무리 멍청한 사람이라도 다 도사가 될 수밖에 없다고 생각한다. 고생을 해야만 영적인 세계가 열린다. 그래서 아랍에는 역대로 도사가 많이 배출될 수 있는 천혜의 환경이었다.

사막에 살다 보면 자기 목숨을 내놓는다. 신의 뜻에 맡긴다. '죽이려면 죽이고 살리려면 살리소서.' 이렇게 된다. 그러다 보니 목숨을 초개와 같이 버린다. 자살폭탄이 많이 터지는 곳이 중동이다. 이 세상에 '너 죽고 나 살자'가 대세인 데 반해 '너도 죽고 나도 죽자'는 중동의 독특한 현상이다. 자기도 죽어버린다고 하는데 어떻게 하겠는가. 자살폭탄이 테러로 사용된다는 점에서는 선뜻 동의하기 힘들지만, 아무튼 자기 목숨을 포기하는 경지는 쉬운 게 아니다. 여기에는 아랍의 사막지대가 배출한 혹독한 영성(靈性)이 작동되고 있다. 아랍은 역대로 도사가 많은 지역이었고, 이 도사들이 청소년 왈리드를 보고 '너는 나중에 큰 부자가 돼서 큰일을 할 것이다'라고 예언해주지 않았을까. ▲▲▲

궁즉통(窮則通)이라 했던가.

토르 선생은 최규선에게

'열사의 사막으로 가라'는 메시지를 주었고,

거기에 덧붙여서 하나 더 얹어주었다.

'땅 속에 돈이 있다'는 예언이었다.

최규선 팔자는 땅 속에 돈이 있는 팔자였다.

임수(壬水)에게 돈에 해당되는 오행(五行)은

불[火]이다. 수극화(水克火)의 이치다.

물은 불을 이겨 먹는다.

재물은 자기가 이겨 먹어야 재물이 된다.

땅 속에
돈이 있다

돈도 돈 나름이다. '나름이다'라는 말은 돈이 있는 위치가 각기 다를 수 있다는 말이기도 하다. 어떤 사람은 공중에 돈이 있는 팔자가 있다. 공중에 돈이 있는 사람은 어떤 팔자인가. 항공사업을 해서 돈을 번 사람의 사주팔자는 공중을 날아다니는 일을 하면 돈이 되는 경우다.

항공사업이라 하면 비행기, 여객기, 항공화물 등이 해당된다. 항공사업을 했던 어느 오너(owner)의 경우, 조상 묘지가 있는 선산의 주변 산세가 마치 날개를 펼친 비행기 형태였다. 좌우로 날개가 펼쳐져 있고, 그 가운데 머리 부분의 볼록 솟은 자리에 증조부 묘를 썼다. 이와는 다른 예로, 조상 묘를 쓴 후 곧바로 그 후손 꿈에 용이 하늘로 올라가는 모습이 나타나는 경우도 있다. 묘를 쓰고 나서 1주일 안에 꿈을 꾸는 사례가 진짜 명당자리다. 그 조상의 묘자리는 비룡승천(飛龍昇天)의 자리였다. 이 비룡승천을 쓰고 나서 그 후손이 항공사업으로 돈을 버는 경우도 보았다. 금시발복(今時發福)이라 하겠다.

어떤 사람은 물 속에 돈이 들어 있다. 물 속에 돈이 있는 팔자는 배를 운영하는 해운사업, 어업 등이 돈이 된다. 팔자에 들어 있는 돈은 오래 간다. 적어도 이삼십 년은 간다. 팔자에 들어 있는 직업이 소위 말하는 천직이다. 하늘에서 그 사람에게 준 직업, 이런 천직을 찾으면 항상 어느 정도의 페이스를 유지하기 마련이다.

금융사건인 최규선 게이트를 일으키고 나서 감방에 들어가 있다가 몇 년 살고 나온 최규선이 사우디아라비아의 알 왈리드를 찾아갔다. 궁즉통(窮則通)이라 했던가. 토르 선생은 최규선에게 '열사의 사막으로 가라'는 메시지를 주었고, 거기에 덧붙여서 하나 더 얹어주었다. '땅 속에 돈이 있다'는 예언이었다.

최규선 팔자는 땅 속에 돈이 있는 팔자였다. 임수(壬水)에게 돈에 해당되는 오행(五行)은 불[火]이다. 수극화(水克火)의 이치다. 물은 불을 이겨 먹는다. 재물은 자기가 이겨 먹어야 재물이 된다. 못 이겨 먹으면 돈이 안 된다. 탈이 난다. 먹다가 체한다. 먹다가 체하면 토사곽란이 일어난다. 뱃속으로 들어갔던 음식을 토하고 온몸이 바들바들 떨리는 고통이다. 최규선의 사주는 물이 충분해서 어지간한 불은 다 감당한다. 불도 불 나름이다. 어떤 불은 산불처럼 땅 위에서 훨훨 타오르는 불도 있지만, 최규선에게 돈이 되는 불은 땅 속에 있는 불이었다.

어떤 불이 땅 속에 있는 불이란 말인가? 그것은 바로 유전(油田)이다. 유전, 석유는 지하에 매장되어 있다. 이것이야말로 땅 속에 있는 불이 아니고 무엇이겠는가. 땅 속에 있는 불이 땅 위에 있는 불보다 훨씬 강한 불이라고 볼 수 있다. 왜 강한가? 오래 타기 때문이다. 지하에 매장되어 있는 유전은 한두 달에 끝날 불이 아니다. 수년에서 수십 년은 유지된다. 홍수가 나 있는 최규선 팔자에는 이렇게 오래 타는 불이 돈 되는 불이라는 게 토르도사의 처방전이었다. 결론부터 이야기한다면 왈리드 왕자는 아시아에서 깡통 차고 찾아온 빈털터리 최규선에게 유전 하나를 소개시켜줬다.

"미스터 초이, 내가 찜해 놓은 유전이 하나 있다. 이걸 싼값에 너에게 줄 테니 잘 굴려서 먹고 살아라. 그런데 이 유전은 쿠르드족이 사는 곳에 있다. 앞으로 쿠르드족들과 인간관계를 잘 맺는 게 중요하고, 아마 걔들은 현찰이 필요할 거다."

역시 왈리드는 스케일이 달랐다. 선물 하나 주는 것도 페라리나 비행기가 아니었다. 유전이었던 것이다. 그런데 이 유전이 옹색한 지점에 있는 유전이었다는 데 약간 문제가 있었다. 바로 쿠르드족이 통제하는 위치에 있었다. 쿠르드족이 누구인가? 이라크의 후세인이 독가스로 씨를 말려 죽이려고 했던 부족 아닌가. 부족이라고 해서 몇 천 명, 몇 만 명 단위가 아니다. 수천 만 명에 해당하는 거대 인구를 지닌 족속이다. 대략 4,000~5,000만 명으로 추산되는 산악 민족이다. 근데 나라가 없다는 것 아닌가.

고대부터 존재했던 이 부족은 노아의 방주가 멈춰섰다고 하는 아라라트 산과 티그리스 강 유역에 살다가, 근래에는 이라크·터키·시리아 국경지대를 이루는 산악지역에

살고 있다. 말하자면 산악 게릴라로 살고 있는 민족이다. 후세인이 그렇게 죽이려고 했지만 씨를 말릴 수 없었고, 터키 쪽에서도 큰 골칫거리로 여기는 부족이다. 숫자도 많은 데다 기질이 강해 컨트롤이 불가능하다고 여긴다. 쿠르드족이 살고 있는 이 산악지역을 쿠르디스탄이라고 부르는데, 이 산악지역에 지하자원이 많이 묻혀 있다고 한다. 지하자원 속에는 기름이 나오는 유전도 포함된다.

쿠르드족은 이 유전에서 나오는 돈으로 산악 게릴라 활동에 필요한 무기도 사고, 식량과 생필품도 조달하고 있었다. 돈의 법칙은 '하이 리스크, 하이 인컴(high risk, high income)'이다. 위험지수가 높은 곳에 고수익이 기다린다. 외부 세력에 항상 당하기만 하고 살아온 쿠르드족에게 어떻게 다가갈 수 있을까? 어떻게 신뢰를 형성할 수 있을까? 장사라고 하는 게 본질적으로는 사기성이 수반되는 것이지만, 이 사기성도 신뢰라는 바탕에 서 있어야만 가능하다. 신뢰와 사기는 서로 상반된 성격이지만 동전의 양면과 같다. 동전의 양면처럼 딱 붙어 있다. 신뢰가 없으면 사기도 칠 수 없다.

처음부터 서로 의심을 해버리면 사업은 성사가 안 된다. '어떻게 상호 간에 의심을 줄일 수 있느냐?' 이것이 관건이다. 신뢰 문화는 농경민족과 유목민족이 크게 다르다. 농사짓는 문화는 정착문화다. 정착은 10~20년 하는 게 아니다. 적어도 수백 년 동안 그 동네에서 눌러앉아 살아야 하는 조건이다. 그러다 보면 옆집의 숟가락이 몇 개 있는가도 알게 된다. 저 집 조부가 언제 어떤 행동을 했는지도 다 알고 있다. 서로 간에 세부적인 정보를 파악하고 있다. 이렇게 되면 어설픈 행동을 못한다. 만약 사기를 쳐서 서로 간에 갈등이 생기면 대를 이어 원수 집안이 될 수도 있다. 이거 엄청나게 피곤한 일이다.

유목이나 장사하는 민족은 그 동네를 떠나버리면 간단하다. 그러나 농경은 근거지를 떠나기가 힘들다. 서로 얼굴을 맞대고 살아야 하는 숙명이다. 그러니까 서로 속여 먹는 행동은 자제한다. 한 번 속지 두 번 속나. 상대를 속여 먹으면 상대는 짱구가 아니다. 가만 있지 않는다. 그러니까 땅을 사고파는 계약을 할 때도 대강 말로 한다. '여기서 저기 냇물 옆의 논두렁까지가 내 땅이고, 그 너머가 너의 땅이다'라고 구두로 사고팔 수도 있다. 문서로 작성하지 않는 구두 계약서이지만 그 효력이 강하다. 구두라고 해서 번복하고 사기 쳤다가는 평생 원수를 옆집에 두고 살아야 하기 때문이다. 아주 높은 수준의 신뢰사회가 농경사회라는 이야기다.

반대로 떠돌아다니면서 유목을 하거나 장사하는 사람들, 특히 배를 타고 다니면서 장사를 했던 해상민족들은 계약서를 아주 꼼꼼하게 작성했다. 만나는 비즈니스 상대가 처음 보는 사람들이다. 어떤 사고방식, 어떤 문화를 가졌는지 처음에는 잘 모른다. 즉 어떻게 뒤통수를 칠지 사전 정보가 없는 상태에서 장사를 시작하는 경우가 있다. 이때는 모든 경우의 수를 대비할 수밖에 없다. 해상민족들은 상대방이 언젠가는 사기를 치거나 돈을 떼어먹는다고 가정한다. 그럴 경우에 어떻게 할 것인가를 항상 염두에 두고 살아온 문화다.

신뢰가 없는 사회에서 비즈니스를 유지하려면 계약서에 의존할 수밖에 없다. 문자로 분명하게 기록해야 한다. 그러나 계약서도 결국 종이 쪼가리에 지나지 않는다. 이걸 찢어버리면 어떻게 할 것인가. 계약서를 찢는 경우에 대비하기 위해서는 총과 칼, 그리고 대포를 준비해야 한다. 군사력으로 상대방을 조지는 수를 써야 한다. 18~19세기의 해상강국 영국과 프랑스가 아시아에 들어올 때 대포 사거리가 긴 함포를 장착한 이유다. 함포로 중국도 조지고 일본도 조지고 조선도 조졌다. 몇 번 당해본 경험이 있는 사람들은 누구도 잘 믿지 않는다.

쿠르드족이 아마 그렇지 않을까. 이 쿠르드족을 상대로 어떻게 비즈니스를 할 것인가. 이것이 최규선의 과제였을 것이다. 모든 사업의 핵심은 의심하는 상대에게 신뢰를 주는 방법을 가지고 있느냐 없느냐의 문제가 아닐까. ▲▲▲

사람의 운명을 예언하는 도사들도
각기 구사하는 초식이 다르다.
상대방을 볼 때, 그 사람의 운명이 마치
TV 화면처럼 보이는 문파가 있다.
TV 문파다. 또는 그 사람의 사주팔자가
라디오 소리처럼 귀에 들리는 문파도 있다.
이건 라디오 문파다. 귀에 리시버를
꽂은 것처럼 들리는 수도 있는데,
크게 보면 라디오 문파와 같은 범주이지만
미시적으로 들어가면 약간 다르다.

TV 도사, 라디오 도사, 그림책 도사

도사도 도사 나름이다. 구사하는 방법이 각기 다르다. 마치 무협지의 소림파(小林派)가 권법을 주로 구사해 한두 방에 상대를 KO시켜버리는 문파(門派)라고 한다면, 화산파(花山派)는 검술에 능하다. 팔괘장(八卦掌)은 주먹보다는 손바닥에 내공을 싣고, 아울러 다리를 쓰는 보법(步法)에 주특기가 있다. 보법에 집중하는 이유는 수비 때문이다. 스텝이 빨라야 공격도 잘하지만 수비도 잘하게 된다. 피하는 주된 능력은 다리의 신속함에서 나온다. 상대방의 공격을 잘 피하는 것도 싸움의 큰 전략이다. 피하다가 보면 상대방의 힘이 빠지기 때문이다.

주먹으로 상대를 공격하는 방법이 호법(虎法)이라면, 상대방의 예리한 공격을 피하는 방법은 용법(龍法)이다. 호랑이는 달려들어 단숨에 물어뜯고 주먹으로 격파하는 스타일이라면, 용은 물 속에서 사는 동물이다. 물은 유연하다. 물 속에 사는 고기들이 육지의 동물들보다 훨씬 부드럽고 유연하다. 물 속에 사는 용은 부드럽고 유연하기 때문에 상대방의 권법을 피하는 데 주특기가 있다. 도사는 용팔호이(龍八虎二) 정도의 배합이 바람직하지 않나 싶다. 수비 8할, 공격 2할의 배합 말이다.

세상을 살면서 지켜보니 공격을 너무 많이 하다 보면 자기도 다친다. 상대방 턱뼈를 강타하고 갈비뼈를 부러뜨릴 정도의 공격을 하게 되면 자기 팔목이나 다리뼈에도 상처가 생긴다. 공격하다가 자기도 골병드는 것이다.

무술가 최배달은 전라북도 김제 출신이다. 어머니가 최배달을 임신했을 때 아버지가 호랑이 뼈를 갈아서 호분(虎粉)을 많이 먹였다고 전해진다. 뱃속에서부터 호랑이 뼛가루를 섭취했으므로 통뼈로 태어났던 것이다. 바람의 파이터이자 소뿔도 맨손으로 잘라버렸다고 하는 절륜한 기력의 소유자였지만, 말년이 되니 몸의 여기저기 안 쑤시는 데가 없었다고 한다. 그 수많은 고수들과 대결하다 보면 자기도 손상을 입기 마련이다. 그러다 보니 무술가 중에 장수하는 사람이 드물다. 이름이 나면 자꾸 도전자가 찾아와서 한 판 붙자고 하고, 점점 시간이 갈수록 실력이 높은 고단자들과 맞서게 된다.

고단자를 격파하는 게 쉬운 일인가. 자기가 무조건 이길 수도 없는 노릇이다. 그러다 보면 자기도 골병이 들 수밖에 없다. 될 수 있으면 상대를 안 하고 피해 다니는 게 상책이다. 공격해도 자꾸 피하기만 하면 공격자가 제풀에 지치는 수가 있다. 제풀에 지쳤을 때는 싸움을 중지하는 게 상책이다. 그러나 성질이 좋지 않은 어떤 종자들은 계속해서 쉬지 않고 주먹을 휘두른다. 끝까지 오기를 가지고 상대방을 자기 발밑에 굴복시키려는 의지의 소유자들이다.

이런 때는 주먹을 한 방 놓을 수밖에 없다. 수비만 하다 정 안 되겠으면 소림권을 한 방 놓아서 혼내주어야 한다. 명치나 관자놀이, 또는 밑붕차기로 상대의 고환 부위를 타격하는 방식이다. '어이쿠' 소리가 나게 호법을 쓴다. 이게 '용팔호이'의 스타일이다. 노련한 무술가의 인생살이 초식(招式)인 셈이다.

사람의 운명을 예언하는 도사들도 각기 구사하는 초식이 다르다. 상대방을 볼 때, 그 사람의 운명이 마치 TV 화면처럼 보이는 문파가 있다. TV 문파다. 또는 그 사람의 사주 팔자가 라디오 소리처럼 귀에 들리는 문파도 있다. 이건 라디오 문파다. 귀에 리시버를 꽂은 것처럼 들리는 수도 있는데, 크게 보면 라디오 문파와 같은 범주이지만 미시적으로 들어가면 약간 다르다.

라디오보다 리시버가 더 은밀한 경향을 보인다. 귀에 리시버로 듣는 도사를 옛날에는 이보통령(耳報通靈)이라고 불렀다. 귀에 대고 보고해주는 영(靈)과 통해 있다는 뜻이다. 말하자면 신령이 그 도사의 귀에 대고 속삭이면서 정보를 주는 셈이다. 사랑하는 남녀가 사랑의 밀어를 나눌 때 귀에 대고 속삭이는 수가 있지 않던가. 특히 야구장이나 극장 같은 데서 데이트 중인 젊은 남녀가 귀에 대고 속삭이는 장면을 목격할 때 나는 이보통령의 경지를 연상했다.

신과 인간의 속삭임, 신과 인간이 나누는 밀어가 바로 이 보통령이 아닐까! '이보통령'을 줄여서 보통 '이보(耳報)'라고 도 이야기한다. 이보로 상대방의 운명을 예언하는 도사를 만 날 때는 각별한 주의가 필요하다. 도사의 이야기를 중간에 차 단하면 안 된다는 점이다. 만약 중간에 끼어들어 '빨리 내 점 괘나 이야기해 주시오' 하고 채근하면 전파 수신이 끊어져버 린다. 전파 수신 중에는 침묵이 중요한 미덕이자 덕목이다.

본론과 벗어난 이야기를 하더라도 1시간 정도는 아무 말 하지 않고 그대로 묵묵히 들어주는 경청의 자세가 필요하다. 미국 TV 프로그램에서 60년 동안 5만 명과 인터뷰한 전설적 인 인터뷰 전문가 래리 킹의 영업 노하우가 바로 '경청'이라고 하지 않았던가. 나도 처음에 멋모를 때는 중간에 이야기를 끊 었다. 바로 본론으로 안 들어가고 쓸데없는 이야기를 왜 길게 한단 말인가.

돌직구를 던지는 순간에 이보통령 도사와의 협업 관계는 끝난다고 각오해야 한다. 돌직구도 아무 때나 던지는 게 아니 다. 타이밍을 잘 보는 것, 그 자체가 바로 고도의 판단력이다. 리시버를 꽂고 신명계에서 내려오는 메시지를 수신하고 있는 데, 옆에 앉아 있는 철모르는 중생이 자꾸 보채거나 간섭을 해 버리면 방송사고가 날 수밖에 없다. 또 한 가지 리시버 문파와 교접할 때 유념할 사항이 있다. 메시지가 왔다갔다한다는 점 이다.

이 이야기를 하다가 갑자기 전혀 다른 맥락의 이야기로 건너뛴다. 논리적 연결이 아주 어렵게 된다. 징검다리 화법이라고나 할까. 듬성듬성 건너뛴다. 듣는 사람의 입장에서는 헷갈리고 난해하다. 때로는 짜증도 난다. 이건 왜 그런가? 리시버에서 갑자기 다른 메시지가 내려오는 탓이다. 인간의 이성으로 이야기하다가 어느 대목이나 타이밍에서 신명계의 이야기로 접속되는 셈이다.

이성으로 이야기하다가 신명계의 언어로 전환될 때 듣는 사람은 맥락이 뒤엉켜버린다. 알아듣기 힘들어진다. 듣는 사람은 이 징검다리 방식의 이야기 진행 방식을 숙지하고, 그 갈지자 커뮤니케이션을 이해해야 한다. 아울러 그 단어 하나하나에 함축되어 있는 의미를 잡아내는 일도 필요하다. 그러자면 경험이 축적되어 있어야만 가능하다.

그림책으로 보는 문파는 옛날 시골 장터에서 흔히 볼 수 있는 풍경이었다. 또는 신기 있는 할머니들이 주로 사용하던 방법이었다. 소위 당사주(唐四柱) 파이기도 하다. 알록달록한 그림들이 그려져 있는 운명 감정서가 당사주 책이다. 페이지마다 그림이 그려져 있다. 삿갓을 쓰고 산으로 들어가는 장면, 알록달록한 옷을 입고 시집을 가는 장면 등등 인생의 여러 가지 대목이 하나의 그림으로 압축 표현되어 있다. 글자를 모르는 문맹 민초들에게는 이러한 그림책으로 사주를 보는 당사주 책이 인기였다. 문맹자들이 고객의 대부분을 차지하는 시골 장터의 세계에서는 그림책 문파의 커뮤니케이션 능력이 우수했던 것이다.

이야기를 다시 원점으로 되돌아가 보자. 토르 도사가 내려준 '사막으로 가라, 땅 속에 돈이 있다'는 점괘는 어떤 문파의 초식이란 말인가? TV 문파다. 상담하러 온 내담자가 방 안에 들어오면, 토르 도사의 화면에는 그 방문객의 심리상태나 처해 있는 상황이 화면에 뜬다. 토르 도사는 그 화면에 뜬 것을 보고 읽어준다. 차트 보고 리딩하는 것과 비슷하다.

예전에 1박 2일 동안 여객선이 아닌 화물선을 타고 일본 항구에 도착한 적이 있다.

항해 도중에 배를 운전하는 선장실을 구경했다. 배가 전진해가는 전방을 잘 볼 수 있는 높은 위치였다. 선장실에서 가장 주목을 끌었던 물건은 바로 모니터 화면이었다. 모니터가 여러 개 있었는데, 그 중 하나에는 배가 지나가는 지점의 수심과 바닷속 암초가 표시되어 있었다. 배가 움직일 때마다 수심의 숫자가 바뀌었다. 이 수심을 알려주는 숫자는 이미 컴퓨터에 입력된 정보이기도 하고, 동시에 하늘의 인공위성에서 실시간으로 다운받기도 했다. 그 화면만 보면 수심과 암초는 물론 항구의 입체적 모양도 파악할 수 있었다.

토르 도사의 내면, 아니 머릿속에는 상대방의 팔자를 볼 수 있는 화면이 장착되어 있었다. "혹시 화장실 정화조 관련되는 사업을 하십니까?" 토르 도사 사무실에 들어오는 어느 중년 남자를 보고 내뱉은 첫마디였다. 그 사람을 딱 보는 순간, 처음 나오는 멘트가 중요하다. 나중에 이야기를 진행하다 보니 그 중년 남자는 화장실 분뇨를 처리해주는 업자였다. 정화조에 호스를 넣고 분뇨 트럭에 오물을 옮기는 직업 말이다.

"어떻게 똥 푸는 직업인지를 한눈에 알았습니까?"

"그 사람이 문을 열고 들어오는데 냄새가 나더라고요. 화장실 냄새가요. 그래서 정화조 사업을 하느냐고 물어보았죠."

TV 문파가 보는 화면에는 장면만 보이는 게 아니고 냄새도 난다. 도사는 이 냄새까지도 맡을 줄 알아야 한다. 만약에 소나 돼지를 잡는 도축업을 한다면 그 냄새도 난다. 도사는 그 도축업 냄새도 맡을 줄 알아야 '족집게 도사' 소리를 듣고, '첫 방에 정확하게 때려야만' 내담자가 항복한다. 항복을 해야만 고분고분하게 말을 경청할 준비가 된다. 아니면 불퉁불퉁 야지 놓는 소리를 해대는 의뢰인도 있기 때문이다. '사막으로 가라'도 화면에 나왔다는 이야기다. 홍수가 나서 엄청난 물이 밀려 내려오고, 이 물을 소화시키려면 모래로 뒤덮인 사막으로 가야 한다는 화면 말이다. ◢◣◢

토르 선생이 최규선에 대해서 내린 예언 가운데
하나가 '정치에 가까이 가면 안 된다.
팔자에 범람하는 물이 정치와 접속하면
흙탕물이 되어버린다.'였다
흙탕물이 무엇이겠는가. 바로 감옥이다.
정치는 왜? 정치는 신뢰와 일관성이 요구된다.
정치인은 과거에 한 자기 발언과 현재의
발언이 일관성을 유지해야 한다.
이게 어긋나면 공박 받는다.

'수(水)' 팔자,
사업은 오케이 정치는 노

사업가가 갖춰야 할 자질은 여러 가지가 있다. 우선 미래를 내다보는 예측력, 현재 벌어지는 현상을 해석할 줄 아는 분석력이 있어야 한다. 복잡한 상황을 간추려서 '지금 당장에 내가 무엇을 할 것인가'를 아는 게 분석력이다. 이런 분석력이 실전 지능 아니겠는가. 예측력과 분석력이 있으면 솔루션을 내놓는다. 문제를 해결하는 해결책을 제시할 수 있는 머리가 진짜 머리 좋은 사람이다. 솔루션을 내놓지 못하고 상황을 장황하게 늘어놓는 사람을 '책상물림'이라고 부른다. 책상물림 말 듣고 사업하다가는 깡통 차는 수가 생긴다.

분석력과 예측력은 아이큐에 해당한다. 사업은 아이큐가 전부가 아니다. 성격과 기질이 크게 작용한다. 쉽게 말하면 상처를 잘 받지 않는 성격이 필요하다. 자기 자존심을 크게 훼손하는 상황에 맞닥뜨리더라도 이를 크게 신경 쓰지 않고 대강 넘어가는 성격을 말한다. '아 그냥 그런가 보다 하지 뭐', '그럴 수도 있지 뭐', '이런 꼴 보는 대가로 내가 돈을 버는 거지' 하고 넘어가는 성격. 이러한 성격은 사업가가 갖춰야 할 자질이기도 하다.

어떤 경우에는 돈과 자존심을 바꾸는 직업이 사업가이기도 하다. 자존심을 버릴 수 있는가? 이건 굉장히 종교적인 질문이기도 하고, 수도자가 맞닥뜨리는 질문이기도 하다. 불교에서 말하는 수행이라는 것은 아상(我相)의 소멸에 있다. 자기 에고를 소멸시키는 게 수도의 궁극적인 목표이다. 에고가 완전히 소멸된 삼매의 상태를 멸진정(滅盡定)이라고 부른다. 아상의 뿌리가 완전히 소멸되면 신통력(神通力)이 생긴다.

천안통(天眼通), 앞일을 내다보는 능력이다. 천이통(天耳通), 하늘의 소리를 듣는 능력이다. 대선에서 누가 대통령 되는가는 하늘의 소리를 듣는 사람이 안다. 신족통(神足通), 이게 바로 축지법(縮地法)이다. 축지를 하면 시속 250km의 속도로 갈 수 있다고 한다. 경북 봉화, 태백산과 설악산 줄기에 축지를 하는 도사들이 많이 살았다고 전해진다. 타심통(他心通), 다른 사람의 마음을 읽는 능력이다. 그 사람의 마음이 그대로 전해진다. 내가 한

때 도가니탕을 좋아했었는데, 그때 타심통을 한 도사가 대뜸 '오늘 점심은 도가니탕을 먹읍시다' 해서 놀란 적이 있다. 숙명통(宿命通)은 전생을 보는 능력이다. 어떤 이의 전생을 보면, 금생의 직업은 물론 앞으로 대강 어떤 노선으로 살겠다는 것이 짐작된다. 아상을 소멸하면 이상과 같은 5가지 초능력이 발생한다.

이 아상을 소멸하기 위해 삼천배도 하고, 면벽좌선(面壁坐禪)도 하고, 밥을 빌어먹는 구걸행도 한다. 그래도 그게 잘 없어지지 않는다. 면벽좌선 30년 했다고 하는데, 전혀 아상 소멸이 되지 않은 경우를 보기도 했다. 오히려 아상이 더 증장되어 있었다. '나 30년 면벽했거든!' 하는 자존심만 가득 차 있기가 쉽다. 그 자존심이 상대방을 피곤하게 만든다. 사업을 하면 이 자존심을 죽이는 훈련을 자동적으로 하게 된다.

'돈이냐, 자존심이냐?' 하는 선택의 기로에 직면한다. 그 직면은 한두 번이 아니다. 매번 선택의 기로에 선다. 사업가는 자존심보다 돈을 선택하는 기질의 소유자다. 자존심을 버리는 순간 돈이 들어온다. 이런 상황에서는 그 버리기 어려운 자존심을 내려놓게 된다. 돈이야말로 위대한 선생님인 것이다. 30년 면벽, 삼천배를 수십 번 해도 버리기 어려운 아상을 버리게 만드니까 말이다. 돈 앞에서는 자존심이고 뭐고 없다. 때로는 비굴해질 수도 있다. 잠깐 비굴해서 목돈을 만질 수 있다면 비굴할 수도 있는 게 인생이다. 비굴은 순간이고 돈은 영원하다!

돈 앞에 장사 없다. 그러니 돈이야말로 인간의 뿌리 깊은 자존심의 벽을 무너뜨리는 시바(Shiva) 신(神) 아니겠는가! 문제는 이 돈이라는 신이 아상을 깨는 선에서 멈추는 게 아니라 사람의 영혼까지 시커멓게 만든다는 데 있다. 그렇지만 사업을 함으로써 아상이 많이 물렁물렁해진다는 데는 공감한다. 이 공능이야말로 얼마나 큰 것인가. 그러니까 사업을 함으로써 아울러 도를 닦는 효과도 발생한다는 이야기다. 사업가도 도를 닦는 도인이 될 수 있다. 사업은 면벽 수행과 비슷하기도 하다. 자본주의도 도 닦는 데 큰 기여를 한다.

모든 주의(主義)는 단점도 있지만 장점도 있는 법이다.

사주팔자에 '수(水)'가 많은 팔자는 선천적으로 물렁물렁하다. 유연한 것이다. 물은 병에도 담을 수 있고 냄비에도 담을 수 있고 항아리에도 담을 수 있다. 어떤 그릇에도 들어간다. 유연성의 극치다. 꼼꼼한 사람의 날카로운 지적질에도 버틸 수 있는 유연함과 뚝심이 있다. 무능한 사람을 보면 속에서 천불이 올라오지만 수 팔자들은 이걸 어느 정도 참아내는 능력이 있다. 반면 '화(火)' 팔자는 즉각적으로 천불이 솟구쳐올라 산통 깨버리는 짓을 하게 된다.

전화를 몇 번 했는데 받지도 않고 답장도 없는 사람이 있다. 보통 두세 번 전화한 후 콜백이 없으면 전화를 잘 하지 않는다. 그러나 수 체질은 전화를 또 한다. 상대방이 싫어해도 이를 무릅쓰고 또 전화하는 뚝심, 이게 수 팔자에 있다. 이게 지나치면 뻔뻔함으로 진화한다. 거절을 당해도 다시 달라붙는 맷집과 뚝심이 쌓이다 보면 뻔뻔함으로 진화한다. 자본주의가 무르익을수록 뻔뻔함도 비례해서 증가한다고 본다. 그러나 어느 정도의 뻔뻔함은 수 팔자에게 타고난 기질이기도 하다.

팔자에 수가 많으면 술도 잘 먹는다. 새벽 서너 시까지 술을 먹을 수 있는 체질 중에는 대개 수가 많다. 알콜은 불이다. 수는 이 불을 끌 수 있다. 생일이 겨울에 있는 사람들은 수의 계절에 태어난 팔자인데, 겨울은 추운 계절이므로 불이 필요하다. 음식 중 불이 바로 알콜이 아니고 무엇이겠는가. 그러니 알콜을 위장에 부어주면 적당히 몸이 따뜻해진다. 그래서 술이 체질에 맞는다. 한국 사람은 술이 들어가야 속에 있는 이야기를 꺼내는 습성이 있다. 새벽까지 통음을 하면 사업에 상당한 진전이 있게 된다. 수 팔자는 새벽까지 통음하기가 쉬운 팔자다.

수 팔자의 유연함은 윗돌 빼서 아랫돌 막고, 아랫돌 빼서 윗돌 쌓는 방식으로 나타난다. 임기응변에 능하다. 윗돌과 아랫돌을 수시로 빼고 박는 데 큰 부담을 느끼지 않는다.

'돌 좀 빼서 막으면 되지, 뭘 그걸 가지고 그래!' 하는 체질이다. 뒷감당에 대해서 크게 신경 쓰지 않는다. 우선 당장 눈앞의 현실이 문제다.

뒷감당은 나중에 생각하자는 점이 수 팔자의 특징이다. 이게 장점이 되기도 하고 단점이 되기도 한다. 단점이란 감방에 가는 수가 발생한다는 점이다. 토르 선생이 최규선에 대해서 내린 예언 가운데 하나가 '정치에 가까이 가면 안 된다. 팔자에 범람하는 물이 정치와 접속하면 흙탕물이 되어버린다.'였다. 흙탕물이 무엇이겠는가. 바로 감옥이다. 정치는 왜? 정치는 신뢰와 일관성이 요구된다. 정치인은 과거에 한 자기 발언과 현재의 발언이 일관성을 유지해야 한다. 이게 어긋나면 공박 받는다. 정치는 대중의 표를 먹고 산다. 대중의 표는 어디서 나오겠는가. 바로 신뢰다. '그 사람 믿음직하다'고 할 때 표를 찍는다.

신뢰는 일관성과도 관련된다. 왔다갔다하면 못 믿는다. 오행으로 보았을 때 신뢰는 '토(土)'에 해당한다. 팔자에 토가 많으면 돈을 떼어먹지 않는다. 약속을 잘 지키는 편이다. 토는 제방을 상징하기도 한다. 물이 홍수처럼 범람하는 상황에서 흙으로 쌓은 둑을 만나면 이 둑과 홍수는 정면충돌한다.

최규선의 홍수는 거대해서 이 제방을 무너뜨린다. 결국 정치와 만나면 파탄 나는 셈이다. 수 팔자는 일관성과 신뢰, 이게 약하다. 수 팔자가 정치와 만나면 그 단점이 크게 부각되기 마련이다. 단점이 부각되면 어디로 가는가. 감옥이다. ▲▲▲

토르의 설명에 의하면 이렇다.

우리나라 대기업 가운데 현대는 큰 업종이 맞다는 것이다. 즉 중후장대(重厚長大) 사업이

현대의 기업 팔자에 부합된다는 것이다.

무겁고 길고 큰 물건을 만든다는 이야기다.

조선(造船)이 그렇고 자동차가 그렇다.

조선은 큰 배를 만드는 사업 아닌가.

수십 만 톤 나가는 큰 배를 만들어 파는 게

현대그룹의 팔자에 맞다는 것이다.

기업팔자도(企業八字圖),
기업에도 팔자가 있다

개인도 팔자가 있지만 기업에도 팔자가 있다는 게 기업팔자론이다. 기업의 팔자가 어떻게 생겼는가를 대강의 도표로 정리해놓은 것이 기업팔자도(企業八字圖)다. 여기에서 팔자라고 하는 것은 그 기업이 어떤 종목, 물건, 제품을 취급하는 것이 좋으냐 하는 문제다. 아무 물건이나 다룬다고 해서 장사가 잘 되는 게 아니라는 말이다.

사주에 '금(金)'이 많은 사람은 건설업이 적당하고, '목(木)'이 많은 사람은 부동산이 팔자에 맞는다. 물이 많은 사람은 유통업이나 물장사를 하는 게 비교적 수월하다고 이야기한다. 이는 물론 경향성을 이야기한다. 개인 변수가 작용한다. 크게 보면 이런 경향을 가지고 있지만, 그 개인이 가지고 있는 독립적인 변수를 고려해서 판단해야 한다.

기업팔자도를 듣게 된 계기는 천둥번개 신을 모시는 토르 선생 거처에서다. 토르 선생 방에 들어가면 향 냄새가 나는 경우가 많다. 향도 향 나름인데, 토르 선생 방에 들어갔을 때 침향냄새가 풍길 때는 이 양반이 무엇인가 깊은 사색을 할 때다. 일반 향을 피울 때는 그저 일상적인 상태이지만, 침향을 피우고 있을 때는 골똘하게 어떤 문제를 궁리하고 있을 때다. 검은색 주철로 만든 향로다. 검은색 주철은 구리로 만든 향로보다 훨씬 고급스러워 보인다. 검은색이 주는 무게감이 있다. 검은색은 침묵을 상징하기 때문이다. 용이 꿈틀거리는 형상이 주조되어 있는 향로다.

향로에 꽂혀 있는 침향에서 연기가 피어오르는 모습이 한가한 분위기를 연출한다. 침향의 연기 피어오르는 모습을 보는 인생은 한가해질 수밖에 없다. 방 안에는 경상 하나, 책 몇 권, 그리고 차상(茶床)과 다기(茶器)만 놓여 있다. 잡다한 물건이 방안에 없다. 공부가 된 사람은 방안에 물건이 별로 없는 법이다.

"토르 선생님, 오늘은 침향 냄새가 아주 좋습니다. 저는 이 침향 냄새만 맡으면 마음이 착 가라앉습니다."

"침향이 그래서 좋은 것이죠. 사람 마음을 안정시켜줄 뿐만 아니라 분노심을 아래로

내려앉게 하는 작용이 있죠. 심천(深泉: 필자)은 특히 화기가 강해서 침향이 맞을 겁니다."

"오늘 침향을 피우신 걸 보니, 특별히 생각하고 계신 것이 있는 모양이죠?"

"기업팔자도예요. 이 기업팔자도는 사부이신 충허(冲虛) 선생이 생전에 나에게 한번 귀띔한 내용인데, 생각하면 생각할수록 묘미가 있어요."

"예를 들면 어떤 것인가요?"

토르의 설명에 의하면 이렇다. 우리나라 대기업 가운데 현대는 큰 업종이 맞다는 것이다. 즉 '중후장대(重厚長大)' 사업이 현대의 기업 팔자에 부합된다는 것이다. 무겁고 길고 큰 물건을 만든다는 이야기다. 조선(造船)이 그렇고 자동차가 그렇다. 조선은 큰 배를 만드는 사업 아닌가. 수십 만 톤 나가는 큰 배를 만들어 파는 게 현대그룹의 팔자에 맞다는 것이다. 물론 요즘에는 현대가 여러 개로 나뉘어져 현대중공업이 배를 만들기는 하지만, 자동차도 작은 물건이라고는 할 수 없다. 그렇다면 삼성은 어떤가? '경소단박(輕小短薄)'이라는 것이다. 가볍고 작고 얇은 물건이 삼성의 기업 팔자라고 본다. 반도체와 휴대폰이 여기에 해당한다. 반도체도 작고 가벼울수록 돈 많이 받을 수 있는 비싼 물건 아닌가.

그렇다면 팔자에 맞지 않는 품목을 만들면 어떻게 되는가? 삑사리가 난다. 팔자에 없는 일을 하려면 힘이 들게 마련이다. 중후장대 팔자의 현대가 반도체를 만들었다. 반도체는 경소단박 아닌가. 이게 하이닉스다. 하이닉스 해가지고 현대가 재미를 봤는가? 결국 팔았다. 현대가 팔아버린 이 하이닉스를 SK가 인수해서 요즘 재미를 보고 있다. 반도체 활황을 맞아 요즘 아주 재미를 보고 있다. 수조 원의 이득이 나는 업종이 반도체이고, 하이닉스다. 이를 팔아버린 현대는 하이닉스만 보면 여러 가지 씁쓸한 맛이 들 것이다. 놓친 고기도 아니고 자기가 가지고 있던 고기를 팔아버렸으니 누구를 원망할 수도 없다.

경소단박의 삼성은 어떤가? 자동차에 진출했으나 결국 실패했다. 부산의 뻘밭에 자동차 공장 짓는다고 엄청난 돈만 투입했고, 결국은 르노에 팔았다. 삼성이 손을 대서 별로 실패한 사업이 없는데, 대표적인 실패작이 자동차 사업 진출이었다.

그런데 요즘 묘하다. 자동차 자율주행이 대세가 되면서 인공지능 기술이 강화될 수밖에 없는 추세다. '인공지능' 하면 다시 반도체로 귀결되는 것 아닌가. 경소단박을 대표하는 반도체와 중후장대를 상징하는 자동차가 다시 융합하게 되는 상황으로 진입한 셈이다. 이 양대 세력의 융합도 예전에는 생각하지 못했던 또 다른 변수다. 상황은 자꾸만 변화하고 흘러간다. 고정되어 있지 않다. 이 경소와 중후의 하이브리드 상황에서 어떤 판단을 해야 하는가. 하여튼 토르의 10년 전쯤 진단에 의하면, 삼성의 기업 팔자는 중후장대를 하면 맞지 않는다는 관점이었다.

기업팔자도는 어떻게 작성하는가? 이것이 글을 쓰는 필자의 최대 관심사였다. 개인

한 사람의 평생 사주를 보는 것도 상당한 집중을 요한다. 20년 전쯤 인도 서북부의 라자스탄에 갔을 때 그 지역에서 유명한 점성술사를 만난 적이 있다. 라자스탄은 중동의 이슬람 문명과 인도의 힌두 문명이 만나는 지점이다. 양대 문명이 접합하는 이 지점에서 발전한 것이 바로 점성술이다. 이슬람이나 힌두교나 두 문명 모두 사람 사는 곳이고, 사람 사는 곳의 필수적인 문제가 미래를 예측하는 문제, 즉 팔자를 미리 예측하는 과제였다. 그러다 보니 팔자를 예측하는 양대 문명의 장점들이 서로 융합했다. 융합해서 잡종이 되는 경우도 있지만, 시너지 효과를 발휘할 때도 있다. 라자스탄의 경우는 시너지 효과가 발휘된 경우로 보였다.

라자스탄에서 만난 60대 초반의 남성 점성술사가 나에게 요구한 복채는 당시 US달러로 1,000달러였다. 우리 돈으로 치면 100만 원, 당시 인도 물가로 환산하면 거의 1,000만 원 정도의 거액이었다. 내 평생 사주를 보아주는 데 미화로 1,000달러를 내라는 것이 점성술사의 요구였다.

"왜 이리 비싼 거여?"

"평생의 팔자를 도표로 그려주는데 그 정도는 내야 되는 거 아녀!"

그 점성술사의 얼굴 표정 가운데 눈이 움푹 깊이 들어간 관상이 나로 하여금 1,000달러를 내게 만들었다. 눈이 움푹 들어간 관상들은 영발이 발달했다는 게 나의 축적된 경험치였다. 그 점성술사의 깊이 들어간 눈매를 보고 실력을 판단하게 된 것이다. 한 사람의 평생 팔자도를 보는데 인도에서 1,000달러를 지급했는데, 하물며 기업의 팔자도를 작성한다는 게 어디 쉬운 일인가! 이판사판(理判事判)의 종합 능력을 요구한다. ◢◣◢

대개의 업종은 불가(佛家)에서 말하는
전생 업보에 따라 결정된다.
전생부터 운송업을 했으면 금생에서도
물류업을 하는 게 맞다.
전생에 하지 않던 것을 하게 되면 왠지
어색하다. 그 분야에서 성공할 수 없다.
이건 업종뿐만 아니라 인간의 직업 선택에도
적용되는 법칙이다. 전생부터 하던 것을 하면
자연스럽게 진도가 나간다.
업종에서 파생되는 여러 가지 문제에
부닥쳐서도 비교적 수월하게
피해갈 수 있다.

기업 팔자와
오너의 운세

기업에도 각기 팔자가 있다는 기업팔자론. 그렇다면 기업 팔자는 어떻게 형성되는가? 개인의 팔자도 알기 어려운 법인데, 수천 명 내지 수만 명이 집단을 이뤄 모여 있는 기업의 팔자를 어떻게 알 수 있단 말인가? 거의 불가능한 문제 아닌가. 이 '미션 임파서블'한 문제에 대한 도전이 기업팔자도다. 기업팔자도에서 가장 비중을 차지하는 부분은 오너의 운세다. 이 오너가 앞으로 운이 어떻게 진행될 것인가를 살펴야 한다. 물론 뻗어나가야 할 운을 지녀야 하지만, 어떤 분야로 뻗어나가는 운세인가를 살피는 게 가장 핵심 포인트다.

먹는 음식업인가, 물건을 만드는 제조업인가, 유통업인가. 유통업 중에서도 해운유통인가, 항공유통인가도 알아야 한다. 만약 제조업 중에서 사람의 얼굴을 예쁘게 해주는 화장품업이 맞다고 하자. 그러면 이제 늙은 여자에게 맞는 화장품인가, 젊은 여자에게 맞는 화장품인가, 남자까지 포괄하는 화장품인가도 기업팔자도를 작성할 때는 필요하다. 기업 오너가 어떤 업종에 맞는지는 그 오너의 전생을 볼 수 있어야 한다.

대개의 업종은 불가(佛家)에서 말하는 전생 업보에 따라 결정된다. 전생부터 운송업을 했으면 금생에서도 물류업을 하는 게 맞다. 전생에 하지 않던 것을 하게 되면 왠지 어색하다. 그 분야에서 성공할 수 없다. 이건 업종뿐만 아니라 인간의 직업 선택에도 적용되는 법칙이다. 전생부터 하던 것을 하면 자연스럽게 진도가 나간다. 업종에서 파생되는 여러 가지 문제에 부닥쳐서도 비교적 수월하게 피해갈 수 있다. 관건은 그 오너가 전생부터 하던 업종이 무엇이었는지를 파악하는 일이다.

이때 그 전생 모습이 화면으로 보일 수도 있다. 화면으로 보는 게 가장 분명하다. 예를 들면 그 사람이 배에서 생선을 손질하는 모습이 보이는 경우도 있다. 전생부터 항구의 배에서 생선을 사고 팔았다는 업보였던 것이다. 이런 오너는 중국과 해산물을 싣고 왔다 갔다하는 무역업을 하면 맞다고 본다. 이런 전생을 가진 사람은 자연스럽게 이 분야에 진출한다. 여러 가지 인연들이 해운 물류업을 하게끔 따라오기 때문이다. 결정적으로 자기를 도와주는 인연은 대개 전생의 선연(善緣)이고, 자기에게 치명적인 뒤통수를 때리는 인연은 전생의 악연(惡緣)인 경우가 많다. 옛날 고승들은 이 선연과 악연의 작용이 한 치의 오차도 없다고 강조한다.

토르 선생은 그 오너의 전생 업보를 보는 안목이 있다. 누군가가 방 안으로 들어오는 순간, 화면에 그 사람의 현재 처한 상황이나 전생 업보가 나타난다는 것이다. 오너의 운세 다음에 참고할 사항은 국내의 정치와 경제가 돌아가는 상황이다. 예를 들면 IMF 이후 DJ가 정권을 잡았을 때는 벤처 기업을 육성하는 것이 하나의 흐름이었다. 기업팔자도를 작성할 때도 이 벤처 기업 육성의 흐름을 참고하는 것이다. 기왕이면 이 흐름과 궤를 같이 하는 것이 좋을 것 아닌가. 기업팔자도를 작성할 때 국내의 변수도 고려사항이 된다.

그 다음에는 글로벌 상황이다. 가령 코로나로 인해 전 세계가 여행도 가지 못하고 여객기의 발이 묶이는 상황, 뉴욕과 같은 대도시의 사무실 임대료가 떨어지고 도심 한복판에서 시골로 거주지를 옮기는 상황 같은 것도 참고 사항이 될 것이다.

건설업을 하다가 말아먹은 40대 중반의 남자가 토르 선생을 찾아왔다. 토르에게는 인생 다 말아먹은 사람들이 많이 찾아온다. 잘 나갈 때는 안 찾아온다. 인간은 막장에 몰렸을 때 지푸라기라도 잡는 심정이 된다. 그 지푸라기가 한국 사회에서는 도사다. 토르 같은 도사를 찾아온다는 것도 따지고 보면 인연복이 있는 셈이다. 박복한 사람은 인생 밑바닥에 떨어졌을 때도 상의할 사람이 없는 법이다. "저 이제 다 말아먹었습니다. 어떻게 해야 될지를 모르겠어요?" 도사에게 상담할 때는 이러한 직설법이 효과적이다. 말을 돌리면 안 된다. 바로 자기 속마음을 털어놓는 것이 도사의 호감을 얻는 방법이다. 말을 빙빙 돌리면서 도사를 테스트하는 느낌을 주면 효과가 덜하다.

"당신은 화장품업이 맞다. 윗대부터 당신 집안의 할머니는 동백기름 장사를 했다. 조선조 때 동백기름은 여자들 머리를 윤기 나게 해주는 토종 화장품이었다. 그런데 당신 할머니가 이 동백기름 장사를 하면서도 후하게 했다. 이문을 조금 남기고 장사를 했기 때문에 거래한 사람들로부터 좋은 평판을 받았다. 장사를 하면서도 적선(積善)의 공덕을 쌓아놓은 것이다. 이 할머니 대의 적선이 현생에 당신이 화장품업을 하는 데 자본금이 된다. 그대의 태어난 날의 일주(日主)가 경(庚)이다. 경은 오행에서 금(金)에 해당한다. 금은 목(木)을 이긴다. 금극목(金克木)이다. 따라서 목이 그대의 팔자에는 재물에 해당한다. 이 목이 무엇인가? 당신에게는 여자들이 재물이 된다. 갑목(甲木)은 늙은 여자다. 갑은 굵은 나무이기 때문이다. 남산 위의 철갑을 두른 듯한 소나무가 이런 갑목이다. 을목(乙木)은 젊은 여자다. 을은 껍질이 두껍지 않고 부들부들한 여자를 가리킨다. 당신 팔자에는 이 갑목과 을목이 모두 돈을 가져다준다. 여자들이 당신에게 재물을 제공해주는 역할을 하는 것이다.”

“그렇다면 이 늙은 여자와 젊은 여자들이 어떻게 재물을 가져다준단 말입니까?”

“이 여자들을 예쁘게 해주면 돈이 된다. 여자들을 예쁘게 해주는 물건이 무엇인가? 바로 화장품이다. 늙은 여자나 젊은 여자 모두 화장품을 좋아한다. 자기 예쁘게 해주는 물건을 싫어할 이유가 없다. 그러니 화장품 장사를 하면 좋겠다.”

“좋습니다. 근데 그 장사를 어디에서 하면 좋겠습니까?”

“중국을 왔다갔다하면서 하면 좋겠다. 왜냐하면 현재(2000년대 초반) 한국과 중국의 교류가 확대되고 있다. 앞으로 한국 물품이 중국으로 많이 수출될 전망이다. 그러니 중국을 염두에 두고 화장품을 만들어 교역하거나, 더 나아가 중국에다 공장을 짓고 해도 좋을 것이다.”

토르는 이때 기업팔자도를 머릿속에 그려놓고 이 이야기를 하고 있었다. 건설업을 하다가 말아먹은 그 40대 중반 남자의 얼굴은 선한 표정이었다. 게다가 토르의 말을 아주 귀담아듣는 태도였기 때문에, 가급적이면 중국을 끼고 사업을 하라는 조언까지 던져주었다. 상담이 끝난 후 안주머니에서 복채를 꺼내서 내놓는데, 부도난 사람치고는 그 액수가 두툼했다. 최대한 성의 표시를 한 것이다. 복채는 신앙심과 비례하는 법이다. 도사들도 종합적인 성의 표시에는 감동하지 않겠는가. 약삭빠른 태도를 취하지 않은 점이 토르의 마음을 긍정적으로 움직였다고나 할까. 첫 만남에서 도사의 호감을 얻게 되었으니, 이것도 그 사람의 운이다. 토르는 평소에는 잘 알려주지 않던 초식을 하나 더 꺼내서 보여주었다.

"중국으로 가라고 하는 이유는 불[火]이 필요해서다. 당신에게 돈이 되는 것은 목(木)이다. 이 목이 피어나려면 불이 있어야 한다. 목생화(木生火)의 이치다. 큰 나무이건 작은 장작이건 간에 불이 붙어야 한다. 나무에 불이 붙어야 활활 탄다. 활활 탈 때가 사업의 전성기다. 그런데 당신 사주팔자에 불이 좀 부족하다. 자기 사주에 없는 불을 어떻게 끌어올 것인가. 바로 여기에 묘용이 있다. 허공에서 이 불을 만들어야 한다. 하늘의 천간(天干)에 있는 무(戊)와 계(癸)가 허공에서 합해지면 화(火)가 된다. 무계(戊癸)가 합해지면 화(火)다. 여기에서 무는 중앙 토(土)이니 중국을 가리킨다. 계는 물이다. 물은 해외를 뜻한다. 물을 건너 중국으로 가면 무계가 합해지는 이치다. 여기에서 불이 붙는다."

이 사업가는 결국 중국으로 건너갔다. 어찌저찌해서 중국에 사무실을 냈고, 이후로 중국인들이 이 사람의 화장품을 많이 사용했다. 중국 시장이 열리면서 크게 재미를 본 업종 중 하나가 화장품업인데, 이 사람의 기업팔자도는 선대의 적선 공덕인 화장품업을 중국과 연계시킴으로써 큰돈을 벌게 되었다.

토르의 기업팔자도를 보면서 감탄한 지점이 바로 불을 일으키는 방식이었다. 무계가 합하면 화가 되고, 이 화는 물 건너의 중국에서 일어난다는 해석 말이다. 이건 거의 신산(神算)에 가깝다. 바둑에서 말하는 신산은 인공지능 '알파고'의 등장으로 스타일을 구겨버렸지만, '무계'로 불을 일으킨다는 초식은 알파고도 찾아내기 어려운 그야말로 귀신 같은 초식이 아닐 수 없다. ▲▲▲

영발도사는 가방끈과 관련이 없다.
오히려 가방끈이 짧을수록 영발은 길다.
특히 책을 많이 본 책상물림은 절대로
영발도사가 될 수 없다.
먹물은 영발을 파괴하는 독극물에
비유될 수 있다. 돼지고기와 새우젓처럼
영발과 먹물은 상극에 해당한다.

가방끈이 짧을수록
영발은 길다

오늘날 재벌 오너는 '임금 군(君)'에 해당한다. 제후국의 왕이다. 일본의 다이묘[大名]와 같다. 다이묘도 연 수입 수십만 석 급에서부터 수백만 석 급까지 그 파워가 다양하다. 조선은 천석꾼, 만석꾼을 들먹였지만 일본은 수십만에서 수백만 석까지 스케일이 컸다. 재벌 오너는 수만 명에서부터 수십만 명의 생계가 걸려 있는 일을 결정하는 직업이다. 넓게 보면 수백만 명의 생활수준까지 좌우되는 결정을 내려야 하는 팔자다. 이 팔자도 따지고 보면 좋은 팔자는 아니다. 수십만 명의 생계가 왔다갔다하는 판단을 내려야 하는 자리이기 때문이다.

심각한 결정을 많이 해야 하는 팔자는 센 팔자라고 하겠다. 이 센 팔자 밑에는 두 종류의 참모가 붙는다. 하나는 사판참모(事判參謀), 다른 하나는 이판참모(理判參謀)라 부르고 싶다. 사판참모는 데이터와 자료, 그리고 돌아가는 상황을 분석하여 오너에게 제공하는 역할이다. 명문대를 나온 스펙 좋은 친구들이 이 범주에 들어간다. MBA, 월가 근무, 컨설턴트 등의 스펙이 주를 이룬다.

그렇다면 이판참모는 누구인가? 한마디로 도사다. 도사의 최대 무기는 영발이다. 영발이 있어야 눈에 보이지 않는 미래를 예측한다. 흥미로운 사실은 영발이 타고난다는 점이다. 후천적인 개발이 어렵다. 서양 기독교 성경에서는 영발도사들을 선지자(先知者)라 부른다. 먼저 안다는 뜻 아닌가. 구약에 나오는 선지자들은 100% 영발도사들이다. 이들은 미래가 어떻게 돌아갈 것인지를 예견했다.

예를 들면 꿈이다. 이집트에 노예로 잡혀갔던 요셉의 꿈이 대표적인 선지자의 꿈이다. 파라오가 꾼 꿈에 대해, 7년 풍년 들었다가 그 다음에 7년 흉년 들게 되는 내용이라고 해석해준 사례가 바로 그것이다. 이 꿈 해몽 덕택에 요셉은 노비의 신분에서 벗어나 총리까지 올라간다. 최고 결정권자인 이집트의 파라오가 그렇게 해준 것이다. 파라오 입장에서는 이 꿈 해석이 국정 운영에서 가장 결정적인 판단 근거였다. 이런 측면에서 보자면 성경의 구약은 선지자들의 이야기가 뼈대를 이루므로 '도사열전'과 다르지 않다.

구약에서 선지자들 이야기를 빼놓을 수 없다. 생사가 걸린 문제를 결정할 때는 동서양, 그리고 고금을 막론하고 이들 영발도사들이 최고 지도자의 결정에 어드바이스를 줬다. 문제는 영발도사들의 공급과 채용이다. 이게 제도권에서 이루어질 수가 없다. 사판참모는 공식적인 경로를 통해 공급받을 수 있지만, 이판참모는 공식 경로가 없다. 그리고 영발도사는 가방끈과 관련이 없다. 오히려 가방끈이 짧을수록 영발은 길다. 특히 책을 많이 본 책상물림은 절대로 영발도사가 될 수 없다. 먹물은 영발을 파괴하는 독극물에 비유될 수 있다. 돼지고기와 새우젓처럼 영발과 먹물은 상극에 해당한다. 사판참모는 학교 다닐 때 공부 잘했던 먹물이 주를 이루고, 이판참모는 어떤 계기로 우연히 인연을 맺게 되는 경우가 많다.

재벌 오너는 이 두 종류의 참모를 모두 데리고 있어야 한다. 삼겹살을 먹고 새우젓을 조금 먹어야 뱃속이 개운하지 않던가! 영발참모를 데리고 사업에 성공한 대표적인 사례가 삼성 이병철이다. 이병철이 상당히 신뢰했던 그 영발참모 가운데 한 사람이 함양의 박도사인데, 이 이야기는 나중에 길게 하겠다. 현대 정주영은 이병철과 스타일이 달라서 영발도사 확보에 그렇게 많은 예산을 쓴 것 같지는 않다. 정주영 자신도 직감과 신기가 발달했던 반 도사였기 때문에 어지간한 도사는 우습게 보는 경향이 있었다. 그렇다고 해서 영발을 완전히 무시하지는 않았다. 필요한 경우에는 활용하기도 했다. 걸출한 오너는 이성적인 베이스를 깔고 있으면서도 어느 상황에서는 적절한 영발 어드바이스를 참고할 줄 아는 능력을 지니고 있다.

앞서 언급한 하이닉스 이야기를 예로 들고 싶다. 오늘날 반도체는 한국의 국부(國富)다. 영국, 독일, 프랑스도 못 가지고 있는 반도체를 어떻게 한국이 가지고 있는지 이게 도대체 신기한 현상이다. 미·중 간의 세기의 대결도 반도체를 접점으로 스파크가 튀고 있다. 세계는 반도체 쟁탈전이다. 하이닉스는 현대가 가지고 있었는데, 장사가 잘 되지 않는다고 2012년 무렵 시장에 내놨다. 현대는 중후장대(重厚長大)와 맞는 팔자다 보니 경소단박(輕小短薄)의 반도체는 어쩐지 적성에 맞지 않았던 것일까. 팔자에 안 맞으니 황금알 낳는 거위를 시장에 팔려고 내놓은 것이다. 하지만 당시에 사려는 기업이 별로 없었다. '사주십시오' 해도 대부분 손사래를 쳤는데, 유일하게 SK 최태원 회장이 이를 덥석 받았다. 매우 이채로운 결단이었다. 2,000~3,000억 원의 결정이 아니고 수조 원의 큰 금액을 지불해야 하는 거래였다.

　"이걸 사야 되는 거요, 말아야 되는 거요? 한국과 중국의 반도체 기술 차이가 얼마나 납니까?" 사판참모 왈. "한 10년 정도는 납니다." "그렇다면 우리가 삽시다."

　최태원 회장이 하이닉스를 인수하게 된 배경에는 사판참모의 분석 검토도 있었지만, 이판참모였던 K도사의 의견도 작용했다.

　"이건 반드시 우리가 사야 합니다. 지금은 이게 헐값으로 나왔지만 앞으로 몇 년만 지나면 여기에서 금덩어리가 나올 겁니다. 지금 사정을 따질 계제가 아닙니다. 회장님이 무조건 인수하는 것이 좋습니다."

　하이닉스 인수를 최태원에게 강력하게 건의했다고 하는 K도사. 그는 누구인가. 도사로서 그의 인생도 '데꼬보꼬' 파란만장하다. 나는 그를 만나본 적은 없지만 업계의 선수들 사이에서는 흥미로운 이야기들이 회자되고 있다. 우선 K도사는 숫자에 주특기가 있다. 예를 들면 10일 후의 주식시세가 어떻게 될 것인가를 미리 예측하는 식이다. 회사의 월급쟁이 사장에게 K도사는 흰색 봉투를 하나 들이밀었다. "이 봉투를 열흘 있다가 열어보십시오." 옛날 도사들이 주머니를 하나 건네주면서 '네가 위기 상황에서 이 주머니를 열어보거라' 하는 방식이다. 열흘 후에 그 사장이 봉투를 열어보니 그 날의 주가지수가 적혀 있었다.

주식시세를 맞힌다는 것은 귀신이 곡할 노릇이다. 바둑을 접수했던 인공지능도 공략하지 못한 분야가 주식시세다. 자본주의의 심장은 금융과 주식시장이고, 이 시장은 숫자로 돌아간다. 숫자라는 신(神)이 지배하는 세상이다. 숫자가 신이다. 숫자를 알아맞힌다는 것은 K도사가 전생부터 상수학(象數學)에 조예가 있었다는 징표다. 전생에 익혔던 재능은 금생에서도 이어진다. 환생을 거듭하면서 다음 생으로 계좌이체되는 게 콘텐츠인데, 이 콘텐츠라고 하는 게 따지고 보면 재능이다. 재능이 이월되는 셈이다. 하늘의 뜻은 결국 형상과 숫자로 나타난다는 게 상수학이다. 마지막 결론은 숫자로 귀결된다. 도사의 능력은 병 고치는 치병(治病) 능력과 미래예측 능력이다. 미래예측도 숫자로 나타나기 마련이다. 특히 주식과 금융시장에서 숫자 예측은 치명적인 무기가 아닐 수 없다.

물론 이러한 예측 능력이 '무한 리필' 되는 것은 아니다. 티오(TO)가 있다. 어느 정도의 시간이 지나면 능력이 사라지거나 감퇴된다. '메뚜기도 한철'이라고 모든 능력은 피크와 전성기가 있다. 도사가 가장 잘 맞힐 때 만나서 그걸 활용하는 사람이 복 있는 사람이다. 복 중에 큰 복이 인연복이라고 하지 않던가! 돈은 도사가 갖는 게 아니라 복 있는 사람이 갖는다.

최태원은 결국 하이닉스를 인수하는 결정을 내렸다. 참모들이 아무리 무슨 이야기를 해도 최종 결정을 내리는 사람은 오너다. 오너의 판단이 그만큼 중요하다. 최태원은 2.5세대이지만 하이닉스 인수라는 큰 건을 하나 해결함으로써 다이묘로 등극하는 계기를 만들었다고 보여진다. 아울러 감옥에도 몇 년 살다 나옴으로써 인간 세상의 고초가 무엇인지도 뼈저리게 느꼈을 것이다. 왕자로 성장했던 재벌 2·3세는 감옥에 갔다 오면서 사람이 발효가 되는 조짐을 보인다. 1년은 좀 짧고 2년 남짓 정도가 적당하다. 오너는 혼자 있기가 어려운데, 강제적으로 혼자 있으면서 사색을 하고 독서를 하는 기간이기 때문이다. ⩗⩗⩗

주역(周易)이 심오하다고는 하지만
왜 심오한가를 일반인이 알기는 어렵다.
그러나 남회근 선생의 강의를 듣다 보면
고개가 끄떡거려진다. 〈주역계사 강의〉를
읽어보면 미래를 예측하는 신통력의
유형을 소개한 내용이 나오는데,
내가 들어본 설명 가운데 가장
설득력 있는 분류였다.

도사의 주특기,
미래예측 능력

도사의 주특기 가운데 하나가 미래예측 능력이다. 여기에도 여러 가지 노선과 방식이 있다. 이건 일반인들이 알 수 없는 영역이자 비밀이기도 하다. 선수들 세계에서만 살짝 이야기되는 내용들이다. 대만의 장개석 총통이 여러 가지 문제가 생기면 의지했던 도사가 있었다. 대만의 국사(國師) 노릇을 했던 인물이기도 하다. 바로 남회근(1918~2012) 선생이다. 동양의 유·불·도 삼교에 정통하고 심지어는 티베트 밀교까지 깊은 조예를 가졌던 선생이다. 중국에서도 남 선생만 한 인물은 수백년 만에 한 번 나올까 말까 한 인물이 아닌가 싶다. 대개 석학이라고 해도 경전 공부에만 치중해서 정신세계에 깊이 들어가기는 힘들다. 몸 공부가 안 되어 있기 때문이다. 그러나 남 선생은 몸 공부 수행을 거쳐서 정신세계에까지 들어간 도사라는 점에서 역사적인 인물인 것이다.

남회근의 저작은 수십 권이 되는데 그 중에서 볼 만한 저작은 〈주역계사 강의〉, 〈참동계 강의〉, 〈논어 강의〉를 꼽고 싶다. 주역에 숨어 있는 여러 가지 비하인드 스토리를 실감나게 소개한 책이 〈주역계사 강의〉라는 책이다. 이 책을 보고 나서야 비로소 주역이 재미있는 책이라는 사실을 알게 된다. 주역(周易)이 심오하다고는 하지만 왜 심오한가를 일반인이 알기는 어렵다. 그러나 남회근 선생의 강의를 듣다 보면 고개가 끄떡거려진다. 〈주역계사 강의〉를 읽어보면 미래를 예측하는 신통력의 유형을 소개한 내용이 나오는데, 내가 들어본 설명 가운데 가장 설득력 있는 분류였다.

우선 보통(報通)을 이야기한다. '보(報)'는 과보(果報)의 줄임말이다. 원인이 있으면 결과가 있다. 이 결과로 나타나는 게 과보다. 인과응보(因果應報)라고 할 때 '응보'에 해당한다. 전생에 도 닦는 분야에 몰두했었다면 금생에 태어나서도 전생의 재능, 즉 탤런트(달란트)를 계좌이체 받듯이 이어받는다. 전생에 정신집중 훈련을 많이 했거나, 전생에서도 도사 노릇을 했으면 금생에 이 재능이 이월(移越)되는 것이다. 이러한 이월의 결과로 신통력을 지니게 된다. 예를 들면 어린 나이에 조훈현의 내제자로 들어간 바둑의 이창호가 그렇다. 스승과 바둑 몇 판 두지도 않고 대강 몇 년 지내는 것 같더니만, 얼마 안 있어 스승 조훈현을 이겨버렸다. 전생의 바둑 고수가 환생하지 않고는 이럴 수가 없다. 이창호의 사례를 보면서 '전생 과보가 있는 것이구나'를 또 한 번 확인하는 계기가 되었다.

통일교의 고(故) 문선명 교주도 이런 케이스가 아닌가 싶다. 십수 년 전 이 양반 생전에 장시간 인터뷰할 기회가 있었는데, "나는 13~14세 때부터 상대방을 보면 그 사람이 어떤 기질의 소유자이고, 성격이 어떻고, 앞으로 인생을 어떻게 살지 대강 보였어."라는 이야기를 필자에게 해준 바 있다. "그래서 나는 일반인들하고 이야기하는 것은 별로 재미가 없었고, 할아버지하고 이야기하는 경우가 많았지." 문 교주의 할아버지는 〈정감록〉을 비롯한 각종 풍수도참서와 음양오행, 주역과 사주명리학 등에 조예가 있었던 거의 도사급의 인물이었다. 어린 손자가 영대(靈臺)가 밝으니까 도학에 관한 여러 가지 이야기를 같이 나누는 것이 일상의 큰 낙이었다는 이야기였다.

"내가 조 선생을 한 번 보자고 한 것도 이유가 있지. 조 선생 배후에 어떤 수준의 보호령(保護靈)이 작용하고 있는지 그걸 한 번 보고 싶었어. 보호령도 등급이 있어. 초등학교 졸업 보호령이 있고, 중졸, 고졸, 대졸, 박사급이 다 달라. 그 보호령의 경륜과 학식에 따라 그 사람이 내뱉는 말과 언행, 그리고 지혜가 영향을 받지."

"저는 별로 보호령이 없는 것 같습니다. 영안(靈眼)이 열리지를 못했습니다. 그래서 답답한 마음도 있습니다."

"아니야. 이건 꼭 '영안이 열렸냐, 안 열렸냐'로 따질 차원이 아닌 게야. 조 선생 뒤에도 보호령이 있구만, 왜 없다고 해? 그것을 내가 이 자리에서 이야기하면 천기누설이 되지. 모든 것을 이야기한다고 해서 꼭 좋은 게 아냐. 이야기를 해버리면 부작용이 발생할 수도 있지. 그렇지만 보호령이 없는 게 아녀. 하나 정도만 이야기해 주는 것은 괜찮겠제. 보호령이 큰 붓을 들고 있네. 전봇대 비슷한 크기의 아주 커다란 붓이야!"

"붓이 전봇대같이 정말로 큰 것인가요?"

"아주 커. 이처럼 큰 붓을 받기도 쉽지 않아. 이런 붓을 받으려면 윗대부터 관련이 있는 것이지. 커다란 붓을 들고 있으니까 본인이 안 쓰려고 해도 계속 쓸 수밖에 없는 상황이 생길 거야. 기왕에 이 붓을 들고 이 세상에 왔으니까 세상에 좋은 일 많이 하시게."

수통(修通)이라는 것도 있다. 금생에 이 세상에서 도를 닦아서 생긴 신통력을 가리킨다. 인간의 무의식에 깊이 들어가면 8식(八識)이라고 하는 무의식이 있고, 이 무의식이 맑아지면 미래가 자연스럽게 보이는 능력이 생기게 된다. 도를 닦는다는 것은 이 식(識), 그러니까 무의식을 정화하고 맑게 하는 노력이다.

이것과는 좀 차원이 다른 것으로는 요통(妖通)과 귀통(鬼通)이 있다. 이건 정신분열 증세다. 일종의 병리현상이다. 도 닦아서 생긴 게 아니다. '귀신 붙었다'고 하는 상태다. 인간의 눈에는 안 보이는 에너지체가 있는데, 이 에너지체가 마음이 불안한 사람에게 붙으면 신통력을 발휘하기도 하고, 어떤 때는 횡설수설하기도 한다. 횡설수설을 '도사님 말씀'으로 여기고 따라가다가는 신세 망치는 수도 있다. 이 4차원 정신세계의 에너지체 가운데 선량한 것을 천신(天神)이라 하고, 선량하지 못한 것을 요(妖), 요보다 좀 더 못한 것을 귀(鬼)라고 한다는 게 남 선생의 설명이다. 대개는 요통, 귀통이 많다.

의통(依通)도 있다. 어떤 물건에 의지해서 신통력을 발휘하는 경우다. 그 물건이 타로카드도 될 수 있고, 주역에서 말하는 시초(蓍草)도 될 수 있다. 또는 엽전도 될 수 있다. 이집트에는 이집트의 방법이 있고, 인도에는 인도의 방법이 있다. 어떤 의통은 수정구슬이 필요하다. 수정구슬을 보면 사람의 미래가 훤히 보이는 장면은 서양 영화에서 단골로 등장하는 신통력의 사례다. 서양은 이 수정구슬파가 깊은 뿌리를 지니고 있다. 미국에서 주식시세를 다루는 월가에서 활약하는 수정구슬파를 본 적이 있다. 이 수정구슬파는 주가를 예측하는 데 뛰어난 적중률을 보여서 30분 면담하는 데 기본 1만 달러를 받았다. 만약 예측해서 수천만 달러의 이익이 발생하면 그 몇 퍼센트를 복채로 지급한다는 옵션도 추가한다.

옛날에 보석을 말할 때 7가지 보석을 이야기하는데, 이 칠보(七寶) 가운데 하나가 수정이다. 수정은 투명할수록 가치가 높다. 투명도가 높다는 것은 무엇을 의미하는가. 결국 사물을 비춰본다는 의미가 내포되어 있다. 비춰본다는 것은 과거와 미래를 비춰본다는 의미로 해석된다. 그러니까 무엇을 비춰보려면 투명한 속성을 지닌 수정이 필요했던 것이다.

한국은 엽전파가 많다. 신들린 보살이 나무로 만든 개다리소반에다 엽전 네댓 개를 휙 던진다. 엽전이 엎어진 모습을 보고 점을 치는 장면을 많이 보았을 것이다. 초등학교 나온 샤먼은 "땅을 사야 되겠네! 땅을 사!" 중학교 졸업한 샤먼은 "부동산을 하면 돈 벌겠어!" 대학을 나온 샤먼은 "재테크를 하시오. 그러면 돈 벌겠어." 고학력자 샤먼은 "세계 경제의 흐름이 이렇게 돌아가니까 선물옵션을 하세요!"라고 말하지 않을까? ▲▲▲

사판(事判)에서 엄청난 도를 닦아
이미 도사급 반열에 올라선 80대의
정주영을 앞에 두고, 40대 중반의
민 도사가 마주앉았다.
반열에 올라간 인간들은 서로
마주앉았을 때 느낌이 온다.
'이거 만만치 않다'라든가,
'이거 해볼 만하겠는데'라든가,
'아니 이거 밴텀급인 줄 알았는데
라이트 헤비급의 기운이 느껴지네'
하는 감(感)이다.

정주영의 장풍과
민 도사의 장창(長槍)

1998년 6월과 10월 두 차례에 걸쳐 정주영이 소떼를 몰고 휴전선을 넘어 북한을 방문한 사건이 있었다. 총 1,001마리를 데리고 넘었다. 당시 83세의 정주영 회장은 1차로 트럭 50대에 500마리의 소떼를 싣고 판문점을 넘었다. 소떼 몰고 이북으로 간 사건은 기념비적 사건이었다. 미국의 뉴스전문방송 CNN도 이 소떼 몰고 넘어가는 장면을 화면으로 보도했다. 세계적인 토픽이 되었던 것이다. 굉장히 토속적인 이벤트로 세계인들에게 볼거리를 제공했고, 거기에 함축된 의미도 깊었다. 그 철옹성 같던 휴전선을 뚫었다는 의미였다.

한국 사람들은 지난 수천 년 동안 '쌀밥에 쇠고기국'이 가장 먹고 싶은 음식이었다. 쇠고기국을 끓일 수 있는 소야말로 가축 중에서도 으뜸이었다. 가장 맛있고 영양가가 풍부한 고기는 쇠고기로 여겼다. 소를 몇 마리 가지고 있는가는 부의 척도이기도 했다. 중국은 돼지고기를 쳐주지만 한국은 쇠고기를 쳐준다. 이는 중국의 소보다도 한국의 소가 훨씬 맛있고 육질이 좋다는 사실을 의미한다. 이런 맥락에서 한국을 대표하는 가축은 '소'라고 말해도 과언은 아니다.

그런데 정주영은 어떻게 소떼를 몰고 휴전선을 넘어갈 생각을 하게 되었을까. 언뜻 생각하면 쉬운 아이디어 같기도 하지만 종합적으로 생각하면 이건 매우 심도 깊은 생각에서 나온 것이었다. 내가 보기에는 종교적이고 영적인 의미가 내포되었던 사건이었기 때문이다. 어떤 의미에서 종교적이고 영적이란 말인가? 휴전선 일대에는 수많은 귀신들이 쩔어 있는 지역이다. 6.25전쟁 때 16개국에서 참전한 다국적 군대의 병사들이 이 일대에서 사망했다.

유엔(UN) 창설 이후로 한국전쟁처럼 많은 나라의 군대가 참여한 것은 처음이었다. 유엔이 참여한 전쟁에서 10개국 이상의 군대가 참여한 전쟁은 없었다. 6.25가 유일하다. 다국적 군대의 귀신들이 스크럼을 짜고 모여 있는 휴전선은 어지간한 파워로는 돌파하기 힘든 지역이었다. 귀신들이 쉴드 친 방탄지대였다고나 할까. 이걸 힘센 소떼들이 돌파했

다. 천 마리가 넘는 1,001마리의 소떼들이 소뿔로 들이받고 넘어갔다. 한 번 구멍을 내놓
으면 그다음에는 쉬운 법이다. 처음 구멍 내기가 힘들다. 힘센 소떼들의 소뿔로 첫 구멍을
냈던 사건이 정주영의 소떼 방북 사건이다.

　　1998년 당시에 서울에는 40대 중반의 '민 도사'가 전성기를 구가할 때였다. 민 도사
는 우선 풍채가 좋았다. 사람을 볼 때 신언서판(身言書判)이다. 얼굴이 잘생기고 키가 적당
하면 점수를 따고 들어간다. 딱 보았을 때 얼굴에 구질구질한 느낌이 없다. 미남인 데다
학구적인 아우라를 풍기는 인상을 지니고 있었으므로, 흔히 사주팔자 보는 역술가들에게
서 풍기는 때묻은 추레함이 없었다. 이게 큰 장점이었다. 민 도사의 또 하나 장점은 한문
에 어느 정도 조예가 깊다는 점이었다. 한국사회에는 한문을 잘 하면 존중해주는 분위기
가 있다. '아, 이 사람은 뼈대가 있는 집안 출신이구나!', '학구적이면서 깊이가 있는 사람
이구나!' 하는 느낌을 상대방에게 준다. 실제로 한문을 어느 정도 하려면 집안의 뼈대도
있어야 하고 윗대 어른들로부터 들은 이야기도 있어야 한다.

　　민 도사는 나를 처음 보았을 때, 갑자기 손을 내어보라고 이야기했다.

　　"조 선생, 그 손 좀 내놔 보시오?"

　　"아니 왜 그래요."

　　"그냥 좀 내놔 봐. 내가 써줄 게 있어."

　　둘이 밥을 먹다가 오른손 손바닥을 편 채로 내놓았더니, 민 도사는 안 주머니에 가
지고 다니던 검은색 사인펜을 꺼냈다. 그 사인펜으로 오른손 손바닥에 한문으로 열댓
자를 연달아 쓰는 게 아닌가. 그 문구는 한시(漢詩) 같기도 했다. 외워서 쓰는 내용이 아
니고 그 자리에서 즉흥적으로 생각나서 쓰는 문구였다. 내용인즉슨 '문창성(文昌星)이 떠
있고, 그 문창성의 기운을 지금 받고 있는 인물이다' 하는 것이었다. 나는 순간적으로 '이
건 영발로 쓰는 문구이구나. 인공위성에서 누가 불러주니까 줄줄 나오는 문구이구나.'라

고 생각했다.

90년대 후반에 서울에서 날리던 민 도사의 소문을 정주영 회장도 들었다. "그 친구 한 번 만나봐야겠구만." 정주영은 원래 도사를 그렇게 신뢰하거나 좋아하는 편이 아니었다. 본인이 거의 도사였다. 외모는 투박스럽게 생겼지만 머리 돌아가는 것은 거의 번갯불 급이었다. 척 보면 딱이다. 눈치도 빠르고 상대방의 마음을 꿰뚫는 독심술도 발달한 사람이었다. 게다가 사업을 하면서 얼마나 많은 사기꾼과 구렁이, 여우를 상대해 봤겠는가. 수많은 시행착오를 하면서 여기까지 올라온 재벌 오너는 도사라고 해도 과언이 아니다.

상대방이 문 열고 들어오는 걸음걸이만 보아도 '저 사람은 믿을 만하다', '사기꾼 같다' 하는 직관이 들어오는 사람이다. 점쟁이가 따로 없다. 그 동안 축적된 수많은 데이터와 타고난 특유의 직관력이 결합한 결과다. 사실 재벌 창업자 정도 되려면 이 정도 직관력이나 신기(神氣)가 없으면 사업 못한다. 중간에 벌써 꺼꾸러졌다. 정주영이 1915년생이니까 1998년이면 84세 무렵이다. 이미 산전수전, 공중전, 사막전까지 다 겪은 상태의 나이였다. 자신이 이미 도사인데 어지간한 도사 만나보아야 눈 아래로 내려다보기 쉽다. '이거 서푼짜리가 내 앞에서 까불고 있네' 하는 심정 아니었을까.

사판(事判)에서 엄청난 도를 닦아 이미 도사급 반열에 올라선 80대의 정주영을 앞에 두고, 40대 중반의 민 도사가 마주앉았다. 반열에 올라간 인간들은 서로 마주앉았을 때 느낌이 온다. '이거 만만치 않다'라든가, '이거 해볼 만하겠는데'라든가, '아니 이거 밴텀급인 줄 알았는데 라이트 헤비급의 기운이 느껴지네' 하는 감(感)이다. 정주영은 이미 힘이 빠진 80대이긴 했지만 원체 타고난 정력이 절륜해서 아직도 파워를 행사하고 있었다. 그 파워를 굳이 표현해보자면 회오리바람이라고나 할까. 정주영은 회오리치는 기운을 타고 났다. 회오리의 특징은 상대방을 자기 페이스로 몰고 오는 힘이다. 정주영과 이야기하다 보면 왠지 모르게 정주영 화법에 말려든다. 회오리로 일단 끌어온 다음에 돌려버린다. 몇 바퀴 돌다 보면 자기 리듬이 깨진다. 어느덧 정주영이 하자는 대로 '예, 예' 하면서 제압당해 버리는 것이다.

회오리 장풍의 정주영 앞에 마주 앉은 40대의 민 도사는 '장창(長槍)'이 주특기였다. 기다란 창을 가지고 있었다. 일본 전국시대의 전투를 보면, 제일 앞에는 장창 부대가 배치되는 게 공식이었다. 장창이라 하면 기본적으로 4미터가 넘는다. 길면 5미터도 된다. 이 장창으로 상대방의 진영을 찔러버리는 것이다. 진영을 흐트러뜨리는 데는 장창이 최고다. 이는 서양의 고대 전투에서도 마찬가지였다. 장창이 1번이다. 견고하게 짜놓은 네모진 방진(方陣) 또는 원진(圓陣)을 깨는 데는 장창이 효과적이다.

80대의 노련한 회오리 장풍과 40대의 장창이 마주앉았을 때 거기서 전해져오는 압력도 상당했다. 바둑의 고수 이세돌과 중국의 고수 칭하오가 번기 바둑을 둘 때 옆에서 관전하다 보면 두 사람의 기운이 팽팽하게 격돌한다는 느낌을 받는다고 한다. 옆에서 구경하는 사람도 고기압과 같은 팽팽한 압력감을 감지한다는 이야기를 바둑 고수들한테 들은 바 있다. 정주영과 민 도사도 그랬을 것이다. 여기에서는 장창이 회오리 장풍을 뚫어버렸다.

"회장님! 회장님은 강력한 기운을 가지고 태어났습니다. 아직 그 에너지를 더 쓸 수 있습니다. 회장님 에너지로 38선(휴전선)을 뚫어야 합니다. 38선의 벽은 귀신들이 꽉 짜고 있지만 회장님이 이걸 뚫어야 합니다. 뚫을 사람은 회장님뿐입니다."

민 도사가 구사한 초식은 이런 것이었다. 정주영에게는 엄청난 펌프질이었다. 38선에 뭉쳐 있는 귀신의 방어막을 당신만이 뚫을 수 있다는 민 도사의 장창에 정주영은 제대로 찔려버렸다. 이 말에 뽕 간 셈이다. 그도 그럴 것이 정주영의 머릿속에서는 이 말을 듣고 아이템 하나가 번갯불처럼 떠올랐다. '그렇다. 소를 몰고 가자! 소떼를 몰고 그 귀신벽을 뚫으면 되지. 소는 머리에 뿔이 있잖아!' 정주영이 소를 연상하게 된 계기도 있다. 이북에서 남한으로 피난 올 때 소 1마리를 가지고 왔다. 그리고 이미 충청도 서산 농장에서 소 떼를 키우고 있던 상태였다.

정주영이 생각하기에 자신의 본전은 소 1마리라고 여겼을 가능성이 높다. 이미 평소 머릿속에 소가 입력되어 있었다고 보아야 한다. 이런 상태에서 귀신 방어막을 뚫을 강력한 도구가 뭘까를 생각하다 보니까 1초 내에 '소떼를 몰고 가자'는 아이디어가 불꽃처럼 솟아올랐다. 이렇게 해서 정주영은 소떼를 몰고 휴전선을 넘었다. 귀신들의 방어막을 뚫었다. 민 도사의 영발 아이디어를 접수해서 자신의 영발 아이디어를 합친 결과물이 소떼 방북이었다.

정주영은 민 도사에게 거금의 복채를 냈다고 전해진다. 그 액수가 얼마인지 궁금해서 민 도사에게 '얼마 받았었냐?'고 여러 번 캐물었지만, 끝내 알려주지 않았다. 세무조사 당할까봐 답변을 하지 않는 것인가? 내 짐작에 아마도 10억 정도 받지 않았을까 추측되기도 한다. ◢◣◣

고 보살은 당시 계룡산 무당파를
대표하는 선수였다.
가장 큰 고객은 정주영이었다.
정주영은 고 보살 말이라면 대부분
수용하는 편이었다.
정주영도 기가 센 사람이라 어지간한
무당파는 무시해버리는 스타일인데
고 보살만큼은 존중했다.
고 보살의 3가닥 수염 탓이 아닌가 짐작해 본다.
'여자도 아닌 것이 남자도 아닌 것이',
원래 도를 많이 닦으면 양성통합적인
인격이 발현된다.

여인의 수염,
계룡산 무당파를 대표하다

도사의 업종은 앞일을 예측하는 일을 직업적으로 하는 분야다. 이 도사가 옆에 붙어 도움을 줘야 할 직업은 대개 2가지로 압축된다. 하나는 사업가요, 다른 하나는 정치인이다. 두 업종 모두 여차하면 교도소에 가거나 손 털고 길바닥에 나앉게 되는 위험을 안고 있다. 인간의 이성적 추론이나 합리적 분석만 가지고 사업이나 정치가 되는 게 아니다. 평소에 인간 이성의 한계를 너무 많이 느끼는 직종이라 하겠다. 예상 못한 변수가 튀어나와 일을 망쳐버리는 경험을 자주 하다 보면 운(運)이나 하늘의 뜻, 인간의 팔자 등을 깊이 생각해보지 않을 수 없다.

미국의 사업가 록펠러가 했다는 유명한 말이 있다. "첫째도 운이고, 둘째도 운이고, 셋째도 운이다." 록펠러처럼 인생의 고비길마다 눈에 보이지 않는 운(運)이 작용한다고 굳건하게 믿기도 어렵다. 월급쟁이는 이렇게까지 생각하지 못한다. 규칙적인 루틴을 반복하는 직업에서는 어느 정도 예측대로 인생이 굴러간다고 여긴다. 그러나 사업가는 사업을 하면서, 정치가는 정치라는 '생물'을 다루면서 운을 느낀다. 운을 느낀다는 것은 무엇일까. 이는 인간 이성의 한계를 느끼는 것과 같다. 이성의 한계를 느낄 때 하늘의 섭리가 무엇인지에 대해 귀를 기울이게 된다. 사업과 정치를 통해 도를 닦은 셈이다. 사업과 정치라는 양대 난업(難業 : 어려운 직업) 중 정치는 최근 들어 도사의 역할이 급격하게 줄어들었다. 다름 아닌 여론조사라는 업종이 등장했기 때문이다.

민심이 무엇인지 파악하는 일도 예전에는 도사의 업무였다. 풍수도참(風水圖讖)이나 예언을 통해 민심을 자신이 의도하는 바대로 유도하는 것도 도사의 업무였다. 예를 들면 고려 후기에 유행했던 〈목자득국(木子得國)〉 같은 도참(圖讖)이 그것이다. 목자(木子)는 이씨(李氏)를 가리킨다. 이씨가 나라를 얻는다는 여론조작이었다. 결국 이성계가 왕이 되었으니 이 도참은 들어맞은 셈이다. 뒤이어 〈정감록(鄭鑑錄)〉이 등장했다. 정씨가 왕이 된다는 도참은 들어맞지 않았다. 아직도 진행 중이라고 해야 할까. 이러한 예언이 담긴 도참은 모두 도사들의 작업영역에 속했다.

그러나 지금은 여론조사 기관이 이를 상당 부분 대체했다. '지지율이 몇 퍼센트인가?' 지지율에 목을 맨다. 이것이 정치를 좌우한다. 당연히 여론조사 기관이 여론 지지율을 주무른다. 그것이 맞든 안 맞든 간에 여론조사 기관이야말로 현대의 도사 업종임이 분명하다. 정치에는 여론조사라는 새로운 업종이 등장했지만 사업 분야는 아직 도사들의 영역이 남아 있다.

정주영(현대), 이병철(삼성), 김우중(대우)은 한국의 현대 사업가를 대표하는 인물이다. 이 가운데 김우중은 도사와 별 인연이 없었던 인물로 알고 있다. 철저히 자신의 판단대로 사업을 해야 한다는 신념이 강했던 것일까. 도사를 신뢰하지 않았던 것일까. 아니면 A급 도사와 별 인연이 없었던 것일까! 도사복이 없으면 B급, C급들만 상대하다 허당을 짚는 수가 있다. 아무튼 김우중과 관련된 도사 이야기를 별로 들은 바가 없다. 이병철은 정주영보다 도사들을 훨씬 좋아했다. 많은 도사들과 인연을 맺었고, 이들을 사업에 잘 활용했다고 보여진다. 정주영은 이병철보다는 덜하지만 때때로 활용하기도 했다. 그러나 스타일의 차이가 있다. 정주영은 무당파(巫堂派) 도사들을 선호했다면 이병철은 명리파(命理派) 도사들을 선호했다.

무당파는 이론이 별로 필요 없다. 어떤 사람이나 사건을 보는 순간 바로 직감이 오는 타입이다. 마치 인공위성에서 전파를 수신하여 화면에 띄우는 내비게이션처럼 바로 화면에 뜬다. 명리파는 어떤가. 명리파는 명리학에 대한 이론적 섭렵이 이루어진 상태다. 육십갑자, 음양오행, 주역의 64괘, 그리고 〈적천수(滴天髓)〉, 〈연해자평(淵海子平)〉, 〈궁통보감(窮通寶鑑)〉을 비롯한 명리의 고전들을 공부했다. 어떤 사건을 설명할 때도 이러한 명리학 고전의 표현들을 인용한다. 그런데 명리 고전을 독파한다는 것은 쉬운 일이 아니다. 난삽한 한문 용어들을 암기하고, 이 용어들을 '쓰리 쿠션'으로 사물에 적용하는 연습도 해야 한다. 먹물이 필요한 것이다. 무당파가 담백한 맛이라면 명리파는 먹물 냄새를 풍긴다. 물론 무당파나 명리파도 아주 고차원에 도달하면 그 구분이 크게 의미 없다. 접신(接神)과 먹물[文香]이 서로 화학적으로 융합되는 단계가 나타나기 때문이다.

충남 계룡산에는 '신도안(新都案)'이라는 지역이 있다. 조선을 세운 이성계가 한때 새로운 도읍지로 삼으려고 시도했던 곳이다. 도성의 궁궐을 짓기 위해 커다란 주춧돌을 가져다 놓기까지 했다. 그러나 끝내 도읍지로 삼지는 못했다. 이곳에 궁궐은 들어서지 못했지만 그 후로 여러 문파의 도사들이 거주했다. 특히 〈정감록〉을 신봉했던 풍수도참(風水圖讖) 비기파(秘記派)들은 신도안을 대단한 명당으로 믿었다. 이곳에서 도를 닦아야만 후천개벽 세상의 정도령이 된다고 철석같이 믿었다. 제주 4.3 사건 때 학살을 피해 육지로 피난 나온 사람들이 상당히 있었는데, 이 제주도 사람들이 선호했던 피난지가 바로 신도안이기도 했다.

계룡산(鷄龍山)은 이름도 이채롭다. 닭과 용이다. 닭은 시간에 맞춰 소리를 내는 동물이다. 때를 알린다. '닭이 천시(天時)가 도래했음을 알리면 용이 조화를 부린다'는 의미가 내포되어 있는 산이 계룡산이다. 신도안에는 60년대 후반부터 70년대에 걸쳐 '고(高) 보살'이 있었다. 키는 그리 크지 않고 땅딸막했는데 아주 특이한 분위기를 풍기는 여인이었다. 바로 턱에 6~7cm 길이로 나 있는 수염 3가닥 때문이다. 여자 턱에서 나온 수염은 그 자체가 카리스마였고, 이 수염으로 상대방의 기선을 제압하곤 했다.

고 보살은 당시 계룡산 무당파를 대표하는 선수였다. 가장 큰 고객은 정주영이었다. 정주영은 고 보살 말이라면 대부분 수용하는 편이었다. 정주영도 기가 센 사람이라 어지간한 무당파는 무시해버리는 스타일인데 고 보살만큼은 존중했다. 고 보살의 3가닥 수염 탓이 아닌가 짐작해 본다. '여자도 아닌 것이 남자도 아닌 것이', 원래 도를 많이 닦으면 양성통합적인 인격이 발현된다. 남성과 여성의 장점을 모두 겸비하는 인격을 갖춘다. 섬세

할 때는 여자이면서도 결정을 내릴 때는 무쇠팔의 남자였다. 이 고 보살과 정주영의 합작품이 바로 강남땅 개발이었다. 70년대 초반 강남땅을 개발하기 시작할 때 고 보살이 코치했다. 그 코치라고 하는 것은 땅에다 선을 긋는 작업이었다.

"이쪽으로 선을 그어요. 여기서부터는 서기(瑞氣)가 솟는 땅이에요. 이러한 서기가 솟는 곳에서 살아야 돈이 모이죠. 특히 이쪽에 한강 물이 감아도는 지점은 정 회장님이 꼭 건물을 지으세요. 물이 감아돌아야 돈이 쌓이죠. 그리고 저쪽은 그냥 두세요. 거기는 별볼 일 없는 땅이에요."

강남의 도시계획을 짠 가장 핵심 인물은 신도안의 고 보살이었다고 해도 과언이 아니다. 영발로 땅을 찍은 것이다. 발 중에 가장 넓은 발이 영발이다. 필자가 짐작컨대 당시 고 보살은 땅을 보는 주특기가 있었던 모양이다. 도사들도 각기 주특기가 다르기 때문이다.

정주영은 가끔 고 보살이 사는 계룡산 신도안에서 큰 제사를 지내곤 했다. 제사 비용을 푸짐하게 지불했음은 물론이다. 재벌 창업자는 돈을 안 쓸 때는 아주 구두쇠이지만, 돈을 써야겠다고 마음먹으면 동그라미 하나가 더 붙는다. 정주영이 신도안에서 제사를 지낼 때는 그 일대 다른 도사들이 밥을 하지 않았다고 전해진다. 음식을 하도 푸짐하게 장만한 탓이다. 신도안에 거주하는 도사 패밀리 수백 명이 한꺼번에 먹을 수 있는 정도의 음식을 장만했다. 정주영은 무당파를 좋아했다. 신도안의 고 보살이 그 무당파를 대표하는 인물이라고 생각한다. ▲▲▲

8식(아뢰야식)은 우리가 생전에 살면서 말하고 생각하고 기억하고 행동했던 모든 정보를 저장하고 있는 정보창고에 해당한다. 모든 게 저장되어 있다. 그래서 장식(藏識)이라고도 한다. 사람이 죽어도 이 장식(8식)은 없어지지 않는다고 한다. 염라대왕의 업경대도 이 8식이 아닌가 싶다. 생전에 살면서 축적했던 모든 정보가 저장되어 있으니 이 8식만 보면 과거를 알 수 있고, 이 과거의 행적에 따라 미래에 전개될 운명도 정해진다.

염라대왕의
업경대(業鏡臺)

사람이 죽은 후 염라대왕 앞에 가면 업경대(業鏡臺)가 있다고 한다. 사찰 법당에 가면 나무로 만든 목사자가 등에 거울을 지고 있는 모습으로도 조각되어 있다. 그 사람이 생전에 쌓았던 업(業)이 어느 정도인가를 비춰주는 거울이다. 업은 선업(善業)도 있고 악업(惡業)도 있다. 선도 악도 모두 업이다. 염라대왕은 업경대라는 거울에 비친 업의 총량을 보고 판결을 내린다. '이건 지옥이다', '이건 인도환생(人道還生)인데 부잣집으로 태어나라', '너는 짐승으로 태어나야 하겠다' 등이다.

나는 업경대를 볼 때마다 참으로 절묘한 비유라고 생각한다. 옛날 사람들이 어떻게 이러한 장치를 생각하게 되었을까. 이러한 비유는 도를 깨달아 대원경지(大圓鏡智)의 차원에 도달한 고단자가 맨 처음 하지 않았을까. 그런데 나는 이 업경대가 밖에 있는 것이 아니라 우리 내면에 있다고 생각한다. 내면이란 바로 무의식이다. 심리학에서는 무의식이라 말한다. 심리학이 발달하면서 인간 내면에 무의식이 있다는 것을 알게 되었다. 심리학 덕분에 설명하기가 쉬워졌다.

불교 유식학에서는 8식(아뢰야식)이라고 설명한다. 유식(有識), 무식(無識)의 그 식 말이다. 이 8식은 우리가 생전에 살면서 말하고 생각하고 기억하고 행동했던 모든 정보를 저장하고 있는 정보창고에 해당한다. 모든 게 저장되어 있다. 그래서 장식(藏識)이라고도 한다. 사람이 죽어도 이 장식(8식)은 없어지지 않는다고 한다. 육체는 파괴되어도 이 장식은 남는다. 마치 비행기가 파괴되어도 블랙박스는 남는 것처럼 말이다. 블랙박스에 비행기록이 저장되어 있어, 박스를 열어보면 사고 원인도 파악할 수 있다는 것 아닌가. 염라대왕의 업경대도 이 8식이 아닌가 싶다. 생전에 살면서 축적했던 모든 정보가 저장되어 있으니 이 8식만 보면 과거를 알 수 있고, 이 과거의 행적에 따라 미래에 전개될 운명도 정해진다.

천둥번개를 맞아 내면의 모든 잡생각이 청소되고 백지장처럼 순수해지면, 사람의 과거·현재·미래를 볼 수 있는 화면 내지는 모니터가 장착된다. 맑은 물에 업보가 비친다고나 할까. 이 모니터가 업경대가 아니고 무엇이겠는가. 토르 도사는 이 업경대를 가지고 있는 셈이다. 상대방을 척 보면 업경대에 비춰볼 수 있다. 유식학에서 말하는 8식은 사주팔자의 콘텐츠이기도 하다. 8식의 저장 정보에 따라 그 사람이 살아갈 운명이 정해지기도 한다. 그러니까 사주팔자를 아는 것은 그 사람의 전생 업보, 전생 성적표를 살짝 열람하는 일이다. '이 사람이 수학은 잘했는데 영어는 50점 맞았구나', '전생부터 베풀기를 잘하는 습관이 있어 금생에 돈이 붙는구나' 등이다.

사주팔자는 사람의 태어난 연월일시를 보고 짐작한다. 디지털 정보를 통해서 운명을 추론한다. 업보에 따라 세상에 태어나는 시간이 모두 다르다. 해와 달과 북두칠성과 삼태성이 어떤 위치에 있느냐, 그리고 전생에 쌓았던 업보의 총량과 패턴이 어떤 상태냐에 따라 서로 함수관계가 있다. 별자리의 위치와 인간 업보는 상응한다. 이 상응(corresponding)이 우주의 신묘한 비밀이다. 점성술의 대전제는 별자리의 위치에 맞춰서 그 사람이 태어난다는 이론이다. 별자리가 어떻게 인간 운명과 관계를 맺는가? 이건 엄청난 비밀이자 미스터리가 아닐 수 없다.

별자리가 인간 운명과 관계가 있다는 이치를 발견하기 시작한 시기는 아마도 1만 년 전이지 않나 싶다. 이건 아주 고대문명의 유산이다. 수메르 문명과 이집트 문명, 바빌론 문명에 걸쳐 이어져온 비의적(秘義的) 유산이다. 따라서 서양 점성술과 동양의 사주명리학은 그 기본 얼개가 같다. 모두 별자리에 기초하고 있다. 단지 설명방식에서 약간 다를 뿐이다. 국수는 같은 국수라도 토마토를 넣으면 파스타가 되고, 멸치를 넣으면 멸치국수가 된다. 이런 차이라고 보면 된다.

어떤 사람이 어머니 뱃속에서 나와 탯줄을 자르는 시점에, 우주 별자리의 에너지가 스캔을 한다. 엑스레이를 통과하는 것처럼, 방사선이 그 사람을 훑고 지나간다. 탯줄을 자르는 순간에 우주 에너지가 흡입되는 셈이다. 바꾸어 설명하면 바코드가 찍히는 것과 같다. 마트에서 물건 살 때 바코드만 찍으면 대번에 값이 나온다. 사주팔자가 디지털이라면 업경대는 아날로그 방식에 해당한다. 거울을 가져다 대면 나온다. 이 업경대는 누구나 가지고 있다. 작동이 안 될 뿐이다. 거울에 때가 묻어 사물을 제대로 비출 수 없다는 말이다.

거울에 묻은 때를 벗겨내면 반짝반짝 깨끗하고 밝은 상태가 된다. 이 거울로 비추면 끝난다. 도 닦는다는 것은 이 거울의 때를 닦아내는 작업이다. 어떤 방법으로 거울을 닦느냐? 여기에 묘미가 있다. 노선 따라 다 다르다. 어떤 사람은 칫솔로 닦아내고, 어떤 사람은 물청소를 하는 식이다. 토르 선생은 천둥번개로 닦았다고 보면 된다. 닦아낸 거울은 업경대다. 도를 닦으면 이 업경대를 지니고 다니는 셈이다. 상대방도 비춰보고 나도 비춰본다.

토르 선생에게 어느 날 50대 남자가 방문을 열고 들어왔다. 방문을 열고 들어오는데 그 사람에게서 냄새가 났다. 보통 냄새가 아니고 똥 냄새, 분뇨 냄새가 강하게 풍겨 왔다. 업경대로 비춰보면 모습뿐만이 아니라 냄새와 소리도 파악되기 때문이다. 제대로 된 도사는 그 사람의 운명에서 풍기는 냄새까지 맡을 수 있어야 한다는 게 토르의 지론이다. '어떻게 이런 분뇨 냄새가 날까?' 양복에 넥타이를 매고 점잖게 앉아있는 50대 남자를 보면서 토르는 순간 의아했다.

"혹시 화장실과 관련된 업종을 하십니까?"

"아니 그걸 어떻게 아셨습니까? 제가 정화조 사업을 합니다."

그 남자는 차량을 가지고 다니면서 정화조에 가득 찬 분뇨를 청소해주는 업종을 30년 넘게 하고 있었다. 그 분뇨처리 사업으로 돈도 꽤 번 상태였다. 만약 그 사람이 꽃을 피워서 파는 화훼업을 오랫동안 했다고 한다면 몸에서 꽃 냄새가 날수도 있다. 수사기관에서 범죄자들을 수사하고 취조한 직업은 싸늘한 냉기가 흐를 수도 있다. 토르의 스승인 함양의 박 도사(1935~2000)가 생전에(90년대 중반쯤) 필자에게 해 준 이야기에 의하면 박정희

전 대통령도 특유의 강한 기운이 있었다고 한다.

　　70년대에 박통을 만나기 위해 청와대 대기실에서 기다릴 때, 박통이 50미터쯤 가까이 오면 권력자 특유의 싸늘하면서도 강한 강기(剛氣)가 박 도사에게 전달되곤 했다. 오랫동안 총을 든 군인 생활을 해온, 생사여탈권이 장착된 최고 권력자가 가지고 있는 어떤 에너지가 풍긴다는 것이다. '아 박통이 근처에 왔구나!' 이처럼 사람의 팔자에 따라 그 냄새도 각기 다르고, 빛깔도 다르고, 모양도 다르다. 인간의 삶은 참 묘하고 신비로운 것이다. ⋀⋀⋀

'정 회장님. 당신은 정도령이여.
그러니까 계룡산 산신령에게
공을 들여야 해.
계룡산 산신령이 정 회장 당신을
대권 잡게 해줄 거여.'
이런 펌프질 멘트 아니었을까.
정주영이 나중에 대권 도전까지
나서게 된 계기는 바로 고 보살과
계룡산 정도령에 대한
풍수도참적(風水圖讖的)인 신심이
작동한 것으로 보인다.

정주영의 대권 도전과
정도령 스토리

고 보살 이야기를 했었다. 정주영이 서울 강남 개발을 하던 70년대 초반, 강남의 사실상 택지 구획을 고 보살이 했었다고 말이다. 고 보살, 그녀는 어떤 영발을 지닌 여자였길래 왕회장이었던 정주영을 사로잡았단 말인가. 사로잡았다는 말이 좀 과하면 정주영을 설득 시킬 수 있는 힘이 있었다고 할까. 재벌 오너를 설득시키는 것은 굉장히 힘들다. 재벌 오 너 정도 되면 그 자리에 오기까지 수많은 속임수와 사기사건, 그리고 배신당하는 경험을 겪어온 사람이다. 그래서 어지간한 사람이 이야기하면 꿈쩍도 하지 않는다. '너 무슨 이야 기하나 어디 한 번 볼까', '어쭈구리 이 친구 제법 말발이 있네' 정도의 반응을 보이는 수가 많다.

한마디로 재벌 오너에게 말발이 먹히는 사람들은 대단한 사람들이다. 그 말발! 재벌 회장에게 먹히는 말발은 무엇인가? 영발이다. 영발 앞에 가방끈은 무력하다! 이 세상에 가장 넓은 발이 영발이다. 고 보살은 그 영발로 왕회장을 매료시켰다. 왕회장의 현재 상황 과 앞일, 그리고 사업 전개과정이 어떻게 될 것인가를 계속 적중시키니까 천하의 정주영 도 그만 말을 들을 수밖에 없는 것이다. 그런데 영발도 급수가 있다. 밴텀급, 미들급, 헤비 급으로 분류를 해보자. 아마도 미들급 정도는 되었을 것으로 보인다. 헤비급은 나라의 운, 그러니까 국운을 이야기할 정도의 클래스가 헤비급이다.

한국의 국운 중 큰 이슈는 통일 문제 아니겠는가. 통일이 언제쯤 되고, 어떤 지도자 가 나와서 통일이 되고, 통일되려면 어느 지역부터 먼저 물꼬를 터야 하고, 통일되었을 때 만주의 동북 3성이 한국과는 어떤 역학관계에 놓일지 정도를 예측할 수 있는 영발이 헤 비급이다. 나의 주관적 감별력으로 한국에서 국운을 이야기할 정도의 헤비급은 통일교 교주였던 문선명이었다. 그러나 이제 문선명도 세상 떠나고 없다. 국운을 이야기할 만한 인물도 거의 없는 상황이다.

헤비급이 없는 상황에서 미들급이라도 어디인가. 일반 중소기업을 운영하는 사람은 밴텀급도 충분하다. 밴텀급이라고 무시하면 미련한 사람이다. 기업군(群)을 거느린 재벌 정도 되면 미들급이 되어야 성이 찬다. 미들급 정도의 영발이라면 현재의 반도체 전쟁, 미·중 간의 전쟁에서 한국이 어디에 붙어야 사는지를 알려줄 정도는 되어야 한다. 붙으면서도 독자적인 힘을 어떻게 비축해야 하는지에 대해서 지침을 줄 수 있어야 한다. 이야기가 옆으로 샜다.

고 보살은 왕회장을 매료시킬 정도의 내공은 가지고 있었다는 이야기다. 고 보살의 고향은 경기도 안성의 청룡사 근처였다. 아마도 전생에 청룡사에서 공을 들이던 보살로 살다가 금생에 환생하여 전생 기도발을 이월받았을 것으로 추측된다. 청룡사는 바우덕이로 유명하다. 남사당패 바우덕이 말이다. 조선시대에 불교 승려들은 서울 도성 출입이 금지되어 있어, 서울 근처의 수도권 사찰에 불교세력이 주로 포진되어 있었다. 청룡사의 위치도 한양과 가까운 수도권이다. 물류가 모이는 곳이니까 남사당패가 터를 내리고 근거지로 삼을 만한 위치다.

고 보살의 친정집은 6.25전쟁 때 좌익을 많이 했던 모양이다. 남자들이 연좌제에 걸려 사회생활을 제대로 할 수 없는 상황이었다. 여자였던 고 보살이 영발이 있으니, 출세 못한 남자들의 한을 고 보살이 푼 셈이다. 고 보살을 이야기할 때 꼭 나오는 이야기가 수염이다. 여자가 어떻게 수염이 있나? 이 수염은 고 보살을 상징하는 카리스마 터럭이기도 했다. 지금 살았으면 90세 가까이 되었을까, 고 보살은 주로 계룡산에서 머물렀다.

정주영은 계룡산에서 산신제를 크게 지내곤 했다. 그러면 그 제사에 동원된 제물을 실은 큰 트럭이 왔다갔다하곤 했다. 제사 지내고 나면 떡과 과일을 비롯한 제수가 넘쳐났다. 안성 청룡사 근처의 고 보살 고향 동네에도 그 제물들이 전달되었음은 물론이다. 70년대에 청룡사 근처에서 10대 시절을 보냈던 사람들은 계룡산 산신제를 지내고 난 뒤에 나누었던 떡과 음식을 푸짐하게 먹었던 기억들이 있다. 큰 트럭으로 제수용품을 나를 정도는 고 보살의 스케일을 상징한다. 아울러 이만 한 정도의 음식 비용을 감당한 사람은 물론 정주영이다.

그렇다면 여기서 한 가지 의문이 생긴다. 왜 정주영은 이렇게 계룡산에서 큰 산신제를 지내곤 했을까. 눈에 보이지 않는 것을 잘 믿지 않는 정주영이 왜 보이지도 않는 산신제에 큰 비용을 들였을까 하는 문제다. 그건 정도령 신앙이다. 본인이 정도령이라고 믿었던 것은 아닐까. 〈정감록〉에 정도령이 나온다. 새 세상을 여는 인물은 정씨 성을 가진 정도령이고, 그 정도령은 계룡산에서 나오게 되어 있다. 계룡산과 정도령은 한 세트다. 아마도 고 보살이 펌프질을 했을 것으로 짐작된다.

'정 회장님. 당신은 정도령이여. 그러니까 계룡산 산신령에게 공을 들여야 해. 계룡산 산신령이 정 회장 당신을 대권 잡게 해줄 거여.' 이런 펌프질 멘트 아니었을까. 정주영이 나중에 대권 도전까지 나서게 된 계기는 바로 고 보살과 계룡산 정도령에 대한 풍수도참적(風水圖讖的)인 신심이 작동한 것으로 보인다. 물론 정치인들에게 하도 돈을 뜯기니까 '에라, 이렇게 뜯길 바에는 내가 나가야 하겠다'는 오기와 배짱도 작용했다. '이래도 돈 나가고 저래도 돈 나갈 바에는 차라리 내가 직접 나가는 게 미련이라도 없지.' 정주영 특유의 뚝심과 배짱도 있었지만, 다른 한편에서는 고 보살의 정도령 펌프질도 영향을 미쳤다고 보인다.

사람은 현실적인 이해타산도 하기는 하지만, 눈에 보이지 않는 운명적인 뒷받침에도 의존하기 마련이다. '나는 운명적으로 대권을 잡게 되어 있다'는 확신이야말로 현실적인 이해득실을 초월하게 만든다. 특히 상인이 지니기 마련인 그 어떤 한(恨), 권력자에게 영원히 봉 노릇만 하고 일방적으로 뜯기기만 하는 팔자, 그것에 대한 한이 있었을 것이다. 을(乙)의 한, 이것이 정주영으로 하여금 대권으로 가게 만들었다. 그 대권에 대한 확신, 이것이 고 보살과 계룡산의 뒷받침이었다.

계룡산은 한국에서 특수한 위치를 점하고 있는 산이다. 특수한 위치란 무엇인가. 무당파(巫堂派)의 본산이란 점이다. 한국의 무당들치고 계룡산 싫어하는 사람 없다. 무당들은 모두 계룡산을 신성시한다. 왜 그런가. 먹잘 것이 있기 때문이다. 계룡산의 바위 암봉(岩峰)에서 뿜어져 나오는 단백질이다. 이 단백질이야말로 계룡산의 바위 기운이라 할 수 있다. 계룡산은 거의 통바위산이다. 통바위산일수록 기가 강하다. 대구 팔공산도 온통 암산이라 기가 강한데, 접근성에서 계룡산이 더 우위에 있다. 접근성이란, 주변에 들판이 많다는 점이다. 강경, 논산, 공주 인근에는 평야가 많다. 여기에서 먹을 것이 나온다.

교회도 그렇고 불교사찰도 그렇고, 무당도 그렇고 도사도 그렇다. 돈과 밥이 있어야 한다는 점이다. 먹고는 살아야 할 것 아닌가. 들판에서 밥이 나왔다. 접근성이라는 것은 주변에 밥이 있으므로 접근이 쉽다는 점이다. 또 하나 계룡산이 가지고 있는 상징성은 정도령이다. 조선 후기에 〈정감록(鄭鑑錄)〉이 베스트셀러였다. 여자들은 〈토정비결(土亭秘訣)〉이 베스트셀러였지만 남자들은 정 씨가 나타나서 세상을 개혁한다는 정도령 스토리에 매료되었다. 그 정도령 스토리의 교과서가 정감록 아닌가. 말하자면 계룡산에서 정도령이 출현한다는 이야기로 이어진다. 계룡산은 후천개벽을 주도할 정도령이 등장하는 산이었다. 그래서 정감록 신봉자들은 조선 후기에 계룡산으로 집결했다. 계룡산 주변에는 정도령이라고 하는 한국판 메시아 출현을 기다리는 인파들로 북적거렸다.

제주도 사람들이 계룡산으로 이사 오기도 했다. 제주에서 4.3사건이 일어나자 일부는 육지로 피난을 나왔는데, 그 피난 나온 사람들 중 상당수는 계룡산 밑으로 이사 왔다. 서울대 사회학과 교수를 지내고 지금은 단군조선을 비롯한 한국 고대사에 천착하고 있는 신용하 선생, 이 양반 윗대도 풍수도참 신봉자였다. 제주도에서 살다가 계룡산으로 이사 왔던 것이다. 그러다 보니 조선왕실에서는 계룡산을 위험지역으로 분류했다. 정권을 뒤집어엎는 안티 세력은 계룡산에서 나온다고 보았다. 그래서 계룡산의 절 이름을 '압정사

(壓鄭寺)'라고 짓기도 했다. '정 씨를 짓누르는 절'이라는 뜻이다. 아마 구한말 민비가 실권을 쥐고 있을 때 이 압정사라는 이름이 등장했다.

연천봉(連天峰)은 계룡산에서 가장 기가 세다고 알려졌다. 연천봉 바위에는 조선이 망하기를 기원했던 안티도사 그룹이 새겨 놓은 '방백마각 구혹화생(方百馬角 口或禾生)'이라는 글자가 적혀 있다. 조선이 472년 만에 망하고 수도를 옮긴다는 뜻이다. 이 연천봉 꼭대기에는 등운암이 있는데, 민비 정권 때 이 등운암 이름을 잠간 '압정사'로 바꾼 적이 있었다. 정주영이 계룡산에서 비싼 돈 들이고 산신제를 지냈던 배경에는 이러한 정감록과 정도령의 신화가 깔려 있다.

계룡산 자락은 충남 연산 쪽으로도 뻗었다. 이 연산에는 천호산이 있고, 천호산이 병풍처럼 둘러싸고 있는 지점에 '개태사(開泰寺)'라고 하는 절이 있다. '태평성세를 연다'는 뜻이 담긴 사찰이다. 개태사는 고려를 창업한 왕건이 세웠다. 여기에서 후백제 견훤(신검)의 마지막 군대를 제압했다. 개태사 전투의 패배가 후백제의 멸망이었다. 왕건 측에서는 바야흐로 삼한 통일을 하고 평화를 여는 계기였다. 왜정 때 여기에서 유명한 무당파의 여자 장문인(掌門人)이 머물렀다. 태(泰)는 〈주역〉의 '지천태(地天泰)' 괘와도 상통한다. 땅이 위에 있는 형국이다. 땅은 여자다. 여자가 위에 올라타고 있는 형국이다. 여자가 득세할 수 있는 기운을 지닌 절이기도 하다.

그 장문인은 '김 보살(1886~1978)'이라고 하는 여자였다. 당대 최고급의 영발이었던 것으로 보인다. 계룡산을 대표하는 영발이라고 한다면 남한 전체를 대표하던 영발이라고 해도 과언이 아니다. 고 보살의 선생이 바로 이 김 보살이었다. 김 보살의 '신(神)딸'이 고 보살이었던 것이다. 무당을 천시하면 안 된다. 무(巫)는 '4무'와 통한다. '호반 무(武)', '무용 무(舞)', 그리고 '없을 무(無)'다. 무(巫)까지 합해서 4무다. 이 4가지 무는 서로 호환된다. 따라서 무당(巫堂)은 '無堂'도 되고, '舞堂'도 되고, '武堂'도 된다. '武堂'은 무림의 고수가 거처하는 곳이고, '無堂'은 무의 이치를 깨달은 대도인이 거처하는 집이다.

개태사의 김 보살은 하늘로부터 꿈에 계시가 있었다. "땅 속에 묻혀 있는 미륵삼존불을 일으켜 세우거라!" 이 꿈을 꾸고 나서 개태사 땅 속에 아무도 모르게 묻혀 있었던 돌로 만든 석불 3기를 파내게 되었다. 꿈대로 된 것이다. 개태사 돌미륵 삼존불은 김 보살이 꿈에 계시를 받고 땅 속에서 꺼낸 불상이다. 종교적 카리스마를 획득하려면 적어도 이런 정도의 계시는 받아야 되는 것 아니겠는가. 꿈의 계시를 받고 땅 속에 묻혀 있었던 미륵불을 꺼냈다는 소문은 왜정 때 계룡산 일대를 풍미했다.

게다가 또 하나의 카리스마가 첨가된 사건은 김 보살이 '해인(海印)'이라는 희대의 보물도장을 보유하고 있었다는 점이다. 이 해인 도장만 있으면 불로장생할 뿐더러 새로운 개벽세상의 대권을 잡을 수 있다고 믿었다. 해인 신화는 신라의 의상 대사 이래로 천년 넘게 민중들 사이에서 전승되어온 엄청난 신화였다. 서양 기독교에 모세가 하늘로부터 받은 10계를 기록해 놓은 문서의 보관 궤짝인 '성궤'가 있었다고 한다면, 조선에는 '해인'이 있었다. 김 보살의 이 해인이 이후로 여러 가지 사건을 일으킨다. ▰▰▰

원래는 법성게의 철학을 깨달아야
생과 사가 없는 이치를 알게 된다.
〈화엄경〉에서 말하는 해인삼매(海印三昧)에
들면 이렇게 된다. 세상 만물이 바닷물에
고요히 비치는 것처럼 보이는 상태다.
그러나 깨닫기가 어려우니 이것이 주술화 된다.
'해인'이라는 도장을 가지고 있으면
죽음도 없고, 천하의 대권을 잡게 된다고
믿게 되었다. 주체적 깨달음이 객체적인
주술신앙으로 변한 셈이다.

깨달음의 주술화,
해인(海印)

김 보살! 계룡산 무당파의 여자 장문인 급이었다. 장문인은 아무나 하나. 그 이름에 걸맞은 내공과 카리스마가 있어야 하지 않겠나. 그리고 그 내공과 카리스마는 주변 사람들로부터 입증을 받아야만 발생한다. 자기 혼자 잘났다고 떠들어봐야 아무 소용 없다. 땅 속에 묻혀 있던 돌미륵 삼존불을 용케도 알아내서 이를 꺼냈다는 사실, '땅 속에 묻혀 있는 나를 꺼내달라!'는 계시를 꿈에서 받고 이를 꺼냈다는 거 아닌가. 지금도 사찰 경내에 서 있는 개태사 미륵삼존불이 이를 증명한다.

김 보살의 카리스마를 뒷받침하는 또 하나의 근거는 해인(海印)이었다. 해인은 신비스러운 도장을 가리킨다. 원래는 신라 의상 대사의 깨달음을 압축한 '법성게(法性偈)'였다. 대승불교의 하이라이트인 화엄철학의 정수가 여기에 담겨 있다. 의상 대사의 박사논문이라고도 할 수 있다. 법성게의 내용 중 필자가 좋아하는 대목은 '일미진중함시방(一微塵中含十方), 구세십세호상즉(九世十世互相卽), 잉불잡란격별성(仍不雜亂隔別成), 이사명연무분별(理事冥然無分別)'이다. 공간과 시간, 그리고 인간 삶의 전개과정에 대한 통찰이 이렇게 깊을 수가 없다. 읽고 읽을수록 뼛국물이 우러나오는 구절들이다. 계속 씹어도 국물이 나오는 구절이야말로 신비 그 자체다.

법성게는 원래 게송(偈頌)이었지만, 이것이 시간이 흐르면서 하나의 도장으로 표현되었다. 법성게 전체 내용이 '만(卍)'자 모양으로 디자인되어 나오면서, 이 디자인을 도장으로 표현하게 되었던 것이 아닌가 싶다. 원래는 법성게의 철학을 깨달아야 생과 사가 없는 이치를 알게 된다. 〈화엄경〉에서 말하는 해인삼매(海印三昧)에 들면 이렇게 된다. 세상 만물이 바닷물에 고요히 비치는 것처럼 보이는 상태다. 이걸 알면 죽음도 없다. 죽음도 한낱 개념일 뿐이라는 사실을 깨닫게 된다는 것이었다. 그러나 깨닫기가 어려우니 이것이 주술화 된다. '해인'이라는 도장을 가지고 있으면 죽음도 없고, 천하의 대권을 잡게 된다고 믿게 되었다. 주체적 깨달음이 객체적인 주술신앙으로 변한 셈이다. 하여튼 시대가 혼란기에 접어들수록 이 해인신앙은 민초들에게 더욱 주목받았고, 난세에 직면할 때마다 해인에 대한 궁금증은 더해가기만 했다.

계룡산 개태사의 화주보살(김 보살)에게 이 해인 도장이 있다는 소문이 강호를 휩쓸었다.

"그 재질은 무엇인가요?"

"비금비석(非金非石)이었다고 해요. 쇠도 아니고 돌도 아니었다는 것이죠."

"크기는 어느 정도나 되었다고 합니까?"

"가로·세로 10센티미터 정도 크기입니다."

"그 해인 도장에는 어떤 글귀가 써 있었다고 합니까?"

"한자로 네 글자씩 네 개가 써 있었다고 합니다. 이런 내용이죠. '성몽화령 현인범광 교도천사 구묘역영(聖夢化領 賢凰梵光 敎道天師 玖妙亦暎)'으로, 해석해보면 이렇습니다. '성인의 꿈에 조화로움이 나타나니, 현명한 기운이요 범천의 빛이로다. 도를 가리켜주는 하늘의 선생이시니 옥돌이 묘하고 빛이 나는구나.'"

이 해인은 팔만대장경을 보관한 가야산 해인사 장경각의 깊숙한 곳에 보관되어 있었다고 한다. 대원군 때였다. 정만인이 대원군 아버지 남연군의 못자리를 써주었다. 임금이 나올 명당자리를 써준 대가로 대원군에게 해인 도장을 달라고 요구했다. 대원군은 해인사 장경각에 있던 해인을 꺼내도록 해서 정만인에게 주었다. 정만인은 이 해인을 가지고 어디론가로 숨어버렸다고 전해진다. 그 뒤로 행방이 묘연했던 이 해인은 고종 대에 다시 입수해서 보관하게 되었다. 1910년 한일합방으로 나라가 망하면서 다시 민간으로 흘러나와 개태사 화주보살에게 들어왔던 것이다. 개태사 화주보살이 해인을 가지고 있다는 소문은 전국의 도사들 사이에서 퍼졌다. '개태사에 해인이 있다더라!'

당시 지리산 칠불사에는 윤포산(尹飽山, 1901~1959) 스님이라는 도인이 있었다. 윤보선 대통령 집안이다. 칠불사에서 수도할 때 3번이나 방광(放光)을 했던 인물로 유명하다. 방광은 밤에 멀리서 볼 때 빛이 환하게 비추는 현상이다. 도인이 있는 자리에서는 방광이 발생한다고 여겨진다. 도인은 빛을 발하는 인물이기 때문이다. 윤포산이 칠불사에서 3번이나 방광을 할 때 지리산 화개 계곡의 사람들은 칠불사에 불이 난 줄 알았다고 한다. 당시 불교계에서 한참 이름이 났던 도인스님이 윤포산이었다. 그 윤포산이 개태사를 지나가게 되었다. 윤포산을 한 번 본 화주보살은 빠지게 되었다. 윤포산의 이마에서 빛이 나고 있었기 때문이다.

"스님은 후천세계에 세상을 구할 큰 인물입니다. 정도령이십니다. 그러니까 여기에 머무르셔야 됩니다. 여기에 해인도 있습니다. 이 해인을 보십시오. 해인의 주인이 되면 황제가 됩니다. 해인을 드리겠으나, 단 조건이 있습니다. 제 딸을 부인으로 맞아 데리고 사셔야 됩니다."

화주보살은 윤포산에게 해인도 보여주고, 자기의 예쁜 딸도 주었다. 천하의 도인 윤포산도 대권 잡는다는 해인의 매력에 빠지게 된 것이다. 물론 화주보살의 딸과 함께 말이다. 윤포산은 가끔 곤룡포를 입었다고 전해진다. 해인을 손에 넣고 황제 행세를 한 것이다.

해방 전인 대동아전쟁 말기에 개태사 화주보살이 해인을 가지고 있다는 소문은 일제 경찰에게도 주목할 사건이었다. 사람들이 모여들기 때문이다. 이 해인을 가지면 일본은 망하고 새로운 나라가 생겨난다는 믿음도 있었다. 해인을 가지고 있다는 죄목으로 화주보살도 강경 경찰서에서 7개월간 유치장 생활을 했다. 이 해인은 왜정 때 강경법원에 보관되다가 다시 군산법원에 보관되었고, 해방이 된 뒤인 1946년에 화주보살이 정치인들에게 부탁하여 다시 해인을 손에 쥐게 되었다. 그러고 나서 해인을 윤포산에게 건넸던 것이다. 윤포산은 1959년에 죽었다. 해방 무렵에 당시 주역의 대가였던 야산(也山) 이달

(李達) 선생이 대둔산 석천암에 머물렀다. 대둔산과 개태사는 가까운 거리다. 화주보살은 주역의 대가이며 신묘한 이치에도 통달했다고 알려진 야산 선생에게 이 해인에 새겨진 전서체(篆書體)의 한문 글씨 내용이 무슨 내용인지를 물어보았다. 야산이 해인에 새겨진 전서체 글자를 해석한 내용이 '성몽화령 현인범광 교도천사 구묘역영'이다. 야산의 손자인 이응국이 쓴 〈난세의 사상가 야산 이달〉(한길사)에 보면 야산과 화주보살, 해인에 얽힌 내용이 나온다.

문제는 해인이었다. 윤포산이 죽은 후 다시 해인을 가지고 있던 화주보살은 진보 진영의 대부 백기완(1932~2020)에게도 영향을 미쳤다고 한다. 70년대에 개태사를 우연히 들르게 된 백기완. 백기완은 신언서판(身言書判)이 남다르다. 인물이 좋다. 호남형으로 생겼다. 체격도 있다. 더군다나 선이 굵고 호쾌한 기질이 있는 '조선의 범'이라 불렸던 인물이다. 70년대면 백기완 나이 40대다. 남자 나이 40대면 사람이 약간 발효되면서도 강건한 기질이 작동하는 시기다.

백기완을 보자마자 '물건이로구나!'를 직감한 80대의 화주보살은 백기완에게 해인을 보여주었다. '당신, 세상에서 큰일 할 인물이다'라고 예언하지 않았나 싶다. '앞으로 대권 잡을 것이다'라고 펌프질을 하지 않았을까 추측된다. 계룡산 무당파의 여자 장문인으로서 난다 긴다 하는 당대의 인물들을 접해 보았던 화주보살은 어지간한 남자들은 남자로도 여기지 않는다. 그러나 영발이 있던 화주보살이 보는 안목에서도 백기완은 탐나는 젊은 인재였던 것이다. 백기완이 후일 민중 대표로 대통령 선거에 출마했던 배경에는 개태사의 해인이 영향을 미치지 않았나 싶다. 백기완 살아생전에 이 부분을 못 물어본 것이 아쉽다. ▲▲▲

미시주역이란 눈앞에 당면한
문제를 해결하는 솔루션이다.
이것이냐 저것이냐?
이때 판단의 자료를 준다.
주역의 예지력은 책을 많이 본다고
되는 일이 아니다.
타고난 영적인 자질이 있어야 하고,
광범위한 독서를 해야 하고,
그 다음에는 관법(觀法) 수련이
있어야 한다.
야산은 이 삼박자를 갖춘 인물이었다.

주역을 통한
예지력과 솔루션

앞일을 내다보는 점서(占書)가 〈주역〉이다. 현대인들은 점(占)에 대해 우습게 생각한다. 미신이라고 잘라서 말하는 경우가 대부분이다. 잘라서 말하는 사람들치고 인생의 고통과 번뇌, 그리고 앞일에 대해서 깊은 사색해본 사람을 보지 못했다. 삶의 깊이를 모르고 피상적으로 편하게 산 사람들이다. 앞일을 알고 싶은 마음이야말로 인간의 본능적인 욕구다. 식욕, 색욕, 수면욕 다음 순위에 랭크되는 욕구라고 생각한다. 그래서 점은 아무리 시간이 흘러도 없어질 수 없다. 문명이 발전하면서 계속 모습을 바꿔 등장한다.

주역에도 거시(巨視)와 미시(微視)가 있다. 거시주역의 대가는 충남 연산(連山)과 계룡산 일대에서 활동했던 일부 김항(1826~1898)이었다. 김일부가 내 놓은 '정역(正易)'이 바로 그런 거시주역이다. 무엇이 거시인가? 후천개벽의 시대구분이다. 선천시대 5만 년이 가고 후천시대 5만 년이 도래했다는 시대진단이다. 적어도 5만 년 단위의 시대구분이다.

미시주역의 대가는 야산 이달(1889~1958)이다. 야산도 역시 대둔산과 계룡산이 주요한 무대였다. 미시주역이란 눈앞에 당면한 문제를 해결하는 솔루션이다. 이것이냐 저것이냐? 이때 판단의 자료를 준다. 주역의 예지력은 책을 많이 본다고 되는 일이 아니다. 타고난 영적인 자질이 있어야 하고, 광범위한 독서를 해야 하고, 그 다음에는 관법(觀法) 수련이 있어야 한다. 야산은 이 삼박자를 갖춘 인물이었다.

야산은 조선왕조가 망하는 과정, 그리고 일제 식민지시대, 해방 이후의 혼란기를 모두 거치면서 살았다. 눈앞이 보이지는 않는 혼돈의 시절이었다. 우리 역사에서 이만큼 혼란스러운 시대가 있었을까. 그 어둠의 시절에 주역이라는 5촉짜리 등불을 켜고 시대를 건너온 인물이 야산이다. 개태사 화주보살이 자신의 신주단지보다 훨씬 소중하게 지니고 있던 해인을 야산에게 보여주고 감정을 받았던 것도 다 이유가 있다. 당대의 야산이야말로 이 해인이라는 신물(神物)을 감식할 수 있는 식견과 영적인 안목을 갖췄다고 여겼기 때문이다.

야산이 주역을 통한 예지력을 보여준 사례를 소개하면 이렇다. 태평양전쟁 말기였다. 일제는 1930년대 후반부터 조선에서 혹심한 수탈과 탄압을 가했다. 이전까지의 식민 지배가 좀 느슨한 편이었다면 미국과 태평양전쟁을 시작하면서 '올코트 프레싱'(전면 압박)으로 조선 민중을 착취하고 감시했다. 이때 야산은 숨어야만 했다. 어디로 숨어야만 하는가. 숨는 데에도 도가 있다. 전라북도 이리(裡里)의 묵동(墨洞)으로 숨었다. 이리는 그 지명에 '이(裡)' 자가 들어간다. '속'이라는 뜻이다. 원래 이리는 갈대밭이었다. '갈대밭 속에 숨어 있는 동네'라는 의미에서 '이리'가 되었다. 그러니까 이리는 숨어 있기에 좋은 동네라는 뜻이 내포되어 있다.

묵동은 어떤가. '묵(墨)'은 컴컴하다는 뜻이다. 이리역 옆에 굴다리라고 불리는 지하 터널이 있었다. 컴컴한 이 터널을 통과한 그 너머 동네를 묵동이라고 했다. 이리와 묵동은 이처럼 그 지명 자체에서 숨어 있기에 좋은 의미를 품고 있다. 야산은 이 지명을 보고 숨어 있을 만한 곳이라고 판단했다. 지명이 주는 주술적 효과를 감안한 셈이다.

경상북도 문경(聞慶)도 그렇다. '경사스러운 소식을 듣는다'는 뜻으로 해석할 수 있다. 문경은 주흘산이 주산이다. 주흘산이 볼 만하다. 읍내에서 이 산을 보면 여자의 머리가 바람에 흩날리는 모습으로 보인다. 그래서 문경은 여자들이 세다는 속설도 있는 곳이다. 문경 새재를 넘어야만 경상도 땅에 본격적으로 진입한다. 그렇다면 당시에 경사가 무엇이었을까. 8.15해방이었다. 야산은 해방 3일 전에 제자들 몇 명을 데리고 문경으로 갔다. '문경군 문경읍 문경리'였다. 여기에 머물면서 제자들로 하여금 해방 전날 닭춤을 추게 했다. 마당에다 멍석을 깔아놓고 춤을 추도록 했다. '꼬끼오 꼬끼오'를 외치게 하면서 말이다. 닭의 모가지를 비틀어도 새벽은 온다고 했던가. 닭이 울면 어둠이 가신다. 날이 밝아진다. 날이 밝으면서 8.15해방을 맞았다.

해방을 그렇게 고대했건만 정작 해방이 되니 사회는 더 혼란스러웠다. 좌·우익의 박 터지는 싸움이었다. 야산은 이 혼란을 미리 내다보았다. 대둔산(大屯山)에서 머물렀다. 왜 이 혼란기에 대둔산으로 갔는가? 전북 완주군과 충남 사이에 걸쳐 있는 대둔산은 험한 바위산이다. 온통 바위로 되어 있다. 계백장군의 결사대가 싸우다가 최후로 몰려서 전사한 곳이 대둔산 수락계곡이고, 동학 때에도 동학의 최후 항전 멤버들이 피신해서 싸우던 곳이 대둔산이다. 그만큼 바위 봉우리가 험한 악산(岳山)이다.

주역의 괘 중에서 '수뢰둔(水雷屯)' 괘가 있다. 위에는 물이 있고, 아래에는 천둥이 치고 있다. 이거 굉장히 힘든 괘다. 뭐가 딱 막혀 있는 상황이다. 이렇게 할 수도 없고 저렇게 할 수도 없는 상황을 가리킨다. 야산은 해방정국에 벌어질 상황을 수뢰둔 괘로 진단했다. 이럴 때는 어떻게 해야 하는가? 둔괘(屯卦)에 맞는 둔산(屯山)으로 가자. 이렇게 해서 야산은 해방 이후에 대둔산 석천암에 머물면서 제자들을 양성했다. 야산이 제자 양성에 가장 골몰했던 시기는 대둔산 시절이었다.

그러다가 6.25전쟁을 맞게 되었다. 이때 야산은 제자 수백 명을 데리고 충청도 안면도로 배를 타고 들어갔다. 6.25 발발 전에 야산은 제자들에게 '각자들 재산을 팔아 정리해서 나와 같이 안면도로 들어가자'고 설득했다. 재산을 팔아서 집합하라고? 어리둥절할 뿐이었다. 그러나 그 말을 믿고 실천한 사람이 상당수였다. 수백 명이나 되었으니 말이다. 당시 안면도는 배를 타고 가야 하는 섬이었다. 야산은 배를 타고 안면도로 가면서 제자들에게 이야기했다. "앞으로 이 섬의 지명을 고쳐야 하겠다. 안면도(安眠島)에서 안민도(安民島)로 고치거라. '면(眠)' 자에서 '눈 목(目)'을 떼어야 한다. 그러면 '민(民)' 자가 된다. 편안하게 잠자는 섬이 아니라 '백성이 편안해지는 섬'이라는 뜻이다. 야산은 여기서 한발 더 나아가 앞으로 안면도가 '개락금(開洛金)'이 된다고 선포했다. '낙(洛)'은 후천세계를 의미하는 글자다. 후천세계를 열어젖히는 마중물이 된다는 의미였다. 안면도가 이렇게 변한다는 의미다.

그래서 그런지는 몰라도 안면도는 요즘 변화 중이다. 육지에서 바다 밑으로 터널을 뚫어 안면도까지 연결시키는 공사가 거의 완공 단계에 접어들고 있다. 이렇게 되면 획기적인 변화가 온다. 서해안의 주요 거점으로 안면도가 변화되는 셈이다. 야산이 예언한 대로 새로운 21세기를 열어젖히는 거점으로서 안면도가 기능할 가능성이 높다. 안면도 개락금 지역이다. 야산은 오행 가운데 금(金)을 좋아했다. 금은 가을의 결실이고, 쇳덩어리다. 이 역시 개락금에 포함된 의미다. 야산의 다른 예언들도 살펴보면 아주 흥미롭다. ▲▲▲

언뜻 '위성황련'을 들으면 무슨
한약재 들어간 처방전인가 하는 생각이 든다.
한자를 파자(破字)하는 일이 1단계이고,
파자한 글자가 가지고 있는 상징이 어떤
의미인지를 천착하는 일이 그 다음이다.
천착할 때 상수학과 지명, 그리고 음양오행도
첨가해야 한다. 이처럼 서너 차원의 상징이
서로 복합되어 나타나는 게 풍수도참이고,
우리나라 전통 도사들이 애용했던
미래 예언 방법이기도 하다.

함축과 상징의
은밀한 예언, 풍수도참

미래예측에는 굉장한 위험부담이 따른다. 첫째 부담은 헛방이다. 예언이 틀려버리면 사람 우습게 된다. 거짓말쟁이가 되는 것이다. 인생 살면서 거짓말쟁이 소리를 듣고 살 필요는 없지 않은가. 기왕이면 좋은 소리 듣고 살다 가야지 실없는 거짓말이나 하고 다니는 삼류인생이 되면 서글픈 일이다. 두 번째 부담은 정확한 예언이 부작용을 일으킨다는 사실이다. 정보가 누설되면 여러 가지 역공작이 들어온다. 주식꾼들 사이에서 행해지는 소위 작전세력이라는 것도 핵심은 보안이다. 문제는 보안을 지키면서도 그 예측이 전해져야 할 사람에게는 전해져야 한다는 것이다. 쓸데없는 사람은 몰라야 하고 쓸데 있는 사람들만 알아야 한다. 바로 여기에서 풍수도참(風水圖讖)이 등장했다.

풍수도참도 예언을 하는 하나의 형식이자 방법이다. 땅의 운세와 하늘에서 내려온 그림과 글씨를 종합해 미래를 예언하는 방식이 풍수도참이다. 우리나라는 고조선 시절부터 이 풍수도참이 작동했다. 뿌리가 아주 깊다는 말이다. 예를 들면 최치원이 왕건에게 전했다는 풍수도참이다. '계림황엽 곡령청송(鷄林黃葉 鵠嶺靑松)'이 그것이다. 계림(鷄林)은 신라를 가리킨다. 신라는 누런 잎이다. 이미 운세가 다 갔다는 뜻이다. 곡령(鵠嶺)은 고려다. 푸른 소나무이므로 싱싱하다. 앞으로 뻗어나간다는 뜻이다. 신라는 망하고 고려는 흥기한다는 예언을 이런 식으로 했다.

계룡산에서 기운을 받으러 수많은 무속인들과 도사들이 단골로 찾았던 봉우리가 연천봉(連天峰)이다. 연천봉 정상은 바위로 되어 있는데, 여기에 그 유명한 '방백마각 구혹화생(方百馬角 口或禾生)'이 조각되어 있다. 조선조가 망하기를 바랐던 반체제의 어떤 도사가 새겨놓은 것으로 추측된다. '방백(方百)'은 400년으로 해석한다. 방(方)은 네모진 형태를 가리킨다. 네모는 사각형이다. 따라서 400년으로 나온다. 마각(馬角)은? 마(馬)는 12지 가운데 7번째다. '자-축-인-묘-진-사-오-미' 순서인데, 여기에서 오(午)가 말이다. 7번째 순서다. 각(角)은 뿔이고 말의 뿔(귀)은 2개다. 합하면 472년이라는 숫자가 도출된다. '구혹(口或)'을 압축하면 '국(國)'이 된다. '화생(禾生)'을 합하면 옮길 '이(移)' 자로 본다.

'조선왕조는 472년 만에 나라를 옮긴다'는 의미로 해석된다. 수수께끼 식의 전달방식이라서 아는 사람만 알고 모르는 사람은 모른다. 이것이 풍수도참의 매력이다. 수백 년 앞을 내다보는 예지력도 있어야 하고, 이 예지(豫知)를 문자로 나타낼 수도 있어야만 풍수도참 제작이 가능하다. 문자라고 하면 주역의 64괘와 풍수의 형국, 10간 12지, 황극경세(皇極經世), 고전문학과 역사적 사건들을 두루 섭렵한 상태를 가리킨다. 이거 공부하려면 적어도 30년 세월은 잡아야 한다.

나는 강호의 여러 고수들을 만났다. 대학의 강단에서 배우지 못한 과목들을 강호에서 유람하며 배웠다. 주역의 대가였던 야산 이달의 손자인 이응국 선생도 그중 한 명이다. 2000년대 초반부터 대전에 살고 있던 이응국 선생을 심심하면 찾아갔다. 야산 선생의 행적과 주역 64괘를 어떻게 현실에 적용시키는지를 배우기 위해서였다. 나이야 나와 비슷한 연배지만 이응국은 주역 명문가 출신이다. 조부로부터 내려온 가학(家學)이 깔려 있다.

가학에는 책에는 나오지 않는 강호에서 '구전심수(口傳心授)' 되는 내용들이 나온다. 이 부분에 나는 특히 흥미를 느꼈다. 예를 들면 '위성황련(胃醒黃連)'이다. 해방되기 몇 년 전에 어떤 제자가 야산 선생에게 "시국이 불안해서 걱정됩니다. 앞으로 어떻게 살아야 합니까?" 하고 물었다. 야산은 "일본은 머지않아 망한다. 말로는 다 못한다. 글로는 적어주마."라며 종이에 '위성황련'을 적어주었다. 이게 뭔 소리란 말인가?

"좀 더 쉽게 설명해 주십시오?"

"계명월성전 전중공거지(鷄鳴月星田 田中共車之)이니라."

이응국은 조부가 써준 위성황련을 '닭의 해 음력 7월 7일에 일제로부터 해방된다'로 풀었다(〈난세의 사상가 야산 이달〉, 한길사, 이응국 저). 우선 위성(胃醒)이다. 성(醒)에는 유(酉)가 있다. 유(酉)는 닭의 해를 가리킨다. 유(酉)를 빼면 그 다음에는 위성(胃醒)에서 월성전(月星

田)이 남는다. 월성전은 하늘의 은하수를 가리킨다. 은하수는 음력 7월 7일에 견우와 직녀가 만나는 현장이다. 1945년이 을유년(乙酉年)이었다. 음력 7월 7일은 양력으로 8월 14일이었다. 1945년 8월 14일(항복선언문 작성)에 일본이 망한다는 뜻이 된다. 이것이 '계명월성전'의 뜻이기도 하다.

황련(黃連)은 무엇인가? 한약재 이름이기도 하다. 초겨울에 캐서 잔뿌리를 다듬어 버리고 물에 씻어 햇볕이나 건조실에서 말린 다음 두드려 겉껍질을 없앤다. 맛은 쓰고 성질은 차다고 되어 있다. 심경, 간경, 위경, 대장경에 작용한다. 열을 내리고 습사(濕邪)를 없애며 화를 말끔히 제거하고 해독하는 작용이 있다. 물론 한약재를 쓰라는 이야기는 아니고, 약재에 빗대어 이야기한 것이다.

힌트를 주기 위해서 전중공거지(田中共車之)로 다시 말해줬다. 황(黃) 자를 해체하면 가운데 전(田) 자가 있다. 전자를 빼면 공(共)이 된다. 연(連) 자를 해체하면 거(車)가 있다. 나머지는 지(之)로 본다. 글자를 해체한 다음에 한 단계 더 점프해야 한다. 전(田)은 오행으로 보면 토(土)다. 토를 상징하는 숫자는 5와 10이다. 시골 장날도 5일과 10일에 열리는 곳이 있는데, 이런 곳은 대개 그 동네의 주산이 토체 형국으로 생겼기 때문이다. 장날도 토를 상징하는 5일과 10일에 열리는 것이다. 음력 5월 10일은 양력으로 6월 25일이다. 6월 25일에 공산군 수레가 지나간다는 뜻이 전중공거지의 속뜻이다.

언뜻 '위성황련'을 들으면 무슨 한약재 들어간 처방전인가 하는 생각이 든다. 한자를 파자(破字)하는 일이 1단계이고, 파자한 글자가 가지고 있는 상징이 어떤 의미인지를 천착하는 일이 그 다음이다. 천착할 때 상수학과 지명, 그리고 음양오행도 첨가해야 한다. 이처럼 서너 차원의 상징이 서로 복합되어 나타나는 게 풍수도참이고, 우리나라 전통 도사들이 애용했던 미래 예언 방법이기도 하다.

이제는 이런 예언을 남길 만한 학문과 영발을 지닌 도사들이 거의 없다. 애석한 일이다. 필자인 내가 이 방면을 계승해야 하지만 영발이 부족해서 한탄만 하고 있다. 그동안 나름대로 영발을 계발하기 위해 굴속에 들어가기도 하고 절벽에서 기도도 하며 여러 가지 시도를 해보았지만, 타고난 자질이 부족한 것 같다. 자질이 부족한 것을 어떻게 하겠는가! ⋀⋀

"박 도사, 이 사람이 정보부 1차장이고,
여기가 2차장, 저 사람이 3차장이요.
어이! 자네들 이 분이 그 유명한 박 도사이시다.
인사드리게."
이 3명의 정보부 간부를 보고 그 자리에서
박 도사의 멘트가 나왔다.
"어디 빌딩에서 구두 닦던 애들 3명을
데리고 왔네."
그 순간 김재규는 어색한 웃음을 지어야만 했다.
잠시 동안 침묵이 이어졌다.
그 3명은 진짜 구두닦이였던 것이다.

도사의 전성기와
정보부장의 운명

중앙정보부장을 지냈던 김재규의 팔자를 되돌아볼 때, 참으로 파란만장하고 스펙터클한 인생을 살다 갔구나 하는 생각이 든다. 김재규는 박통에게 총을 쏘고 난 후, 승용차를 타고 나서 일생일대의 갈림길에 놓인다. 그는 '국방부로 갈 것이냐, 중앙정보부로 갈 것이냐'의 갈림길에서 왜 국방부를 선택했을까? 만약 중앙정보부로 차를 몰았더라면 그 후 어떻게 되었을 것인가? 고향 선배이자 자기 주군이었던 박통을 어떻게 면전에서 총으로 쏠 수 있었는가? 차지철이 그만큼 원수였던 것일까? 한가지 다행스러운 점은 김재규가 전라도 사람이 아니었다는 점이다. 만약 전라도 출신이었다면 정말 두고두고 인구에 회자되면서 골치 아플 뻔했다.

한국에서 정보부장 자리는 앞일을 알 수 없는 자리다. 정보를 가장 많이 알고 있는 직책이지만 역설적으로 자기 앞일을 가장 예측하기 힘든 자리이기도 하다. 보통 정보가 많으면 어느 정도 앞일을 예단할 수 있다고 보는 것 아닌가. 정보를 많이 수집하는 목적은 어떤 사안에 대해 정확한 판단을 하기 위해서다. 그래서 과거 중앙정보부 시절에는 '판단국장'이라는 자리도 있었다. 내가 들어본 직위 가운데 가장 인상적인 이름이었다. 결국 판단이 문제 아닌가. 그런데 이 판단이라는 이름이 그대로 들어간 '판단국장'이라니!

JP가 작고하기 몇 년 전쯤이다. JP와 인터뷰하기 위하여 시간약속을 조율해야만 했다. 그 일정 조율을 했던 사람이 기억난다. 과거 JP가 정보부장을 비롯해 실세 자리에 있던 시절에 그 밑에서 판단국장을 했던 인사였다. 물론 은퇴한 상태이지만 김종필은 그 인물을 여전히 '판단국장'이라고 부르고 있었다. 70대 초반으로 보인 판단국장의 관상은 평범했다. 판단에 직결되는 눈매가 예리하지 않았다. 나이가 들어 배터리가 방전된 상태라서 그랬을 것이다. 정보 수집 과정에서 술을 많이 먹으면 나이 들어 동태같이 변하기 마련이다. 하여튼 정보부에 판단국장이라는 자리가 있었다는 사실을 그때 알았다.

내가 정보부 직제를 어떻게 알았겠는가! 이야기를 되돌리자. 정보부장 김재규는 정권의 비밀스러운 정보를 많이 알수록 앞일이 불안했다. 이를 가리켜 식자우환(識字憂患)이라고 한다. 모르면 마음이 편한 법이다. 시골의 일자무식 할머니들이 인생을 편하게 산다. 우리는 일자무식 할머니들을 볼 때 동정심을 갖지만, 그건 인생의 깊이를 모르고 갖는 편견에 지나지 않는다. 우환이 많았던 정보부장 김재규는 도사를 좋아했다. 자기 운세도 물어보고, 시국 돌아가는 상황을 도사의 안목에서는 어떻게 보는가를 들어볼 수도 있고, 정치권의 방귀깨나 뀌는 인사들의 팔자가 어떻게 될 것인가를 탐문하기도 하는 기회였을 것이다.

그 중 한 명이 박 도사였다. 바로 토르 선생의 스승에 해당한다. 〈옥추경〉 구령삼정주(九靈三精呪)의 마스터였다. 축구 선수도 전성기가 있고, 펀드매니저도 전성기가 있다. UFC 선수도 전성기가 있고, 도사도 역시 전성기가 있다. 70년대는 박 도사의 영발이 전성기에 올라있을 때였다. 그야말로 구령삼정주의 벼락이 그대로 꽂힐 때였다. 김재규가 남자 3명을 데리고 박 도사를 만났다. 서울의 어느 요정(料亭)이었다. 요정은 밥도 나오고 한지 장판에 병풍도 있어 안방 같은 느낌을 준다. 룸살롱보다는 이야기하기에 편했다.

"박 도사, 이 사람이 정보부 1차장이고, 여기가 2차장, 저 사람이 3차장이요. 어이! 자네들 이 분이 그 유명한 박 도사이시다. 인사드리게."

이 3명의 정보부 간부를 보고 그 자리에서 박 도사의 멘트가 나왔다.

"어디 빌딩에서 구두 닦던 애들 3명을 데리고 왔네."

그 순간 김재규는 어색한 웃음을 지어야만 했다. 잠시 동안 침묵이 이어졌다. 그 3명은 진짜 구두닦이였던 것이다. 김재규가 박 도사를 테스트하기 위하여 빌딩 앞의 구두닦이들에게 양복을 입혀 요정에 데리고 왔던 것이다. 이렇게 되면 김재규도 박 도사에 대한 태도가 고분고분해질 수밖에 없다.

도사는 초장에 조지거나 제압해야 하는 주특기가 있어야 한다. 영업의 제1원칙이기도 하다. 초장에 더듬거리면 오히려 밥이 된다.

"저는 뭐를 조심해야 하겠습니까?"

"차를 조심해야지."

이 '차(車)'에서 오류가 발생했다. 신탁과 점괘는 해석이 중요하다. 해석의 영역이 따로 있을 정도다. 김재규는 이 차를 자동차로 해석했다. 교통사고를 조심했던 것이다. 그러나 지나고 보니 차지철이었다.

70년대 대전에 살았던 또 한 명의 도사 도계 박재완. 그는 당시 한국의 도사계를 양분하고 있었던 도사 가운데 한 명이었다. 영남학파에 박 도사가 있었다면 기호학파에는 도계가 있었다. 테니스의 페더러와 나달이었다고나 할까. 나달이 함양의 박 도사였다면 페더러는 대전의 도계였다. 도계는 매우 절제된 삶을 살았고 성품이 조용했다. 박 도사는 성질이 급하고 말을 직설적으로 하는 스타일이었다.

김재규는 역시 도계를 만나 자신의 운세를 물어보기도 했다. 1979년 정초에 도계를 찾아갔을 때 김재규가 받았던 운세는 '풍표낙엽 차복전파(楓飄落葉 車覆全破)'였다고 전해진다. '단풍잎이 떨어져 낙엽이 될 때 차는 엎어지고 전파된다'로 해석했다. 안 좋다는 말이었다. 정초에 이 점괘를 받아든 김재규는 침울했다. 그래서 운전기사에게 "야, 차 조심해라. 천천히 가라니까!"를 연발했다. 박 도사도 차를 조심하라고 했고, 도계도 마찬가지로 차를 조심하라는 예언이었다.

10.26사건은 단풍잎이 떨어지는 시점이었고, 차지철은 화장실에서 확인사살을 당하고 엎어져 죽었다. 전파(全破)는 어떻게 해석해야 하는가? '100% 파괴된다'는 뜻으로도 해석이 가능하고, '전두환에게 파손된다'로 해석하기도 한다. 결국 김재규는 전두환 손에 죽었다. '아! 운명은 피해갈 수 없단 말인가? 결국 사주팔자는 정해져 있단 말인가?' 하는 의문이 들 수밖에 없다. 큰일이 정해져 있다면 뭐하러 아등바등 근심걱정하며 산단

말인가.

박 도사가 도사로서의 이름을 어느 정도 얻었던 70년대 초반의 어느 날이었다. 당시 청와대의 비서실장을 하던 인물이 박 도사를 찾아왔다.

"각하께서 유신(維新)을 하려고 한다. 잘 될 거 같은지, 점괘를 한번 뽑아봐라."

박 도사는 이 말을 들으면서 담배를 피우고 있었다.

"유신(幽神)이 나오는데요. 대통령 부부가 유령이 됩니다."

그리고 나서 탁자에 놓인 담뱃갑 은박지에 볼펜으로 끄적거렸다. 유신(幽神)! '유령 유(幽)'에 '귀신 신(神)' 자다. 화가 이중섭도 돈이 없어 담뱃갑 은박지에 그림을 그렸다고 하는데, 박 도사도 한국 현대사의 결정적인 점괘를 은박지에 끄적거렸다. 그런데 비서실 장이 유신이라고 쓴 이 은박지를 회수해 주머니에 집어넣는 게 아닌가. 박 도사는 그때서 야 '아차' 했다. 내뱉어서는 안 될 말을 엉겁결에 해버리고 만 것이다. 후환의 두려움이 밀려왔다.

"그 은박지는 그냥 끄적거린 거니까 놓고 가요. 뭐하러 주머니에 넣으세요?"

"그냥 참고용으로 보려고 하는 거니까 너무 신경 쓰지 마시오."

결국 이 은박지는 박통에게 직접 보고되었다.

"재수 없는 점괘로구만!"

박 도사는 이 은박지에 그린 낙서 때문에 남산 지하실로 끌려갔다. 며칠 통닭구이를 당해야만 했다. 70년대에는 운동권만 남산에 간 것이 아니다. 운세를 예측하는 영발 업자 도 끌려가야만 하는 고통스런 공간이었다. 진실을 말하면 화근이 된다는 것은 도사업계 에서도 마찬가지로 적용된다. 진실을 감춰야 명철보신(明哲保身)할 수 있다. ▲▲▲

2장

고생을 해야만
영적인 세계가
열린다

출신 성분이 왕족이었던 붓다는

그 대신에 출가로 땜빵을 했다.

출가는 가출(家出)이다.

출가해서 6년 동안 엄청나게 고생했다.

가출하면 고생하기 마련이다.

붓다의 갈비뼈가 앙상하게 다 드러나는

출가고행상이라는 조각이 유명하다.

출신 성분이 좋은 사람은 중간에

이처럼 엄청난 고통을 겪어야

정신세계로 입문한다.

도사의
출신 성분

출신 성분이라는 게 있다. 아무나 도사 되는 게 아니다. 도사가 되는 길에도 어느 정도 출신 성분이라는 게 있다는 말이다. 모든 사건과 이벤트에는 그 어떤 경향성이 있기 마련이다. 일반인이 가지 않는 '도사'라는 특수한 길에 접어드는 사람도 그 어떤 경향성을 발견할 수 있다.

첫 번째 출신 성분은 무엇인가? '조실부모(早失父母) 인생파탄(人生破綻)'이라 정의할 수 있겠다. 부모가 일찍 죽는다는 조건이 그것이다. 부모가 빨리 죽으면 고아가 된다. 부모가 없으면 보통 불행하다고 본다. 부모로부터의 양육을 받지 못하고 교육도 못 받으며 남의 집에서 종살이하면서 크기 쉽다. 고생 지지리 한다. 그러나 한편으로 뒤집어보면 제약이 사라지는 것이다. 도사가 되려면 제약이 없어야 한다. 부모로부터의 간섭이 없는 셈이다. 프랑스의 철학자 샤르트르는 이렇게 말한 적이 있다. "나는 아버지가 없어서 오히려 자유로웠다." 샤르트르는 아버지가 부재한 편모슬하에서 컸던 모양이다. 불리한 조건이었지만 자신이 세계적인 철학자가 되어 생각해보니 오히려 이게 도움이 되었다는 이야기다.

도사보다 윗급인 성인들의 사례를 보자. 이슬람교의 창시자 모하메드도 그렇다. 어렸을 때부터 남의집살이를 했다. 십대 초반부터 사막에서 물건을 날라다 파는 대상(隊商)들을 따라다녔다. 사막의 대상을 캐러밴(caravan)이라 하던가. 모하메드는 남들 학교 다닐 때 자신은 사막의 낙타 고삐를 잡고 대상들 뒤를 따라다니며 청소년기를 보냈던 것이다. 낙타 고삐 출신이다. 독일의 니체는 인간의 발달 단계를 3단계로 규정했는데 그 첫 단계가 낙타라고 보았다. 남이 시키는 대로 뼈빠지게 노예처럼 일하는 단계다. 낙타가 그렇다. 낙타 생활을 하던 모하메드 또한 그랬다. 나중에 스물 몇 살 더 연상이었던 주인 여자가 장부를 속여먹지 않고 성실한 모하메드를 눈여겨보다가 데리고 살았다.

"이제부터 낙타 몰고 다니지 말아라. 책하고 노트 사줄 테니 네가 보고 싶은 책 보고 공부해라!"

　이렇게 해서 모하메드가 동굴 속에서 공부하고 기도하다가 한소식 해서 이슬람교를 창시한 것이다. 예수도 그렇다. 마구간에서 태어났다는 것은 무엇을 의미하는가? 산부인과가 아니고 마구간이 웬말이란 말인가! 정상적인 출생이 아니라는 이야기다. 어렸을 때부터 고생 뼈빠지게 했다는 의미를 추론해낼 수 있다.

　초창기 예수의 삶을 연구한 신학자들에 의하면 '13일의 금요일'도 다 의미가 있다고 한다. 예수가 어렸을 때 남의 집 양치기를 했다는 것이다. 양치기도 나름대로 구역이 있다. 구역을 침범하면 구타와 공격이 들어온다. 어린 예수가 남의 집 양치기들이 풀을 뜯기던 구역에 들어가사 자신이 돌보던 양들에게 풀을 뜯겼다. 다른 양치기들이 가만 있을 리 없다. "왜 네 구역 놔두고 여기에 와서 풀을 뜯기냐"라며 예수를 구타했다. 어느 날 복부와 볼테기를 구타당하던 도중에 멀리 장사를 하러 다니던 상인들의 눈에 띄었다. 얻어맞는 어린 예수를 불쌍하다고 여긴 상인으로부터 제안을 받았다. "너 이렇게 얻어맞으면서 살 바에 아예 우리 따라서 멀리 가지 않을래?" 이렇게 해서 다른 동네 양치기들한테 얻어맞던 예수가 무역 상인들을 따라서 인도로 넘어가게 되었다는 설이다. 예수가 양치기를 하던 고향을 떠난 날이 13일이었고, 그날이 금요일이었다는 주장이다. 이 이야기가 어느 정도 신빙성을 지니는지는 자세히 모르지만, 만약 이게 사실이라면 기가 막힌 이야기다. 왕자로 태어났던 석가모니 붓다의 출신 성분과는 너무나 다른 것이다.

　출신 성분이 왕족이었던 붓다는 그 대신에 출가로 땜빵을 했다. 출가는 가출(家出)이다. 출가해서 6년 동안 엄청나게 고생했다. 가출하면 고생하기 마련이다. 붓다의 갈비뼈가 앙상하게 다 드러나는 출가고행상이라는 조각이 유명하다. 출신 성분이 좋은 사람은 중간에 이처럼 엄청난 고통을 겪어야 정신세계로 입문한다.

　유교의 공자는 어떤가? 마찬가지 공식이 대입된다. 공자가 태어났을 때 아버지는 거의 70세였고, 어머니는 17~18세쯤 되었다. 거의 50년 나이 차이다. 이게 정상적인 출생이었겠는가? 그래서 사마천의 〈사기〉에서는 야합(野合)을 해서 태어났다고 적어놓았다. 집안의 실내가 아닌 들판, 즉 자연의 야생 상태에서 합궁을 해서 태어났다는 게 공자의 출생 이력에 해당한다. 50년 이상 차이 나는 늙은 영감과 야합을 했던 공자의 어머니는 어떤 출신 성분이었던가? 연구자들에 의하면 공자 어머니는 친정어머니가 무당이었다고 전해진다. 무당의 딸이었다. 그러니 공자 어머니도 무당 계급에 속해 있었을 가능성이 높다. 무당은 세습된다. 무당 딸은 무당이 되었을 가능성이 높다. 그 무당이 어렵게 고생해서 키운 아들이 바로 공자인 것이다. 밑바닥 계급 출신 공자가 오늘날까지 한자문화권에서 〈논어(論語)〉라는 이름으로 전해온다. 거의 2천 년 동안 〈논어〉는 아시아 문화권에서 '성경(聖經)'으로 대접받았다.

　도사의 길을 가는 사례 중 하나는 죽을 고비를 넘겼을 때다. 지리산의 탄수 옹도 마찬가지다. 형님이 의병들에게 총과 식량을 대줬다고 대신 잡혀가서 죽을 뻔했다. 평소 친분 있었던 동네 건달들의 도움이 없었더라면 실상사에서 일본 헌병대 총에 맞아 죽는 운명이었다. 그러나 평소 건달들에게 밥과 막걸리 사줬던 공덕으로 목숨을 건졌다. 그 뒤로 금대로 들어가 도를 닦게 된 것이다. 이처럼 죽느냐 사느냐의 고비에서 한번 목숨을 건지면 입산하는 수가 있다.

　10여 년 전에 만났던 석천(石泉) 거사가 기억난다. 당시 70대 초반의 나이였다. 안국 선원의 수불(修弗) 스님을 시봉하고 있었다. 스님을 시봉하는 일도 쉬운 일이 아니다. 더군다나 젊은 사람도 아니고 나이도 지긋한 노인네가 깍듯한 태도로 60대 초반의 수불 선사를 모시고 있었다. 스님이 무슨 이야기를 하면 항상 정중한 태도로 경청했고, 식사할 때도 스님이 편하도록 세심하게 챙겼다.

　이런 모습을 옆에서 주시하고 있던 필자는 아주 의아했다. '얼굴도 무골처럼 선이 두텁게 생긴 저 노인네는 어떤 사연이 있기에 이렇게 불가에 귀의했단 말인가?' 알고 보니 석천은 군(軍)에 있었다. 군 헌병대에서 각종 사건사고를 수사하던 중간 책임자였다. 10.26사건 당시에도 현장에서 핏자국을 조사하는 일을 맡았다고 한다. 그날 궁정동 안가에는 핏자국이 많았다. 차지철은 총을 맞고 피를 흘리면서 화장실로 피신했지만, 다시 김재규의 부하들에게 총을 맞고 확인 사살을 당하지 않았던가. 만찬 현장에는 박통 피를 비롯하여 여러 명이 총을 맞고 죽었다. 이 핏자국을 따라서 당시 현장의 동선을 복원하고, 누구 피가 어디 어디에 있었는가를 확인하는 작업이었다. 결론적으로 석천은 이 핏자국 조사를 하면서 인생무상을 뼈저리게 느꼈다는 이야기였다.

차지철은 용산고를 나왔는데, 석천은 이 용산고 후배였다. 차지철은 용산고 후배 석천을 예뻐했다. "야! 너 내 밑으로 올래. 온다고 하면 내가 보직을 마련해 놓을게." 만약 이때 석천이 용산고 선배인 차지철을 따라서 그 밑에 있었더라면 어떻게 되었을지 모른다. 궁정동 현장에서 본인이 핏자국을 남겼을지도….

그런가 하면 김재규는 석천의 큰형님 절친이었다. 김재규는 친구의 동생인 데다 믿음직스럽게 보이는 석천에게 "너 우리 부서로 와서 일하는 게 어떠냐?"며 제안했고, 이에 석천은 "제가 며칠 전에 부대 대항 축구를 하다가 다리를 다쳐 지금은 갈 수 없습니다. 서너 달 지나 다리만 나으면 그때 데려가 주십시오."라고 대답했다. 이렇게 차지철과 김재규가 서로 잡아당기던 상황에서 석천은 어느 쪽에도 가지 않았다. 그리고 살아남아서 총격전 현장의 핏자국을 따라서 조사하여야만 하는 자신의 신세가 비참하기도 했다. '인생 참 개뿔도 아니구나!' 하는 뼈저린 성찰을 하게 되었다. 그 길로 군을 떠나서 불교 사찰에 있게 되었고, 거사(居士)로서 염불하는 삶을 살게 되었던 것이다. ▲▲▲

사람마다 오장육부가 다르다.

그래서 각기 고유의 파장이 약간씩

다르기 마련이다. 어떤 사람은 47도가 맞지만,

어떤 사람은 82도가 맞을 수도 있고 125도가

맞을 수도 있다. 물론 눈에는 보이지 않는

영적인 파장이다. 이 파장이 자기에게

맞는 지자기(地磁氣)를 뿜어내는 명당에

진입하면 급격하게 충전이 된다.

충전이 되면 정신세계에 진입한다는 뜻이다.

도사의
공부터

도사가 되는 데 있어 중요한 요소는 도를 닦는 터다. 공부하는 장소가 중요하다. 아무 데서나 도 닦는다고 닦아지는 게 아니다. 장소가 주는 힘이 크게 작용한다. 불가의 승려들도 암자터나 수행터를 중시한다. 자기에게 맞는 토굴터를 하나 찾는 데 20년이 걸리기도 한다. 그만큼 자기에게 맞는 터를 구한다는 게 쉬운 문제가 아니다.

80년대에 대둔산 태고사(太古寺)에 가면 도천 노장스님이 살았다. 대둔산은 바위가 험하게 솟은 악산이다. 그래서 계백 장군이 이끌었던 백제 최후의 결사대가 황산벌 전투에서 밀리자 마지막으로 몰렸던 계곡이 대둔산의 수락계곡이다. 동학군들도 공주 우금치 전투에서 일본군에게 몰려 최후로 숨어들어 항전했던 곳이 대둔산이다. 그만큼 험한 산이다. '험하다'라는 것은 '도 닦기에는 좋다'는 의미가 된다. 기운이 강하기 때문이다. 예로부터 태고사는 호남의 3대 수행도량으로 꼽혀 왔다. 3대 도량은 태고사, 월명암, 백양사 운문암이다.

태고사는 대둔산의 험준한 바위 가운데 있으면서 닭소리와 개소리가 잘 안 들리는 심산유곡의 느낌을 주는 터다. 특히 법당 뒤로 병풍처럼 둘러 있는 바위절벽이 일품이다. 이 바위절벽이 있어야 에너지가 뿜어져나온다. 도천 노장스님은 이 태고사에 붙박이로 있었다. 조계종의 관례상 보통 10년 정도 그 터에서 살았으면 다른 장소로 이동해야 한다. 터를 비워줘야 하는 것이다. 그러나 도천 노장은 50여 년간 계속해서 태고사에 머물렀다. 그 까닭은 자기에게 맞는 일생일대의 수행터라고 간주했기 때문이다.

어디 가서 이런 터를 구한단 말인가! 자신의 공부 노선, 타고난 기질, 그리고 그 에너지와 풍광이 마음에 들면 거기서 뼈를 묻어야 한다고 생각했던 것이다. 도천이 태고사에 눌러앉게 된 사연이 있다. 도천의 은사스님이 "네가 북쪽에서부터 남쪽으로 쭉 내려가다가 이 종이쪽지(은사의 친필?)를 그 절이나 암자의 벽에 붙여봐라. 붙였을 때 떨어지지 않고 계속 붙어 있는 곳이 너의 공부터다."라는 힌트를 주었다. 도천은 왜정시대에 이북 지역에서 이남으로 내려오며 가는 곳마다 법당 벽에 이 종이를 붙여보았지만 딱 붙는 곳이 없었다고 한다. 붙이면 떨어지곤 했다. 그러다가 대둔산 태고사에 와서 종이를 붙이니 딱 들러붙는 게 아닌가! '아, 바로 여기구나. 스승이 말한 나의 종신 수도처가 바로 여기로구나!'

그날 이후 50년 넘게 태고사에서 머무르다가 그곳에서 열반했다. 6.25 이후 화재를 겪으며 거의 움막 수준으로 퇴락했던 태고사를 오늘날의 모습으로 복원하는 데 도천 노장스님의 고생이 많았다. 철저하게 노동을 하면서 도를 닦는 가풍이 도천의 수행법이었다. 80년대 초반쯤이었나. 어느 날 깡패들 예닐곱 명이 태고사를 접수하러 왔다고 한다. 계속 붙어 있는 도천을 쫓아내기 위해서였다. 머리를 깍두기처럼 짧게 깎은 체격 좋은 조폭 여러 명이 와서 늙은 도천의 멱살을 잡았다.

"너 안 나갈 거야? 앞으로 사나흘 내에 안 나가면 죽는다."

이 조폭들은 멱살을 잡고 '들었다 놨다'를 몇 번 하고 나서 승합차를 타고 돌아갔다. 그러나 돌아가는 과정에 문제가 생겼다. 조폭을 태운 승합차가 고속도를 달리다가 전복하는 사고가 발생했던 것이다. 승합차가 시속 100킬로미터의 속도로 달리다가 전복되면 탑승자는 대개 사망이다. 탑승해 있던 조폭 예닐곱 명이 모두 사망하는 사고가 난 것이다. 이 사고 소식이 인근에 퍼졌다. '도 닦고 있는 수행자를 건드리면 절단이 난다'라는 도계(道界)의 오래된 잠언이 현실에서 입증되는 순간이었다. 올곧게 공부하고 있는 수행자는 신장(神將)이 호위한다. 눈에 보이지 않지만 신장이라는 파워가 있다. 물론 어영부영하는 나이롱 도사나 수행자에게는 이 신장이 있을 리 없다. 깊은 신심을 가지고 계행을 지키는 수행자에게는 반드시 이 신장이 붙어서 호위를 한다. 도천을 호위하던 신장들이 조폭들을 쓸어버린 사건이라고 사람들의 입에서 회자되었다.

앞서 지리산에서 석상용 의병에게 자금과 총을 지원한 일로 일본군 토벌대에게 죽을 뻔한 탄수 이야기를 했다. 탄수는 일본군에게 풀려나자 자의반 타의반으로 지리산 마천의 금대암(金臺庵)에 들어갔다. 금대는 지리산 일대에서 제1명당으로 손꼽히는 공부터였다. 마침 이 금대는 탄수의 고향 앞산에 위치해 있었다. 탄수는 일본군에게 죽을 뻔하지 않았다면 금대에 들어가 10년이나 머무르지 않았을 것이다. 죽음의 위기에 몰려야 인간은 수행처로 들어가는 경우가 있다. 탄수에게는 고향 마을의 암자였던 금대암이 최적의 도 닦는 공간이 되었던 셈이다.

자기에게 맞는 터에 들어가면 어떤 징후가 있는가? 첫째는 그 터에서 첫날이나 이튿날쯤에 꿈이 꾸어진다. 특별한 꿈을 꾸게 된다. 예를 들면 꿈에 용이 나타나 자기를 휘어 감는다든지, 또는 어떤 노인이 나타나 지팡이를 하나 선물 한다든지 하는 식이다. 이런 꿈은 특이해서 아침에 깨어났을 때도 기억에 생생하다. 잊어먹지 않는다. 둘째는 그 터에서 잠을 잤을 때 몸 컨디션이 아주 좋아지는 느낌을 받는다. 잘 때 숙면을 취하게 되는 것은 기본이다. 잠을 깊이 자면 피로가 풀린다. 피로가 풀리니 그 터가 자기에게 맞다고 느낄 수밖에 없다. 숙면 여부를 우선 체크해야 한다.

또 하나는 참선이나 명상을 해보면 이상하게도 집중이 잘 된다. 잡생각이 들지 않고 정신집중이 자연스럽게 되어지는 것이다. 사람마다 오장육부가 다르다. 그래서 각기 고유의 파장이 약간씩 다르기 마련이다. 어떤 사람은 47도가 맞지만, 어떤 사람은 82도가 맞을 수도 있고 125도가 맞을 수도 있다. 물론 눈에는 보이지 않는 영적인 파장이다. 이 파장이 자기에게 맞는 지자기(地磁氣)를 뿜어내는 명당에 진입하면 급격하게 충전이 된다. 충전이 되면 정신세계에 진입한다는 뜻이다. 불가에서는 이러한 정신세계의 집중을 삼매(三昧)에 들어간다고 표현한다.

삼매에 들어가야 공부가 된다. 진도가 나가는 셈이다. 예를 들면 MBC를 보다가 KBS로 채널을 돌리는 효과가 난다. 현실세계의 집착과 가치 기준을 잊고 4차원의 세계로 들어간다고나 할까. 그러면 현실세계의 가치를 일시적으로 떠나는 체험을 하게 된다. 벗어나는 것이다. 그래서 현실세계의 여러 문제에 대하여 초연한 입장을 유지한다. 여기만 세상의 전부가 아니고 또 다른 세상이 있다는 것을 아는 사람에게는 선택지가 넓어진다.

보통사람은 주어진 세계의 MBC 하나만 보고 살지만, 삼매에 들어가면 또 다른 세계인 KBS를 본다. 이렇게 되면 어떻게 되겠는가! 시야가 넓어지고 세계관이 확장되게 마련이다. 세계관이 확장되어야만 현실세계의 문제에 울고불고하지 않게 된다. '다른 세상이 있구나!'를 아는 게 도 닦는 수행자의 일차 관문이라고 생각한다. 그런 전파 에너지를 공급해 주는 게 명당의 힘이고, 공부터의 힘이다. 그래서 터가 중요한 것이다. ▲▲▲

좋지 않은 일로 언론과 사회적
주목을 받는 것도 엄청난
고압 전기에 시달리는 일이다.
압력밥솥에서 푹 찌다 보면
도가 닦일 것이다.
피, 땀, 눈물이라는 3가지
액체와 감방, 부도, 이혼, 암이
몰아닥치고 있다.
광야, 사막, 설산이 한국에도 있다.
바로 감방이다.
도사의 길이기도 하다.

도사가
배출되는 환경

도사가 되는 길은 무엇인가? 한 마디로 고생이다. 고생을 많이 하면 인생을 보는 안목이 숙성된다. 숙성에는 3가지 액체가 필요하다. 피, 땀, 눈물이다. 이 3가지 액체를 바가지로 흘려야 한다. 부잣집이나 유복한 환경에서 태어나면 3가지 액체를 흘릴 확률이 떨어진다. 그래서 큰 인물이 나오기 어렵다. 도사가 되는 코스를 4가지로 설명한다면 감방, 부도, 이혼, 암이다. 이 4가지 위기를 겪고도 죽지 않는다면 그 사람은 한 도급을 깨칠 확률이 높고, 대장부의 자질을 타고 났다고 보면 된다. 머리 깎고 출가하거나 산에 들어가 동굴 속에서 솔잎 먹고 면벽(面壁)한다고 해서 그 사람이 일급 도사가 되는 것은 아니다. 감방, 부도, 이혼, 암이 철인 4종 마라톤이다. 이 마라톤 코스를 뛰다 보면 도사 된다.

구약성경을 읽어보면 여러 선지자(先知者)들이 나온다. 구약의 선지자는 강호동양학의 해석에 의하면 다 도사들이다. 선지자란 무엇인가. 어떤 일을 먼저 안다는 것 아닌가. 먼저 아는 인간들이 도사 아닌가. 구약에 등장하는 도사 가운데 필자의 흥미를 가장 많이 끄는 인물은 다니엘이다. 바로 다니엘이 꾼 꿈 때문이다. 이처럼 거대한 스케일의 꿈을 꾼 다니엘, 그는 대단한 도사였다.

다니엘의 꿈은 이렇다. 우선 황금 머리다. 독수리 날개를 가진 사자 같은 짐승은 바빌론을 상징한다. 은으로 된 가슴과 팔이다. 이것은 곰 같은 짐승과 두 개의 뿔을 가진 숫양으로, 메대와 바사를 상징한다. 놋쇠로 된 배와 넓적다리다. 이것은 네 개의 날개와 네 개의 머리를 가진 표범 같은 짐승이다. 이 짐승은 그리스를 상징한다. 철로 된 종아리와 진흙으로 된 발은 무엇인가? 이것은 로마다. 다니엘의 꿈은 앞으로 등장할 세계적인 패권 국가의 등장을 예견한 꿈이다. 바빌론에 이어 메대·바사, 그리스, 로마의 등장을 예견한 것이다. 이것이야말로 대단한 스케일의 예언 아닌가. 이런 꿈을 꾸는 다니엘이야말로 대몽가(大夢家)다. 동양의 어느 도사들에게도 그 사이즈가 밀리지 않는다. 아니 동양 도사들보다도 훨씬 급수가 높다. 이렇게 놓고 본다면 구약은 '도사열전'에 해당한다.

이스라엘 유대 민족이야말로 도사들의 나라였고, 민족이었다. 왜 이렇게 도사를 많이 배출했는가? 고생이다. 주변에 세계의 패권국가들, 즉 이집트, 바빌론, 아수르, 페르시아와 같은 제국들이 버티고 있다. 그 틈새에서 끊임없이 침략을 당하고 포로로 잡혀가는 생활을 했다. 하루도 바람 잘 날 없이 시달린 민족이다. 게다가 자연환경도 척박했다. 국토의 대부분이 광야다. 광야는 비가 아주 극소량만 내리는 지역이다. 풀만 좀 자란다. 제대로 된 농사도 힘들고 양이나 염소와 같은 가축을 키워서 근근이 먹고 살았다. 말하자면 인생의 대부분을 광야에서 황량한 풍경을 보며 살 수밖에 없었다는 말이다.

비가 내리지 않아 나무와 냇물도 별로 없는 황무지에서 살다 보면 자연적으로 도를 닦게 되는 것 같다. 황량한 풍경에서는 절대 고독을 느낀다. 인생이 고통이라는 사실을 일찌감치 깨닫게 된다. 인생의 고통에서 벗어나는 길은 신을 믿는 방법밖에 없다. 밥 먹고 하는 일은 기도밖에 없다. 다른 즐거움이 뭐가 있겠는가. 유목민의 일상은 사는 게 거의 공수부대 훈련 같다. 매일같이 텐트를 치고 접으며 살림살이 가지고 이동하는 게 일상생활이다. 그래서 몽골 사람들이 한국에 오면 이삿짐센터 일을 독점하다시피 한다. 몽골 사람들의 평소 생활이 이삿짐센터 일과 다름없기 때문이다. 몽골은 풀이라도 많다. 유대 광야는 몽골보다 훨씬 황량하게 보인다. 게다가 이집트, 아수르, 바빌론 같은 초강대국들이 점령해오니 항상 착취당하면서 노예로 살아야만 했다.

유대 광야보다 한 수 위가 바로 사막이다. 한 수 위라는 것은 더 혹독하다는 뜻이다. 사막은 풀도 없다. 광야는 1년에 300mm 이하의 강수량이다. 300mm의 비는 온다. 그러나 사막은 이것도 없다. 사막은 모래뿐이다. 인간이 살 수 없는 환경이다. 이 혹독한 사막에서 있다 보면 밤하늘의 별만 쳐다볼 수밖에 없다. 아무것도 없고 밤하늘에 별만 보면 어떤 생각이 들겠는가. "위대하신 알라여!" 이것만 외칠 수밖에 없고, 모래사막에서 신을 향해 무릎을 꿇을 수밖에 없다고 본다.

사막은 모두 다 종교인이 될 수밖에 없는 환경이다. 종교인이라는 것은 무엇인가? 죽음을 각오하는 삶이다. 매일 일상에서 '내일 죽더라도 미련을 갖지 말자'고 다짐하는 것이 진짜 종교인이다. 인간은 사회적 욕구를 쉽게 끊을 수 없다. 사회적 주목, 남들이 알아주는 것, 남들에게 인정받는 것, 과시하는 것 등 이런 사회적 욕구들은 매우 끊기 어렵다. 인간이 돈을 버는 이유도 생물학적 욕구의 충족보다는 사회적 욕구의 충족에 있다고 본다. 사회적 욕구를 다른 말로 표현하면 '가오[顏] 잡는 것'이다. 가오 잡으려고 돈을 번다. 모든 것이 가오 비용이다. 이 사회적 욕구를 끊기에 가장 좋은 장소가 사막이다. 사막에 들어가서 49일 동안 혼자 생활해야 한다. 절대 고독 속에 있어 보아야 된다. 아무 소리도 안 들리고, 먹을 것도 없고, 식물과 동물도 없고, 어떤 사물도 보이지 않고, 오직 바람소리만 들리는 곳. 사막, 여기에 들어가서 49일 동안 혼자 생활한다면 어떻겠는가.

사막에서 살면 독존의식(獨存意識)을 얻는다고 한다. 독존의식, 도사는 이 독존의식을 지녀야 한다. 다른 사람의 평가에 크게 흔들리지 않는 의식이 독존의식이다. 사막이 이 독존의식 양성에 최상의 조건이라고 한다. 알카에다를 비롯한 각종 테러 단체들의 온상이 바로 사막이다. 이슬람 테러의 특징은 자살폭탄이다. '너 죽고 나 죽자'다. 나도 죽는다. 이게 쉽지 않다. 예전에 알카에다의 오야붕 빈 라덴의 눈빛이 인상적이었다. 잔잔하면서도 고요한 눈빛이었다. 테러 오야붕이면 그 눈빛이 사납고 거칠고 탁할 것으로 예상했지만 빈 라덴의 눈빛은 테러의 눈빛이 아니었다. 고요하면서 정제된 눈빛. 이건 뭐지? 바로 죽음을 받아들인 자의 눈빛이었다. 목숨을 신에게 맡기고 나는 죽어도 된다고 체념한 사람의 눈빛이었다. 이것이 사막에서 숙성된 눈빛이다. 죽음을 받아들인 눈빛. 여의도 증권가에서 주식과 부동산 하는 사람 중에서 이런 눈빛을 가진 사람은 없다. 주식과 부동산에서 숙성된 눈빛은 다르다.

사막 다음에 설산(雪山)도 있다. 히말라야 설산이다. 눈 덮인 설산에서 추위에 떨다 보면 도가 닦인다. 설산에 먹을 것이 뭐가 있겠는가. 야크 젖이나 먹고 살았다. 그곳 사람들의 얼어터진 손등과 볼테기가 떠오른다. 단식으로 인해 갈비뼈가 앙상한 붓다의 모습도 고행상으로 전해져온다. 이게 설산 고행상이다. 붓다는 금수저로 태어나서 특이하게 도를 통한 사례다. 공자도 밑바닥 출신이고, 예수도 마구간에서 태어났다. 마호메트도 10대 시절부터 낙타를 몰고 다니던 낙타잡이 출신이었다. 밑바닥 출신이었다는 말이다. 그러나 붓다는 왕자였다. 집을 나가 거의 죽기 직전의 고행을 하면서 피, 땀, 눈물을 흘렸다고 본다. 게다가 눈 덮인 설산의 동굴에 들어가 고행을 했다. 사막도 먹을 것이 없지만 설산도 먹을 것이 없다. 설산의 동굴에 먹을 것이 뭐가 있겠는가. 오로지 절대 고독만 있다.

성남 대장동 부동산 개발 사건에서 언론에 오르내렸던 김만배, 유동규, 곽상도 같은 인물들도 도를 닦고 있는 중이다. 좋지 않은 일로 언론과 사회적 주목을 받는 것도 엄청난 고압 전기에 시달리는 일이다. 압력밥솥에서 푹 찌다 보면 도가 닦일 것이다. 피, 땀, 눈물이라는 3가지 액체와 감방, 부도, 이혼, 암이 몰아닥치고 있다. 광야, 사막, 설산이 한국에도 있다. 바로 감방이다. 도사의 길이기도 하다. ▲▲▲

구령주의 핵심은
뇌성보화천존(雷聲普化天尊)을
모시는 일이다.
이 뇌성보화천존은 한 마디로
천둥번개다. 천둥번개 신을 모시면서
그 위력을 받고자 함이다.
바꾸어 설명한다면 벼락을 맞고자
함이다. 벼락은 수천 만 볼트의
전기 에너지가 아닌가. 이걸 맞으면
죽지만, 주문을 외워 벼락
신의 은총을 입으면 엄청난
파워가 생긴다.

도사의 수련법과
영적 파워

앞에서 이야기했던 토르 선생. 이 양반은 '천둥번개 신'을 모셔 미래를 내다보는 힘을 얻게 되었다고 이야기한 적이 있다. 천둥번개 신? 이건 또 무슨 이야기란 말인가. 어떻게 모셨다는 말인가. 모시는 방법도 가지가지다. 가장 보편적인 방법이 주술이다. 주문을 외우는 방법을 가리킨다. 이 주술은 매우 뿌리가 깊다. 19세기 말, 동학이 급속도로 대중에게 퍼져나갈 수 있었던 것도 주술과 관련이 있다. 물론 '인내천(人乃天)'이라고 하는 양반·상놈의 프레임을 깨는 평등사상이 가장 큰 요인이지만, 종교는 사상만 가지고 되는 것은 아니다. 일상생활에서 그 어떤 효험이 있어야만 민중들의 심성에 불을 붙인다.

동학이 내세웠던 주문은 '시천주 조화정 영세불망 만사지(侍天主 造化定 永世不忘 萬事知)'라는 짧은 주문이다. 이 13글자의 주문이 폭발적이었다. 집집마다 주문을 소리 내어 외우는 풍경이 벌어졌다. 문제는 주문을 외우면 병도 낫고, 미래가 보이기도 하고, 일상생활에 안정감을 준다는 것이었다. 더군다나 외우기도 쉽다. 어떤 복잡한 경전을 읽고 이해하는 방식도 아니고, 화두를 타파해야 되는 것도 아니다. 그저 일심으로 소리 내어 외우면 된다. 이게 주문의 매력이다. 단순하면서도 효과는 있다는 게 엄청난 경쟁력을 지닌다.

그러나 토르 선생이 외웠던 주문은 차원이 다르다. 이 주문은 전문가용 주문이었다. 버전이 달랐다고나 할까. 우리나라에서 전통적으로 암송했던 전문가용 주문은 크게 2가지다. 하나는 〈팔양경(八陽經)〉이고, 다른 하나는 〈옥추경(玉樞經)〉이다. 팔양경은 불가에서 내려오는 경전이고, 옥추경은 도가 쪽에서 내려온 경전이다. 둘 다 주문이 주 내용이다. 팔양경은 본래 제목이 '천지팔양신주경(天地八陽神呪經)'이다. 여덟 가지 양(陽)을 주목한다. 그래서 '팔양(八陽)'이다. 혼인, 해산, 무덤에 대한 여러 가지 잡스러운 미신을 없애려는 내용의 불경이라는 게 사전적 정의다.

이러한 신주경을 외울 때는 마음의 준비가 필요하다. 말하자면 담력이다. 어지간한 환상에 놀라면 안 된다. 주문을 외울 때는 각종 무시무시한 환상이 나타나기 때문이다. 팔양경을 외우다가 맞닥뜨린 경험담을 하나 소개해보자. 40대 초반의 남자가 있었다. 평소에 사찰에 자주 다니면서 108배도 드리고 기도하는 것도 좋아했다. 어느 날 팔양경에 도전해보기로 하고, 집에서 외우기 시작했다. 하루에 2번, 새벽과 저녁에 1시간씩 팔양경을 외웠다. 1주일이 지나고 보름쯤 되었을까. 경을 외우던 중 집의 천장이 열리면서 머리에 뿔이 나고 눈도 왕방울만 한 사람들 대여섯 명이 나타나 자신을 내려다보고 있었다. 갑작스런 모습에 기겁하고 나자빠졌다. 놀래버린 것이다. 물론 이 모습은 주문을 외우던 당사자의 눈에만 보이던 환상이었지만, 당사자에게는 환상이라고 인식되지 않았다. 이런 상황에서 당사자는 실재라고 느끼는 것이다.

그 사람은 기겁을 한 이후부터 팔양경 외우는 것을 스톱할 수밖에 없었다. 겁이 나서 팔양경을 독송할 의욕이 사라져버린 셈이다. 모든 사람이 팔양경을 외운다고 해서 뿔난 도깨비 같은 신장이 나타나는 것은 아니다. 그 등장하는 장면도 그 사람의 무의식에 쌓여있는 업보에 따라 각기 다르다. 그렇지만 공통적으로 등장하는 장면은 겁을 주는 장면인 것 같다.

옥추경은 불교가 아닌 도사들이 주로 외우던 경전이다. 그러니까 이 옥추경은 강호(江湖)에서 주로 애용되던 경전이라 하겠다. 불교사찰이 조직과 법당을 체계적으로 유지하고 있는 강단종교(講壇宗敎)라고 한다면, 도교는 조직과 건물이 없는 강호의 야풍(野風)이다. 이름 없는 도사들이 많이 의지했던 경전이라는 말이기도 하다. 하지만 조선 후기에 추사 김정희 같은 알려진 인물들도 이 옥추경을 주목한 흔적이 있다. 필자가 30여 년 전쯤 지리산에서 입수한 오래된 옥추경 판본에 추사가 직접 서문을 쓴 것이 있었다. 필획이 창검 같은 추사 특유의 필체였다. 도사들 사이에서 '추사서문 옥추경'이라고 불리우던 그 판본이었다. 추사는 유가의 식자층이면서도 불가나 도가의 경전들도 같이 보았던 모양이다. 다산 정약용 같은 인물은 불가나 도가의 경전에 대해서 거의 관심이 없었다. 사문난적

(斯文亂賊)으로 보았다. 그러나 추사는 비교적 자유롭게 이쪽저쪽을 왔다갔다한 편린이 엿보인다.

토르 선생은 옥추경을 외웠다. 옥추경에 나오는 구령주(九靈呪)라는 주문이다. 팔양(八陽)과 구령(九靈), 어딘지 비슷한 냄새를 풍긴다. 구령주의 핵심은 뇌성보화천존(雷聲普化天尊)을 모시는 일이다. 이 뇌성보화천존은 한 마디로 천둥번개다. 천둥번개의 신을 모시면서 그 위력을 받고자 함이다. 바꾸어 설명한다면 벼락을 맞고자 함이다. 벼락은 수천만 볼트의 전기 에너지가 아닌가. 이걸 맞으면 죽지만 주문을 외워서 벼락신의 은총을 입으면 엄청난 파워가 생긴다. 현실세계에서 발생한 벼락이 발전기를 돌리는 전기에너지라고 한다면 정신세계에서 발생한 벼락은 영발의 힘을 증강시킨다.

이 구령주는 스승의 지도 하에 외워야지 자기 혼자 마음대로 외우다가는 잘못되는 수가 거의 대부분이다. 잘못된다는 것은 '죽통병'이다. 죽거나 통하거나 병에 걸린다. 도 닦다가 죽거나 병든 사람도 많이 보았다. 아무나 닦는 게 아니다. 스승의 지도가 필요한 이유 중 하나는 운율 때문이다. 어떤 대목에서 강하게 외우고 어떤 대목에서는 느리고 약하게 외워야 하는데, 이 리듬과 강조 포인트를 스승이 구결(口訣)로 알려주어야만 한다. 악보를 스승이 알고 있다는 말이다. 구결을 모르고 외우면 말짱 허당이다.

옥추경을 외우는 장소도 중요하다. 명산의 기운이 강한 산신각이 좋다. 대개 산신각은 불교 사찰의 대웅전 위쪽에 자리잡고 있다. 위쪽이므로 대웅전보다 더 기운이 센 지점이다. 대개는 바위가 뒤에 있거나 산신각 마루 밑으로 자연 암반이 깔려 있는 경우가 많다.

토르 선생이 처음 구령주를 외우고 나서 일주일쯤 지나자 귀에서 미세한 소리가 들리기 시작했다. 마치 벌이 날아다니는 소리 같았다. 양쪽 귀에서 벌 소리가 약 3일 정도 들리기 시작한 것이다. 벼락신은 처음에 벌 소리부터 시작한다. 벌 소리가 어느 정도 사라지고 다시 일주일쯤 지나던 시점에 귀에서 매미 우는 소리가 들리기 시작했다. 이 매미 소리도 역시 2~3일 정도 들렸다. 벌 소리보다는 매미 소리가 더 크다. 이는 단계가 올라갔다는 신호이기도 하다. 난이도가 좀 더 증강한 셈이다. 그 다음에 들리는 소리는 천둥소리였다. 뇌성벽력이 치는 소리였다. '꽈-광 꽝' 하는 소리. 벼락 치는 소리가 울리니까 엄청난 공포감이 밀려왔다.

소리도 공포이지만 환상이 나타나기 시작했다. 여러 가지 환상이 나타났는데, 제일 처음에 나타난 환상은 킹콩같이 생긴 커다란 크기의 털이 난 인간이었다. 몸체는 킹콩 같은 크기에, 얼굴은 원숭이와 사람을 섞어놓은 듯한 모습이었다. 이 모습을 보면 일반 사람은 기겁을 하게 되어 있다. 그러나 토르는 견뎌냈다. 벼락과 함께 나타난 이 킹콩 모습의 신장(神將)을 견뎌냈다는 말이다.

"어떻게 그 무서움을 견뎌낼 수 있었나요?"

"내가 평생 이 공부를 하려고 여기까지 왔는데, 이 킹콩에서 무너지면 절대 안 되지 하는 각오가 나를 견디게 했지요. 여기서 절대 무너지면 안 된다고 죽기 살기로 버텼습니다. 무섭기야 하죠. 그러나 여기에서 내가 무섭다고 물러나면 '10년 공부 도로 아미타불이다'라는 각오가 나를 벼랑 끝으로 몰고 가게 하는 힘이 되었습니다."

토르 선생이 신통력을 얻게 된 계기는 이 킹콩과의 사투였다. 킹콩을 돌파하면서 그 어떤 차원을 돌파하게 된 것이다. 4차원의 세계, 영발의 세계로 진입하는 관문을 뚫은 것이다. 관문 뚫기가 그리 쉬운가. 숙생의 인연과 죽기 살기로 매달리는 의지, 이 둘의 합작이 있어야 한다. 벼락이 때리면서 내면세계가 깨끗해졌다는 게 토르 선생의 고백이다. 뇌성벽력이 내면의 잡념을 모두 태워버린 탓이다. 불로 다 태워버렸는데 흰색 도화지처럼 마음이 깨끗해지지 않을 수 없다. 벼락 신의 효능은 범부의 잡념을 불과 천둥번개로 다 조져버렸다는 데 있다. 정말 '조지려면' 천둥번개처럼 조져야 제대로 조지는 것 아닐까. ◭◭

첫 멘트가 핵심이다. 천둥번개 신이
임재해 있는 토르 선생은 첫 마디로
상대방을 제압한다. 가장 중요한 요점이
첫마디에 압축되어 있는 것이다.
이 첫마디로 그 사람의 고민거리를
갈고리로 찍어내버리면 그 다음에는
상대방이 급속하게 마음의 문을 열게
마련이다. 무릎쯤 내려오는
검정 스커트를 입은 40대 초반의
여자가 방석에 앉자마자 토르는 선방을 날렸다.
그야말로 전광석화같이.
"절대 들키지 않습니다!"

전광석화 같은
도사의 첫 마디

'구령주(九靈呪)' 주문을 외워 천둥번개 신을 부른다. 아니 내 안에 천둥번개 신을 임재하게 만드는 것이 더 정확한 표현이다. 영발의 차원에 들어가면 밖과 안의 구분이 없어진다. 안에 있으면서도 동시에 밖에 있고, 밖에 있으면서도 또한 안에 있는 셈이다. 천둥번개가 때리면 다 타버린다. 마음의 찌꺼기, 또는 그 어떤 결절 내지는 종양이라고 할까. 천둥번개는 이런 찌꺼기를 다 태워버린다. 결절은 번개로 번쩍하면서 다 작살을 내버린다. 시원하게 청소해버리는 효과가 발생한다. 그 어떤 외과의사의 예리한 칼날보다 더 완벽하게 마음의 환부를 잘라버리고 태워버린다. 천둥번개가 훑고 지나가면 어떤 효과가 생기는가? 토르 선생에게 물었다.

"그 상태를 어떻게 표현할 수 있습니까?"

"내 마음이 명경지수(明鏡止水)와 같이 맑아집니다. 마치 모니터를 보는 것과 같아요."

"모니터라니 무슨 뜻입니까?"

"상대방의 마음이 모니터에 나타나는 것처럼 보인다는 말입니다. 그 사람이 현재 어떤 상태에 처해 있는지, 어떤 마음을 먹고 있는지가 모니터에 자동적으로 나타납니다."

"자동적이란 말입니까?"

"내가 그 사람의 마음을 읽으려고 노력할 필요가 없습니다. 무심히 앉아 있어도 방문을 열고 들어오는 그 사람의 마음이 모니터에 나타나는 것입니다."

어느 날 40대 초반의 여자가 토르 선생을 찾아왔다. 어느 정도 미모도 되고 육감적인 몸매를 가진 여자였다. 토르는 앉은뱅이책상을 선호한다. 그 책상에 반가부좌를 하고 손님을 맞는 습관이 있다. 반가부좌를 하고 있으면 좋은 점이 있다. 전립선에 좋다. 의자에 앉아 있는 것보다 방바닥에 앉아 있으면 전립선이 비대해지는 증상을 어느 정도는 예방해준다. 머리는 반백이다. 희끗한 머리카락이 무언중에 그 어떤 경륜을 풍긴다. 흰머리에 맞게 윗도리도 흰색의 옷이다. 한민족은 백의민족이란 말도 있듯이 흰색 옷에 대한 깊은 뿌리가 있다.

한복으로 된 흰색 윗도리를 입고, 앉은뱅이책상 위에는 침향만이 타고 있다. 다른 것은 방안에 아무것도 없다. 침향이 좋은 이유는 사람 마음을 안정시켜주기 때문이다. 특히 분노감이 치오를 때 침향을 맡으면 마음이 차분하게 내려간다. 상기되었던 기운이 내려가는 데에는 침향만 한 작용도 없다. 문제는 값이 비싸다는 점이다. 물론 비싼 것이 좋기는 하지만 중간짜리 침향도 효과는 있다. 냄새가 사람의 정서를 안정시켜준다는 이치를 알고 있다는 게 중요하다. 이런 보조장치를 쓰면 마음을 안정시켜주는 데 수월하다.

첫 멘트가 핵심이다. 천둥번개 신이 임재해 있는 토르 선생은 첫 마디로 상대방을 제압한다. 가장 중요한 요점이 첫마디에 압축되어 있는 것이다. 이 첫마디로 그 사람의 고민거리를 갈고리로 찍어내버리면 그 다음에는 상대방이 급속하게 마음의 문을 열게 마련이다. 무릎쯤 내려오는 검정 스커트를 입은 40대 초반의 여자가 방석에 앉자마자 토르는 선방을 날렸다. 그야말로 전광석화같이.

"절대 들키지 않습니다!"

이 첫 멘트가 나가는 순간에 그 여자는 일순 얼어붙듯이 긴장을 했다가, 곧이어 다시 긴장이 풀어지면서 얼굴에 안심하는 듯한 표정이 나타났다. 순식간에 급속 냉동이 되었다가 다시 수백 도의 열에 가열되어 급속하게 해동이 되는 듯한 표정이었다. 그 여자는 약간 부끄러운 듯이 물었다.

"선생님, 정말 들키지 않나요?"

"절대 안 들킵니다. 당신은 팔자에 월장도화살(越牆桃花煞)이 들어 있는데, 이게 숙명입니다. 당신이 손을 흔들면 두 남자가 손을 흔드는 팔자인 것입니다."

이게 토르의 요점이었다. 풀이를 하면 이렇다.

우선 '월장도화'라는 게 무엇인가? 도화는 복숭아꽃이다. 장미나 튜울립 같은 서양

165

꽃이 들어오기 이전에 토종 꽃 중에서 가장 예쁜 꽃은 도화였다. 봄에 도화가 피면 벌과 나비가 날아든다. 꽃을 향해 벌과 나비가 날아드는 것은 당연하다. 여기에서 벌과 나비는 이성을 뜻한다. 도화살이 있으면 이성이 벌과 나비처럼 날아들기 마련이다. 이 도화살이 두어 개 들어있는 남자 정치인에게 여자들로부터 몰표가 쏟아지는 것을 보기도 했다. 정치인뿐만 아니다. 산부인과 의사도 도화살이 있으면 여자 환자가 그 병원에 바글바글하다. 손님이 바글거리면 그것도 다 돈 아닌가. 도화살이 돈으로 직결되는 셈이다.

여자에게 도화살이 있어야만 연예인으로 성공한다. 인기를 상징한다. 이건 미모와 필수적인 상관관계는 없다. 묘하게 섹시하다고나 할까. 남자들이 끌린다. 도화살이 여러 개 있으면 '물 묻은 바가지에 깨 달라붙듯이' 남자들이 붙는다. 이게 다 돈이다. 인기는 곧 돈 아닌가. 도화살 중에서도 특징이 있다. '월장'은 담을 넘는다는 뜻이다. 남자들이 담벼락을 타고 올라가서라도 그 여자 방으로 들어간다는 뜻이다. 오죽 끌리면 4~5미터 높이의 담벼락도 마다하지 않고 올라가는 정성이 생기겠는가. 월장도화는 이성을 끌어당기는 엄청난 흡인력이 있다. 이 검정 스커트를 입고 온 여자는 월장도화가 들어 있었던 것이다.

아침에 남편이 출근할 때 여자가 창문에 서서 손을 흔들면 남편도 손을 흔든다. 이어서 그 뒤 30미터쯤 떨어진 거리에서 그 여자의 애인도 차에 시동 걸다가 손을 흔드는 것이다. 두 남자가 동시에 주차장에서 이 여자를 향해 손을 흔든다. '한 여자가 손을 흔들면 두 남자가 손을 흔들어 답례하는' 상황이다. 그 상황은 주로 주차장에서 연출되었다. 애인이 같은 아파트 같은 동(棟)에서 살았던 것이다. 다만 서로 다른 층에 살지만 월장도화니까 층수는 장애가 되지 않는다. 만약 그 애인 남자가 다른 아파트로 이사를 간다면 이 여자는 따라가게 되어 있다. 이 여자도 그 아파트로 이사가는 것이다. 월장도화의 강력한 흡인력을 어떻게 벗어날 수 있겠는가.

이 여자가 토르 선생을 찾아온 이유는 자신의 상황이 들키지 않고 유지될 수 있겠는가가 핵심이었다. '돈을 벌겠는가, 남편이 승진하는가, 주식을 사면 돈이 되겠는가'는 관심이 없었다. 오직 보안이었다. 이럴 때 가장 알고 싶어하는 부분을 콕 찍어 이야기해야지, 괜히 다른 이야기를 장황하게 늘어놓을 필요는 없는 것이다.

　　그렇다면 토르는 이 여자가 두 남자에게 손을 흔드는 장면을 어떻게 알았단 말인가? 손 흔드는 장면이 모니터에 나타났던 것이다. 이 장면을 그대로 읽어내기만 하면 된다. 화면에 뜨니까 리딩만 하면 된다. 이 모니터가 천둥번개 신의 선물이다. 토르의 마음이 명경지수처럼 맑다는 이야기다. 맑은 화면에 상대방이 품고 있는 생각과 처한 현실이 다 나타난다. 10만 톤짜리 항공모함 모니터 성능은 강력하다. 반경 수백 킬로미터를 다 잡아낸다. 토르의 모니터도 아마 이렇지 않을까. 이 모니터는 더 나아가 염라대왕 앞에 놓여 있다는 업경대이기도 하다. ᴀᴀᴀ

산의 기운은 공부 단계별로
달라지기도 한다.
공부가 시원치 않았던 초보 시절에는
단백질이 땡긴다. 이때는 단백질
많은 산이 다가오다가도 공부가
어느 정도 진도가 나가면 비타민이
땡길 수도 있다. 이때는 비타민 함유량이
많은 산을 찾아 떠나야 한다.
그래서 이산 저산 돌아다니게 마련이다.

도사들에게
영발을 주는 산

산이라고 다 같은 산이 아니다. 산마다 영양가가 다르다. 어떤 산은 단백질이 많고, 어떤 산은 칼슘이 풍부하고, 어떤 산은 마그네슘이다. 체질적으로 칼슘이 부족한 도사는 칼슘이 풍부한 산을 찾아가서 도를 닦는 게 관건이다. 가는 순간 안다. '아 여기가 나하고 맞는구나!' 자기하고 맞다는 것은 우선 편안한 느낌이다. 기운이 아랫배 하단전으로 집중되는 느낌이 온다. 그리고 머리로 상기되었던 기운도 아래로 하강하는 조짐이 발생한다. 기감(氣感)이 좀 더 예민한 사람은 온몸이 저릿저릿한 느낌으로 다가온다. 발바닥 아래에서부터 머리까지 '짜르르' 하면서 에너지가 들어오는 느낌을 가져보았는가? 이 느낌을 맛보지 못하면 인생을 깊이 살아보지는 못한 것이라고 말하고 싶다.

인생의 맛은 여러 차원이 있기 때문이다. 재물의 맛, 색의 맛, 술의 맛, 명예의 맛, 담배의 맛도 있지만, 산의 맛도 있다는 사실을 알아야 한다. 산의 기운은 공부 단계별로 달라지기도 한다. 공부가 시원치 않았던 초보 시절에는 단백질이 땡긴다. 이때는 단백질 많은 산이 다가오다가도 공부가 어느 정도 진도가 나가면 비타민이 땡길 수도 있다. 이때는 비타민 함유량이 많은 산을 찾아 떠나야 한다. 그래서 이산 저산 돌아다니게 마련이다.

자기하고 결정적으로 인연이 있는 산은 꿈속에서 나타나는 수가 많다. 그 산에 우연히 갔다가 하룻밤을 잤는데, 꿈에 산신령이 나타나 산삼이나 영지버섯 또는 황금으로 된 열쇠나 종을 주기도 한다. 또한 어떤 결정적인 고비를 넘어 난관을 돌파하는 꿈을 꾸는 수도 있다.

유(儒)·불(佛)·무(巫). 무속을 중심으로 유교와 불교의 이치를 섞어놓은 가풍을 지니고 있는 강태규 도사. 언뜻 볼 때 무장(武將)의 기세가 느껴지는 큰 체격이다. 눈매도 날카롭고 골격과 피부가 파워풀한 느낌을 준다. 서울 북촌의 중식당에서 만두를 먹으면서 대화를 나눴다. 그가 거쳐온 산기도(山祈禱) 코스를 들어보니 실전 냄새가 났다. 처음 정읍의 두승산에서 시작하여 변산의 바위절벽 꼭대기에 붙어있는 불사의방(不思義房)에서 미륵

보살의 가피를 입었다. 그 다음에는 지리산으로 갔다가 거기에서 어느 정도 에너지를 축적한 다음에는 태백산으로 갔다.

"기도발을 받기에는 태백산이 좋아요. 그러나 초짜가 처음부터 태백산으로 가면 하단전이 부실해지는 문제가 생깁니다. 아랫배가 튼튼해야지요. 아랫배를 보강하려면 지리산에서 일정 기간 머물러야 합니다. 그 다음에 태백산으로 가야지요. 태백산은 상단전을 깨우는 데 효과적인 에너지가 있습니다. 우리 민족에게 태백산은 그냥 산이 아니죠. 단군 왕검의 에너지가 전수된 산입니다."

"내 운세는 좀 어떻게 보입니까?"

"조 선생님은 눈이 특기 아닙니까. 작으면서 날카로운 눈이죠. 거기에서 아이디어가 나옵니다. 아마 글을 쓸 글감을 그 눈에서 장만하지 않나 싶습니다. 조 선생님 같은 눈이 상대방 염통도 꿰뚫어보려고 시도하는 눈 아닙니까?"

나의 경우에는 김제 모악산이 시작이었다. 모악산은 육산(肉山)이다. 육산이라서 포근하다. 사람을 품어주는 맛이 있다. 20대 중반에 인생이 엄청 허(虛)하다고 느꼈다. 뚜렷한 비전이 없었기 때문이다. 남들 가지는 비전은 나에게는 비전이 안 되었다. 모악산에는 신흥종교의 여러 도사들이 기도를 다녔던 샛길이 아주 많았다. 거미줄처럼 이리저리 얽혀 있었다. 물론 등산객들이 다니지 않던 길이었지만, 나는 주로 이 샛길로만 모악산 봉우리들을 건너다녔다.

샛길 인생이 시작된 것이다. 그러나 이 샛길에서 어떤 묘미를 느꼈다고나 할까. 남들이 잘 가지 않는 길에는 남들이 보지 못하는 풍광이 예비되어 있었다. 그 비경을 보는 맛이 있었다. 우리나라의 기인과 달사들은 이 샛길에 주로 있었다. 그래서 나는 샛길에서 사람들을 만났다.

모악산 다음에는 계룡산이었다. 모악산에 비해 에너지가 한층 강한 산이었다. 전부

바위산이었던 탓이다. 몸으로 다가오는 에너지가 '찌르르' 했다. 이 찌르르한 맛이 사람 잡는 것이다. 한번 맛을 보면 잊지 못하는 중독성이 있다. 소위 '산 팔자'다. 전생부터 산에서 살았단 말인가. 그래서인가 산을 보면 저 밑에서부터 올라오는 어떤 설렘이 느껴진다. 계룡산은 골격을 강화해주는 주특기가 작용했다. 바위의 골기를 흡수하면서 뼈대가 강해지는 셈이다.

계룡산 다음에는 지리산이다. 지리산은 다시 육산이다. 사람을 품어준다. 모악산보다 더 크게 품어준다. 품는 스케일이 크다. 가로 50km, 세로 40km의 큰 산이기 때문이다. 지리산은 동서남북의 기운이 각기 다르다. 동쪽 다르고 서쪽 다르다. 맛이 다르다는 것은 그 사람의 함량을 키워주는 작용이 있지 않나 싶다. 적어도 나에게는 말이다.

S스님도 시작이 김제 모악산파였다. 20대에 외항선의 마도로스를 하면서 인도양과 대서양을 떠다녔다. 어느 날 아프리카 대륙 바로 옆에 붙어있는 마다가스카르에서 인생의 허무를 느껴버렸다. 그 길로 외항선 회사에 사표를 쓰고 퇴직금을 타서 모악산으로 들어왔다. 그 시절에 나도 모악산에 같이 있었다. S스님은 모악산에서 신비체험을 하고 난 다음에 통도사에 가서 머리를 깎고 스님이 되었고, 영축산 기운을 맛보았다. 영축산은 그 땅 속 밑에 자수정이 많이 묻혀 있다. 자수정 기운은 사람을 명징하게 만들어주는 효과가 있다.

자수정을 맛본 다음에는 멀리 뛰었다. 중국 운남성에 있는 천구산(千龜山)이다. 천 개의 거북이가 있다는 천구산에서 기운을 맛보았다. 거북이 형태의 둥글둥글한 바윗덩어리가 많은 산에서 나오는 거북이 기운이다. 그 기운이 어떤 영향을 미쳤을 것이다.

천구산 다음에는 더 멀리 뛰었다. 히말라야였다. 네팔에 있는 마차푸차레는 현지 사람들이 등산가들에게 등산을 못하게 막아놓은 성산(聖山)이다. 그는 이 마차푸차레가 정면에 보이는 네팔 산동네에서 움막집을 짓고 살다가 죽었다.

"스님 마차푸차레 맛이 좋습니까?"

"조 선생도 여기 와서 몇 달 살아보시오. 살아보면 알 거요. 아침마다 마차푸차레에서 뿜어져 나오는 그 기운 맛이 세상 어떤 아이스크림보다도 시원하고, 세상 어떤 장작불보다도 더 따뜻합니다. 히말라야의 돌들은 특수합니다. 하·중·상 단전 모두를 자극해요. 차크라가 모두 돌아갑니다."

S스님에게 꼭 마차푸차레 동네에 가겠다고 약속을 해놓고 차일피일 약속을 미루는 사이에 스님은 죽었다. 나중에 이야기를 들어보니, 네팔 산골 동네 아픈 사람들 기 치료를 해주다가 어느 사이에 풍토병에 감염되었다고 한다. 산을 내려가 병원에 가자고 했으나 거절하고 죽었다. "갈 때가 된 것 같소. 그냥 여기서 죽지 뭐." 하고 미련 없이 죽어버렸다. 갈 때도 앉아서 죽었다. 좌탈(坐脫)로 갔으니 수행자로서의 품격을 보여준 죽음이었다.

죽은 사람 영혼의 궤적을 추적하는 데 일가견이 있는 티베트의 까규파 도사에게 이 스님이 어디로 갔는지를 물었다.

"어디로 갔습니까?"

"생전에 선정(禪定)의 공덕을 많이 닦아서 천상계의 신이 되었습니다. 높은 세계의 신이 된 것입니다. 쉽게 인간계로 돌아올 것 같지도 않습니다. 그러니 천도재를 지낼 필요도 없겠네요."

속리산 기운은 어떤가? 의약의 기운이 강하다. 속리산에 가서 도를 닦다가 한소식한 다음에 사람의 병을 잘 고치는 도사가 된 경우를 몇 번 보았다. 속리산은 약초도 좋다. 한반도의 가운데 부위에 위치하고 있어 동서남북 어느 쪽의 병에도 중도 통합적으로 작동하는 모양이다. 속리산 기운은 치병(治病)이 주특기다. 한반도 전체가 명당이다. 곳곳에 영지가 널려 있다. 이 땅의 산들은 모두 에너지를 머금고 있다. 그러면서도 약간씩 다르다. 죽기 전에 이 맛을 보고 죽어야 하지 않겠는가! ▲▲▲

도사가 주유천하(周遊天下)를 하려면
3가지 기술이 있어야 한다.
의술, 학술, 역술이다.
인간 사는 어느 동네를 가든 아픈
사람이 있기 마련이고, 천자문(학술, 공부)을
배우려는 사람이 있기 마련이며,
자기 운명을 점쳐보려는 수요가
있기 마련이다. 도사는 이 3가지 기술을
가지고 있으면 어디를 가든지 굶어죽지는 않는다.
엄청난 자생력이다.

주유천하(周遊天下)의
3가지 기술

일류의 스승을 만나보면 죽음에 대한 법문을 한다. 법문 내용은 '죽음은 없다'라는 사실이다. 죽음은 분명히 있는 것인데 왜 없다고 하는가? 도대체 받아들여지지 않는 가르침이다. 죽음에 대한 공포를 극복하는 것이 이 세상 태어나서 할 만한 공부의 요체다. '죽음은 없다', '죽음은 개념이다'라는 이치를 깨달으면 그 사람은 공부를 마쳤다고 보면 된다. 죽음이 한낱 개념에 지나지 않는다는 이치를 깨달으려면 자기 전생을 볼 수 있어야 한다. 전생이 확실히 있다는 것을 알면 죽음의 공포를 극복한다. 죽음 이후에도 또 다른 생이 전개된다는 확신을 가질 수 있기 때문이다. 이게 다람쥐 쳇바퀴 돌듯이 돌고 돈다는 사실을, 단지 몸만 바뀐다는 사실을 확실하게 아는 것이 공부다. 나머지 다른 것들은 소소한 일들이다.

나는 40대 중반에 심근경색이라는 병이 왔다. 밤에 자다가 갑자기 '안녕' 하는 병이다. 평소에는 심장이 쪼여드는 것 같아서 호흡이 멎을 것 같은 공포가 온다. 40대 중반에 명이 끝날 수 있다는 사실은 대강 짐작하고 있었지만, 막상 심장병으로 다가오니까 죽음의 공포가 몰려왔다. 이론과 실제는 다르다. 그 갭이 클수록 당혹감이 커진다. '아, 나는 그동안 헛공부했구나!' 하는 탄식이 몰려왔다. 이 죽음의 공포가 나를 짓누를 무렵에 만난 선생이 요가의 고단자인 화경(話鏡) 선생이다.

화경 선생은 거울이었다. 거울 앞에 내가 앉아있으면 나를 그대로 비춰주는 선생이었다. 거울은 비춰주기만 하지만 선생은 사람이니까 말을 한다. '말을 해주는 거울'이라는 의미에서 나는 선생의 호를 '화경'이라고 나름대로 붙였다. 선생은 인도 요가의 전통 모습처럼 수염을 기르고 있었고, 복장은 운동복 바지에 간단한 티셔츠 차림이다. 그런데 선생의 눈이 독특하다. 눈빛이 짙다고나 할까, 깊다고 할까. 눈이 검고 그윽한 느낌을 준다. 그 그윽한 눈으로 상대방을 무심히 바라본다. 대화를 할 때도 감정의 진폭이 거의 없다. 항상 담담한 표정과 눈빛으로 이야기를 나눈다. 옆에는 붉은색 자사호(紫沙壺)에 보이차를 집어넣고 우린 차를 한 잔 건네면서 말이다. 나는 선생으로부터 이 보이차를 수없이 얻어 마시면서 법담(法談)을 나눴다. 대략 25년에서 30년쯤 발효된 보이차를 마시면 오장육부가 마사지를 받는 것 같다. 뱃속은 훈훈해지면서 화경 선생의 입에서 나오는 메시지들은 나의 뇌리에 박히는 것만 같았다.

"머리 정수리 부분에 21개의 봉인(封印)이 있습니다. 에너지가 흐르는 미세한 경락이 21개 있다는 뜻이죠. 보통 사람은 이 경락이 막혀 있어요. 그래서 봉인이 되어 있다고 표현하죠. 이 봉인을 풀면 자기 전생을 볼 수 있습니다. 마치 비디오 테이프 돌아가듯이 자기 전생 모습이 보입니다. 자기 전생 모습을 보면 현생의 자기 행동이나 환경, 또는 직업이 이해됩니다. 연장 선상에 있기 때문이죠."

"이 봉인을 풀려면 어떻게 해야 합니까?"

"요가 동작을 몇 가지 하는 것도 도움이 됩니다. 물구나무서기, 쟁기 자세, 차크라 아사나 같은 동작입니다. 주로 몸을 뒤로 젖히는 후굴(後屈) 자세에 해당하죠."

"왜 후굴 자세가 정수리 봉인을 푸는 데 효과가 있는 것입니까?"

"머리 쪽으로 에너지를 되돌려보내는 작용이죠. 남자를 예로 든다면 정액을 아래로 배출하는 것이 아니라 머리 쪽으로 되돌려보내는 것이죠. 마치 물레방아로 물을 위로 퍼 올려주는 효과입니다. 이렇게 머리로 에너지를 올려보내면 막혀 있던 경락이 열립니다."

"머리의 봉인된 경락이 열릴 때 어떤 느낌이나 현상이 옵니까?"

"머리 정수리, 백회(百會) 부분이 볼록볼록 움직인다는 느낌이 옵니다. 에너지가 들어가니까 꿈틀거리는 것이죠. 약간 물렁물렁해진다는 느낌과도 비슷합니다."

"갓 태어난 어린아이들도 머리 꼭대기 쪽이 물렁물렁하지 않습니까? 그렇다면 이 갓난아이들도 봉인이 풀려 있는 셈입니까?"

"그렇습니다. 갓난아이는 정수리의 경락이 열려 있는 상태입니다. 자기 전생을 볼 수 있는 것이죠. 그러나 갓난아이는 말을 못합니다. 이걸 표현하지 못하죠. 시간이 흐르면 이 부분이 굳어집니다. 말을 할 수 있는 상태가 되지만, 이때는 굳어버려서 전생이 보이지 않죠. 요가의 후굴 자세들은 이 굳어진 정수리 경락을 여는 자세들입니다."

"동양의 신선도나 남극노인성(南極老人星)을 그림으로 표현할 때 정수리 부분을 높게 솟은 모습으로 그립니다. 이것도 21개의 봉인을 풀었다는 증거로 볼 수 있겠습니까?"

"그렇게 볼 수 있습니다."

화경 선생은 8세 때부터 스스로 요가 동작을 연마하기 시작했다. 누가 가르쳐준 것도 아니고 누가 시킨 것도 아니라고 한다. 전생에 하던 습관대로 시작한 것이라고 이야기한다. 숙습난방(熟習難防)이라는 말이 있다. 오랜 전생 동안 익힌 습관은 벗어나기 어렵다는 뜻이다. 국내에서 스스로 혼자 요가를 하다가 80년대 후반, 27세 때 요가의 본고장인 인도로 가게 되었다. 가난한 집에서 태어나 돈도 없었다. 오직 인도로 가는 편도 비행기표만 끊고 무작정 인도 뭄바이 공항으로 향했다. 뭄바이 공항에 내렸을 때 주머니에는 10달러만 가지고 있었다고 한다. 돈도 없고 말도 통하지 않고, 누가 오라고 부른 상태도 아니다. 지인도 전혀 없었다. 바람 부는 대로 발걸음을 옮기는 상태, 완전한 방랑자의 신세였다.

뭄바이에서 자동차로 6~7시간 걸려 인도의 '뿌나'라고 하는 도시에 도착했다. 뿌나에는 라즈니쉬가 세운 아쉬람이 있었다. 비행기를 오래 타고 자동차도 몇 시간이나 타고 오다 보니까 몸이 뻐근했다. 몸을 좀 풀고 싶었다. 짊어진 배낭에서 담요를 하나 꺼내 바닥에다 깔고 길바닥에서 요가 자세를 몇 가지 취했다. 허리를 푸는 코브라 자세, 목 뒤와 어깨를 푸는 쟁기 자세, 옆으로 기울기 자세 등을 취하자 지나가는 행인들이 멈춰서서 구경하기 시작했다. 인도에서도 요가에 능통한 고단자는 아무 데서나 볼 수 있는 게 아니었다. 인도인들에게 요가는 고급스러운 수행법으로 인식되어왔다고 한다. 사회적인 지위와 돈을 가진 브라만 계급들이 요가를 했다. 싸구려가 아니었다. 화경에게서는 프로의 요가 동작이 나왔다. 인도 사람들도 프로의 자세라는 것을 알았다. 현지인들이 화경에게 다가왔다.

"티치 미(Teach me), 나도 가르쳐줘."

이렇게 해서 화경은 인도 사람들 마을을 돌아다니며 요가를 가르쳐주기 시작했다. 잠을 잘 수 있는 공간도 제공받고 약간의 레슨비도 받았음은 물론이다. 한국의 엿장수처럼 인도의 이 마을 저 마을을 돌아다니면서 요가를 가르쳐주는 생활이 시작된 것이다. 쿠바의 '체 게바라'는 남미의 시골 동네를 돌아다닐 때 축구를 알려주면서 돌아다녔다고 하는데, 화경은 요가 아사나였다.

도사가 주유천하(周遊天下)를 하려면 3가지 기술이 있어야 한다. 의술, 학술, 역술이다. 인간 사는 어느 동네를 가든 아픈 사람이 있기 마련이고, 천자문(학술, 공부)을 배우려는 사람이 있기 마련이며, 자기 운명을 점쳐보려는 수요가 있기 마련이다. 도사는 이 3가지 기술을 가지고 있으면 어디를 가든지 굶어죽지는 않는다. 엄청난 자생력이다. 화경은 요가 수행자였다. 아사나(Asana: 요가의 자세, 행법)에 깊이 들어가면 의술도 되고 학술도 되고 역술도 된다.

요가의 철학적 바탕은 상키야 철학이다. 인도의 매우 뿌리 깊은 사상체계가 상키야 철학이다. 요가를 하다 보면 상키야 철학도 공부해야 하고, 동작이 깊어지다 보면 병도 낫고, 몸의 나디(nadi, 경락)가 열리면 앞일도 보이기 마련이다. 화경은 몇 년 이런 생활을 하다가 뿌나의 어느 하숙집에서 정수리의 봉인된 경락이 다 풀리는 체험을 하게 된다. 가사(假死) 상태에서 1주일간이나 머무르는 체험이 그것이다. 달리 표현하면 '마하 사마디(maha samadhi)'의 입정(入定) 상태에 든 것이다. ▲▲▲

일반 사람은 병이 없는 상태를
건강이라고 표현하지만,
요기(요가 수행자)는 육체가 없는 것 같은
느낌의 상태를 건강이라고 한다.
평상시에 밥을 먹고 차를 마시는
상태에서도 몸이 없는 것 같은 컨디션,
몸이 붕 떠 있는 것 같은 느낌을 유지한다.
'마하 사마디[대입정(大入定)]'에
들어갔다 나온 수행자는 정신의 에고와
육체가 소멸한다.

가사(假死) 체험과
아상(我相) 소멸

도를 닦는 과정은 '죽통병'이다. '죽거나, 통하거나, 병들거나'다. 도 닦다가 죽는 수도 있고, 병드는 수도 있다. 다 통하는 게 아니다. 병이 든다는 것은 어떤 상황일까? 대표적인 병이 주화입마(走火入魔)다. 상기증(上氣症)이다. 화기가 머리 쪽으로 올라가서 아래로 내려오지 못하면 이게 병이다. 에너지가 위아래로 순환해야 하는데 돌지를 못하고 한곳에 정체되어 버리면 병이 온다. 스트레스를 많이 받는 사람들이 걸리는 공황장애도 주화입마의 일종이다. 이거 간단치 않다. 간화선에서 말하는 화두를 잡다가 잘못 잡으면 주화입마가 되어버린다. 고치기도 어렵다.

주화입마는 병원에서 고칠 수 있는 병이 아니다. 고단자를 만나, 그 옆에서 화장실 청소를 해야만 고칠 수 있다. 화장실 청소? 항상 고단자 옆에 붙어다니면서 자질구레한 심부름과 정성을 들여야 한다는 의미다. 이게 시봉(侍奉)이다. 항상 고단자 옆에서 깍듯이 모시며, 받드는 마음을 지니고 있어야 한다. 죽통병 중에서 죽음을 보자. 도 닦다가 병드는 경우보다 죽는 경우가 더 많다. 죽음도 다 양태가 다르다. 신비한 죽음도 있다. 죽는데 신비라니? 보통 사람이 이해하기 어려운 죽음을 가리킨다. 예를 들면 1주일간 가사(假死) 상태에 들어가는 경우다. 1주일간 죽어있는 상태다. 이런 경우를 도가(道家)에서는 출신(出神)이라고 한다. 유체이탈과 비슷하다. 정신이 몸 밖을 빠져나가서 우주 법계를 돌아다니는 상태다. 돌아다니다가 육체로 귀환하지 못하면 그게 죽음이고, 귀환하면 범아일여(梵我一如)의 상태로 살아간다.

화경 선생도 인도에서 1주일간 가사 상태에 빠졌던 상황이 있었다. 자기 내면세계에서 형성된 정신의 몸을 법신(法身)이라고 한다. 이 법신을 몸 밖으로 빼내는 리스크 테이킹(risk taking, 위험 감수)을 감행했다. 법신이 몸 밖을 빠져나가는 출구는 우리 몸에서 머리 꼭대기 부분인 백회(百會)이다. 백회를 통하여 법신이 밖으로 나간다. 밖이 어디인가? 우주 법계다. 나는 그 동안에 법신이 나가면 어떤 상태가 되는가를 궁금해했다. 그러나 실전 체험자가 없기 때문에 그 자세한 상황을 알 수가 없었다. 이런 내용은 영적 비밀에 속한다. 알려야 알 수도 없다.

화경은 30대 초반에 이 출신의 체험을 했던 것이다. 장소는 뿌나의 어느 하숙집이었다. 2층 집이었는데 그 2층에는 타일이 깔려 있었다. 인도는 덥기 때문에 시원함을 주기 위해 바닥에 타일을 깔아놓는 수가 많다. 출신에 앞서서 준비를 했다. 그동안 인도를 돌아다니면서 벌어 놓았던 1만 달러, 아큐펑쳐(acupuncture, 침술)를 해서 벌어놓았던 돈이었다. 서양 백인들은 침(針)을 '아큐펑쳐'라고 부른다. 백인들에게 침을 놓아주고 돈을 벌었다. 침이야말로 휴대하기가 간편하다. 무게가 나가는가, 부피를 차지하는가. 크고 작은 바늘 두세 개만 가지고 다니면 된다.

백인들에게 침을 놓아주었던 혈자리는 백회, 고황, 혼문, 견정혈 같은 자리다. 신경을 많이 쓰면 굳어버리는 머리의 혈자리다. 여기에다 침을 꽂으면 곧바로 그 효과가 감지된다. 화경은 인도를 방랑하면서 침을 가지고 다녔다. 한의학에서 말하는 인체의 12경락을 훤하게 꿰뚫고 있던 화경은 인도에서 명상한다고 돌아다니던 서양 애들을 보면 그 몸 상태가 한눈에 들어왔다. 기경팔맥(奇經八脈)이 열린 도사는 상대방의 몸을 투시한다. 고금을 막론하고 도사는 의사이기도 한 것이다. 효과를 본 백인들은 당연히 화경에게 사례를 했다. 서양 애들은 공짜가 없다. 달러로 10불도 받고, 50불도 받고, 어떤 때는 100불도 받았다. 남들은 인도에 가서 돈을 쓰고 다녔지만 화경은 돈을 벌면서 다녔다. 완벽한 현지화였다. 이렇게 아큐펑쳐로 번 돈 1만 달러를 허리춤의 전대에 넣고 차고 다녔다.

법신이 몸 밖을 빠져나가서 출신을 해야 하는 몸 상태가 임박할 무렵, 화경은 친하게 지내던 인도인 요기에게 부탁을 했다.

"내가 가지고 있던 1만 불 중에서 7천 불은 너 가져라. 나머지 3천 불은 내가 죽었을 때 장작을 사다가 화장(火葬) 비용으로 써라. 그리고 내 고향 한국에 전보를 하나 쳐줘라.

전보 내용은 간단하다. 'He go'라고만 쳐주면 된다. 또 한 가지 부탁은 물 갖다 주는 일이다. 하루에 두 번 내가 누워있는 방에 와서, 내가 죽었는지 살았는지 체크해주고 머리맡에 생수 한 병씩 갖다 놓으면 된다."

화경은 이런 조치를 취하고 인도 뿌나의 어느 허름한 하숙집 2층 방에서 가사 상태에 들어갔다. 출신(出神)을 감행한 것이다. 백회를 통해서 법신이 나가버리면 거의 잠든 상태와 같다. 그러나 완벽하게 잠든 상태는 아니라고 한다. 어떻게 보면 반쯤 죽어있고 반쯤 살아있는 상태라고 할까. 힘이 쭉 빠져버린 컨디션이기도 하다. 간신히 일어나 하루에 2번 정도 화장실 갈 수는 있는 정도였다. 1주일간 이런 상태가 지속되었다. 물론 물은 먹었지만 음식은 섭취하지 못하는 조건이었다. 만리타국의 어느 하숙집 2층 방에서 하루에 물 몇 모금만 먹고 죽음의 상태에 들어간 심정은 어떤 것이었을까?

'생(生)은 뭐고, 사(死)는 무엇인가? 인생은 결국 이렇게 죽는 것인가? 마지막 가는 마당에 내가 붙잡아야 할 것은 무엇인가? 나는 죽으면 어디로 가는가?'

1주일쯤 이런 상태가 지속되다가 머리 쪽의 백회로부터 한 줄기 빛이 들어오기 시작했다. 이 빛이 몸 속에 들어오면서, 몸의 쭉 빠진 에너지가 서서히 회복되었다.

"1주일간 죽어 있다가 다시 회복된 다음의 몸 상태는 어떤 상태였습니까?"

"몸이 없는 상태였죠. 육체가 없는 것 같은 느낌이라고나 할까요. 요가를 수행하는 요기들이 생각하는 건강의 기준은 몸이 의식되지 않는 상태를 말합니다."

일반 사람은 병이 없는 상태를 건강이라고 표현하지만, 요기(요가 수행자)는 육체가 없는 것 같은 느낌의 상태를 건강이라고 한다. 평상시에 밥을 먹고 차를 마시는 상태에서도 몸이 없는 것 같은 컨디션, 몸이 붕 떠 있는 것 같은 느낌을 유지한다. '마하 사마디[대입정(大入定)]'에 들어갔다 나온 수행자는 정신의 에고와 육체가 소멸한다.

이런 마하 사마디의 사례가 가끔 있다. 조선 중기 전라도 장성의 백양사, 김제의 망해사, 완주의 봉서사, 모악산의 대원사 등에서 도를 닦았던 진묵 대사. 이쪽 지역에서는 진묵 대사를 최고의 고단자로 신봉한다. 진묵 대사가 대원사에서 머무를 때의 일이다. 진묵을 시봉하던 젊은 승려가 80리나 떨어진 장터에 물건을 사기 위하여 출발하면서 인사를 드렸다.

"스님, 저 갔다 오겠습니다."

"응, 잘 갔다 오거라."

제자로부터 인사를 받은 진묵은 문지방에 손을 얹은 상태였다. 다음날 절에 돌아와 보니 진묵은 여전히 문지방에 손을 얹은 상태로 있었다. 1박 2일 동안 같은 동작으로 그대로 있었던 것이다. 그 동안에 방문이 바람에 열렸다 닫혔다 하면서 문지방에 얹혀 있었던 진묵의 손등을 때렸다. 진묵의 손등은 피가 엉겨붙어 있었다. 파리 떼들이 진묵의 피묻은 손에 달라붙어 있었지만 진묵은 아무것도 의식하지 못하는 자세로 있었던 것이다. 이때 진묵은 1박 2일 동안 마하 사마디의 경지에 있었던 것이 아닌가 싶다. 물론 이건 어디까지나 나의 주관적인 판단이지만 말이다.

화경은 1주일간의 가사 체험 이후에 아상소멸(我相消滅)이 이루어졌다. 에고가 신성으로 들어가 소멸되는 상태가 되면 어떤 경지에 이르는가. 일행삼매(一行三昧)가 된다. 밥 먹고 말하고 누워 있거나 앉아 있거나 일상 생활속에서 사마디(삼매)의 상태에서 벗어나지 않는다. 수많은 행위들이 오직 하나의 행위로 귀결되는 삼매가 일행삼매다. 그 하나의 행위는 무엇인가. 삼매 상태다. '행주좌와 어묵동정(行住坐臥 語默動靜)'의 생활 자체가 참선이다. 아울러 숙명통(宿命通)의 신통력도 생긴다. 화경 선생의 전생담도 흥미로웠다. 삶은 스펙터클 그 자체다. ▲▲▲

남의 전생을 보기 전에 우선 자기 전생이
더 궁금한 법이다. 그래야 현생이 이해된다.
'나는 지금 왜 이렇게 살고 있는가' 하는
의문 말이다.
화경은 자신의 전생이 보였다.
마치 비디오 테이프 돌아가는 것처럼 보였다.
어느 한 장면이 아니고 동영상처럼
연속 화면으로 보였다.
그 전생의 장면은 어느 동굴 안에서
생활하는 장면이었다.

나는 지금 왜 이렇게
살고 있는가

1주일간의 가사 상태에서 깨어난 화경 선생은 신통력을 지니게 되었다. 물론 그 이전부터 신통력이 있었지만 마하 사마디를 통과한 뒤로는 그 파워가 더 강해진 것이다. 우선 몸이 없는 것 같은 가벼움이다. 육체가 없이 정신만 존재하는 것 같은 상태다. 이게 보통 사람으로는 짐작이 잘 가지 않는 경지다. 범인은 기경팔맥(奇經八脈)이 뚫려본 적이 없고, 7단계의 차크라(chakra)가 열려본 적이 없기 때문이다.

또 하나의 신통력은 개념에 걸리지 않는다는 점이다. 상대방이 나에게 욕을 해대도, 그게 영화의 한 장면을 보는 것 같은 느낌이 든다. 영화에서 등장인물끼리 서로 욕을 해댄다고 해서 관객인 내가 부아가 치미는 것은 아니다. 화가 나지 않는 경지다. 보통 사람은 정치 이야기를 하다가도 화가 치밀어 '저 사람하고는 앞으로 만나지 말아야겠다'는 각오를 다지지 않던가! 밥을 먹거나, 대화를 하거나, 바깥의 풍경을 보거나 항상 무심한 마음 상태가 유지된다.

또 하나의 신통력은 전생을 보는 능력이다. 서두에서 이야기한 것처럼 상단전(上丹田), 머리에 있는 21개의 봉인(封印)된 나디(nadi)를 열면 자기가 살아왔던 전생이 보이는 경지가 있다. 남의 전생을 보기 전에 우선 자기 전생이 더 궁금한 법이다. 그래야 현생이 이해된다. 왜 나는 지금 이렇게 살고 있는가 하는 의문 말이다. 화경은 자신의 전생이 보였다. 마치 비디오 테이프 돌아가는 것처럼 보였다. 어느 한 장면이 아니고 동영상처럼 연속 화면으로 보였다. 그 전생의 장면은 어느 동굴 안에서 생활하는 장면이었다.

그 동굴은 호수 주변에 있는 동굴이었다. 그 호수는 마나스로바(manasrovar) 호수였다. 티베트에서 가장 성스럽게 생각하는 호수였다. 티베트 라싸에서 1,200마일 떨어져 있는 지점에 있는 호수인데, 해발 4,556미터의 고지대에 자리잡고 있다. 왜 이 호수를 성스럽게 생각하는가? 티베트의 수미산이라고 여겨지는 카일라스 산 근처에 있기 때문이다. 카일라스는 6,700미터 높이의 산 전체가 거대한 하나의 통바위로 이루어져 아주 기가 강하다. 통바위일수록 거기서 뿜어져나오는 기운이 강한 법이다. 그래서 힌두교와 불교에서는 세계 최고의 성산으로 여긴다. 카일라스 산을 한 바퀴 돌면 업장이 떨어져나간다고 한다. 성스러운 바위산에서 나오는 강한 암기(岩氣)가 그 사람의 업장을 강제로 청소해버린다고나 할까.

카일라스는 심판의 기운이 있는 산이다. 살코기에서 비계를 떼어내는 게 심판이다. 카일라스 근처에 있는 호수인 마나스로바 호수는 자비의 호수이기도 하다. 양이 있으면 음도 있어야 하는 게 우주의 이치다. 카일라스가 양이라면 마나스로바는 음이다. 음은 어머니의 기운을 지녔다. 물의 기운은 품어주는 기운이 있다. 땟국물에 많이 전 사람은 카일라스에 가서 때밀이 수건으로 업장을 청소하고, 청소가 어느 정도 이루어졌다고 판단이 되면 마나스로바 호수 근처에서 몇 년 사는 게 순서다. 마나스로바 호수 주변에는 사람이 살 만한 수십 개의 동굴이 있다. 해발 4천 미터가 넘는 고지대의 호수 주변에 있는 이 동굴에서 아침 일출의 모습이나 석양을 보면 그 자체로 신의 자비를 느낀다. 화경은 전생에 이 마나스로바 동굴에서 살고 있는 자신의 모습을 보았다.

거기서 뭘 먹고 살았는가? 주로 과일을 많이 먹었다고 한다. 과일을 주식으로 삼아서 과일주의자라는 칭호까지 들었다. 물론 이 동굴에도 사람들이 왕래를 했다. 성스러운 호수 옆의 동굴에는 주로 수행자들이 거주했다. 일반인이 여기 살 이유가 없다. 수행자들이라면 도인들이다. 이러한 도인들이 사는 곳에는 추종자들도 왕래를 한다. 그 추종자들이 먹을 것도 가지고 오고 간단한 생활용품도 배달해준다. 화경은 이 동굴에서 과일주의자로 살며 몇 명의 제자들을 가르쳤다고 한다. 그 제자들이란 요가를 배우는 사람들이다.

화경은 동굴 안의 공간에서 제자들에게 요가를 가르치는 게 주요한 일과였다. 이 소수의 제자들은 근처의 동굴에서 먹고 자고 하다가, 수업 시간이 되면 스승이 있는 동굴에 와서 두세 시간 요가 강의를 듣고 동작을 연습했다. 화경은 전생에 자신이 마나스로바의 동굴에서 과일을 먹는 장면, 그리고 제자들에게 요가 아사나를 가르치는 장면을 보았다. 또한 동굴에서 가르쳤던 제자 중 한 명이 보이기도 했다. 여러 제자 중에서도 가장 인상적인 제자가 보이는 법이다. 그 제자는 '크리슈나 마차리아'였다. 크리슈나 마차리아는 인도 현대 요가의 대 스승이다. 화경의 전생은 마차리아를 가르쳤던 스승이었다. 그러니까 화경의 전생 이름은 '라마나 모한'(1854~1958)이었다.

마차리아는 모한 밑에서 7년 반 정도를 수학했다. 마차리아 밑에서 걸출한 2명의 제자가 배출되었는데, 한 명은 '파타비 조이스'이고 다른 한 명은 '아헹가'다. 파타비 조이스는 아쉬탕가 요가라고 하는 역동적인 요가 체계를 완성시켰다. 현대인들의 다이내믹한 기질에 맞는 요가가 아쉬탕가 요가다. 반면에 아헹가는 고전적인 하타 요가의 구루였다. 우리가 보통 요가라고 할 때의 요가는 하타 요가를 가리킨다. 아쉬탕가에 비해 정적인 요가라고 할 수 있다. 그러니까 라마나 모한의 손자 제자뻘이 파타비 조이스와 아헹가인 셈이다.

전생에 히말라야의 전설적인 요기였던 라마나 모한, 그는 금생에 내가 한국에서 만난 화경 선생이다. 모한은 어느 날 마나스로바의 동굴 생활과 제자들을 가르치는 데 싫증이 났다. 아무리 좋은 것도 10~20년이다. 변화가 필요했다. 마침 라마나 모한의 취향이 중국의 차를 좋아하는 것이었다. 그래서 중국으로 가기로 했다. 천산북로(天山北路)를 따라서 중국으로 들어왔다. 중국의 요녕성으로 들어왔다고 한다. 그의 나이 60대 후반이었다. 요녕성이면 동북 3성에 속한다.

이 요녕성에서 무엇을 했느냐? 차(茶)를 팔았다. 차 장사를 했다. 히말라야의 요기가 말도 잘 통하지 않고 풍습도 다른 머나먼 타국에 왔는데, 먹고는 살 방도가 필요했다. 차를 좋아하니까 차를 파는 업종을 택한 것이다. 화경 선생은 자신의 전생 여정이 필름처럼 돌아가는 장면을 본인 스스로가 본 것이다. 가끔 시간이 나면 차를 팔던 가게의 마당에서 요가 아사나를 수련하기도 했다. 그리고 차를 도매로 구입하기 위해서 북경까지 갔다 와야만 했다. 북경에 가서 차를 도매가로 매입하는 장면 등도 정수리의 21개 봉인을 풀고 난 후에 보였던 장면이었음은 물론이다. ▲▲▲

아이폰을 발명한 스티브 잡스는
크리야 요가의 대가인 요가난다를 신봉했고,
이 크리야 요가는 신으로부터의
메시지를 받는 노선이다.
따라서 아이폰도 하늘로부터의 계시가
물건으로 현현(顯現)된 사례로 볼 수 있다.

스티브 잡스와
접신(接神)

천재들의 업적에는 그 뒷배경을 볼 필요가 있다. 사람들은 앞만 본다. 그러나 뒤를 볼 줄 알아야 한다. 무대 전면보다는 무대 뒤에서 결정적인 영향력이 작용하는 수가 많기 때문이다. 무대 뒤의 영향력이란 무엇인가? 바로 신명계(神明界)의 도움이다. 이걸 '접신(接神)'이라고 하자. '계시(啓示)'도 같은 뜻이다. 계시받는다는 것도 접신되었다는 말이다. 또는 '보호령(保護靈)'이라 하자. 보호령이 뒤에서 도와주는 사람과 보호령이 없는 사람은 결승전에서 승부가 난다. 사소한 게임에서는 표가 안 나지만, 결정적인 승패가 걸려 있는 대목에서는 보호령이 작동하는 사람이 이긴다.

스티브 잡스, 그는 아이폰을 만들어 세상을 바꿨다. 최근에 스마트폰만큼 우리 생활을 바꾼 물건은 없다. 만인 대 만인의 접속과 투쟁이 가능해졌다. 유사 이래 이런 정보의 폭증은 없었다. 전 국민이 국정원장급의 정보를 공유할 수 있게 만들지 않았는가! 스티브 잡스가 아이폰을 만들 수 있었던 무대 뒤의 배경은 접신이었다는 말을 하고 싶어서다. 신명계에서 아이템을 잡스에게 준 것 같다. 발명왕 에디슨도 접신의 맥락에서 해석하고 싶다. 신명계에서 아이템을 주지 않으면 인간이 이러한 발명을 할 수가 없다고 본다.

초월적 정신세계에서 잡스에게 아이템을 주었다는 징후는 무엇인가? 요가난다(Yogananda, 1893~1952)다. 요가난다는 인도의 요기다. 20세기 전반에 미국으로 건너가 미국인들에게 깊은 영향을 주었다. '눈에 보이는 돈이 전부이고 다른 것은 없다'라는 생각이 강한 미국인들에게 눈에 보이지 않는 정신세계가 있다는 것을 보여준 요기다. 정신세계가 있다는 것을 믿게 하기 위하여 요가난다는 여러 가지 신통력을 보여준 것으로 알고 있다. 증거주의자, 물질주의자는 이적(異蹟)이 없으면 믿지 않는다.

스티브 잡스는 젊어서부터 이 요가난다 추종자였다. 요가난다가 남긴 〈요가난다, 영혼의 자서전〉을 항상 옆에 두고 읽었다고 한다. 췌장암 선고를 받고는 특히 더 요가난다 자서전을 탐독했는데, 심지어는 자신이 만들어낸 아이패드에 입력해 놓고 수시로 읽었다고 전해진다. 사형선고를 받은 잡스가 그토록 이 자서전에 매달렸던 이유는 무엇일까. 아마도 죽음의 공포, 인생의 유한함, 삶의 덧없음을 위로받기 위해서였을 것이다. 인간이 죽는 마당에 아이폰 업적이 무슨 소용이고, 사업 성공해서 번 수억 달러의 돈이 무슨 필요가 있겠는가. 아마도 잡스는 이 자서전을 읽으면서 죽음의 두려움을 달랬을 것이다. 저승길 가는 마당에 손에 들고 갈 유일한 품목은 이 자서전이었던 것이다.

여기에는 어떤 내용이 나오길래 잡스가 위로를 받았을까? 아마도 환생하는 대목이었을 것이다. 요가난다의 어린 제자 '카시'의 이야기가 나온다. 카시라고 하는 10대 초반의 학생은 아주 영특한 학생이었고, 요가난다 아쉬람(학교)에서 공부를 하고 있었다. 그러나 이 카시는 명이 짧았다.

"너는 이번 방학 때 고향 집에 가지 말고 학교에 남아 있거라. 무슨 일이 있어도 절대로 밖에 나가면 안 된다."

카시의 명이 짧은 사실을 알고 있었던 요가난다는 방학 때 집에 가지 말고 학교 기숙사에 남아 있으라고 했다. 하지만 카시의 부모가 이 예언을 무시하고 아들을 강제로 집에 데려갔다. 카시는 결국 전염병으로 죽고 만다.

카시는 생전에 스승으로부터 '네가 명이 짧다'는 이야기를 들었을 때, '죽은 뒤에 환생하면 꼭 스승님 곁에서 공부하게 해달라'는 부탁을 요가난다에게 했었다. 자서전에는 요가난다가 카시의 죽음 이후 그가 어디에서 태어났는지 알기 위해 신통력을 사용하는 대목이 나온다. 한 팔을 공중에 빙빙 돌리면서, 카시의 영혼이 어느 지역에서 다시 환생했는지 전파를 수신하듯 수신하는 장면이 대표적이다. 마침내 요가난다는 카시의 영혼이 보내는 전파를 수신하게 된다. 어느 도시의 골목에서 그 전파가 잡혔다. '스승님 저 여기 있어요!' 하는 전파였다.

그 전파가 수신된 집 앞에서 초인종을 누르고 집주인을 만났다. 마침 그 집의 부인이 임신 6개월의 상태였다.

"앞으로 사내아이가 태어날 겁니다. 이마가 훤칠하게 잘 생긴 아이일 겁니다. 그 아이는 영적인 분야에 관심을 갖게 될 겁니다. 나중에 그 아이가 정신세계에 대한 공부를 하고 싶다면 저에게 보내십시오."

이런 부탁을 그 집주인에게 남긴다. 환생한 카시는 청소년기에 이르렀을 때 결국 도를 닦게 된다는 이야기다. '환생은 확실히 있다'는 메시지를 요가난다는 자신의 자서전에서 밝혔다. 사실 이런 이야기는 공개적으로 잘 밝히지 않는 내용이다. 공개적으로 밝혔을 때 여러 가지 부작용이 또한 발생할 수 있기 때문이다. 그럼에도 불구하고 요가난다가 이 환생 사례를 글에 남긴 이유는 현대인의 단생관(單生觀)을 깨기 위해서였던 것 같다.

단생관이란 '한번 죽으면 끝이다'라는 가치관이다. '죽으면 끝이기 때문에 살아 있을 때 최대한 돈을 많이 벌어 쾌락을 누리다가 가는 게 장땡이다'라는 인생관을 갖게 된다. 요가난다가 미국 땅으로 건너가 백인들에게 요가를 가르친 이유는 이런 단생관의 허무를 치유하기 위해서였다. 인도의 고단자 요기가 미국으로 건너가 가르침을 편 최초의 사례가 요가난다. 그 전에도 미국이나 유럽에 간 요기가 있지만 요가난다처럼 정신계의 고단자가 간 사례는 아니었다. 요가난다는 서양 교화를 목적으로 특별한 사명을 받고 태어난 요기라고 한다.

요가난다의 자서전을 읽다가 한 가지 의문이 들었다. 보통 도를 통한 요기들은 장수한다. 대략 90~100세는 살다 간다. 그런데 요가난다는 겨우 59세에 세상을 떴다. 물론 오래 산다고 장땡이 아니다. 그러나 어느 정도는 장수해야 하는 게 도 닦은 요기의 상식이다. 왜 이렇게 빨리 갔는가? 요가난다는 '크리야 요가'를 했다고 알려져 있다. 요가의 여러 유파가 있다. 하타 요가, 라자 요가, 탄트라 요가, 박티 요가, 아드바이타 요가 등이다. 하타 요가는 여러 동작을 취하는 가장 전통적인 요가 노선이다. 라자 요가는 가부좌를 틀

고 앉아 명상을 많이 하는 문파다. 탄트라 요가는 남녀의 섹스까지도 수행의 방법으로 여기는 문파다. 박티 요가는 신에 대한 완전한 헌신의 요가다. 자기를 낮추고 철저한 봉사를 한다. 테레사 수녀 같은 사람이 박티 요가 수행자로 볼 수 있다. 아드바이타 요가는 불이(不二)를 추구하는 파격적인 노선이다. 모든 이원성을 깨부수기 위해 파격한 방법도 사용한다. 생과 사, 선과 악, 미와 추, 진실과 거짓 같은 모든 대립된 개념을 깨려고 한다.

화경 선생과 요가의 여러 노선에 대해 이야기를 나눴던 적이 있다.

"요가난다가 수행했다는 크리야 요가는 어떤 요가입니까?"

"신과의 통신을 중요시합니다. 계시가 옵니다. 생전에 모셨던 스승으로부터 메시지가 올 수도 있고, 정신세계의 고차원 신으로부터 계시가 올 수도 있습니다. 크리야 요가의 일차적인 준비는 채식입니다. 달걀도 먹지 않는 철저한 채식을 해야만 합니다."

"그렇다면 스티브 잡스가 요가난다에게 특별히 심취한 배경도 크리야 요가의 노선과도 관련 있다고 보아야 하는 겁니까?"

"관련이 있을 겁니다. 아이폰과 같은 특별한 발명품도 본인은 의식하지 못하지만 신으로부터 계시가 온 것일 수 있습니다. 스티브 잡스의 기질과 취향이 크리야 요가의 노선과 맞을 수 있습니다. 잡스의 선대 조상이 중동계라고 들었는데, 척박한 사막 환경에서 사는 중동 사람들은 신에 대한 헌신과 종교적 신앙심이 두터운 사람들입니다. 조상 때부터 축적되어온 신에 대한 외경심이 잡스에게 유전되었을 가능성이 높고, 이러한 경외심이 비록 자서전의 형태이지만 요가난다를 만나면서 촉발되었을 것입니다. 그리고 그 신에 대한 헌신이 결국 계시로 이어지면서 아이폰으로 결실을 맺었을 가능성이 있습니다. 현상계에서 일어나는 일은 우연이 없습니다. 따져보면 다 오래 전부터 이유가 있었던 것입니다."

"요가난다는 왜 59세라는 이른 나이에 세상을 떴습니까?"

"신으로부터 메시지를 받는 크리야 요가의 노선에는 세상을 빨리 뜨는 경향이 있습니다. 신과의 접신은 원래 고도의 에너지가 소모됩니다. 통신 행위 자체가 그만큼 에너지 소모가 많다는 이야기죠. 더군다나 요가난다는 미국 대륙을 이곳저곳 돌아다니면서 강연하고 사람들 만나면서 에너지 소모가 많았을 겁니다. 고기를 자주 먹거나 탁한 일반인들을 많이 만나는 일은 에너지 소모가 많습니다. 섬세한 에너지의 수행자들에게는 차를 타고 이동하는 것도 타격이 됩니다. 그래서 요기는 자기 수행 공간을 크게 벗어나지 않습니다. 요가난다가 59세에 간 것은 이런 각도에서 볼 수 있죠. 그러나 하늘로부터 부여된 사명을 이루고 간 것이기 때문에 애석해 할 필요는 없습니다. 요기에게 생사는 대단한 의미를 지닌 것이 아니죠."

아이폰을 발명한 스티브 잡스는 크리야 요가의 대가인 요가난다를 신봉했고, 이 크리야 요가는 신으로부터의 메시지를 받는 노선이다. 따라서 아이폰도 하늘로부터의 계시가 물건으로 현현(顯現)된 사례로 볼 수 있다. ◢◣◢

새벽마다 몰래 화경의 드롭 백 동작을
지켜보던 이 남자는 병을 앓고 있었다.
화경이 엄청나게 부러웠다.
'저 요기의 파워를 나에게로 가져올 수 있는
방법이 없을까? 그러면 나도 자유롭게
활보할 수 있을 텐데.' 60대의 이 병든 남자는
온갖 궁리를 했고, 마침내 그 방법을 찾아냈다.
그것은 흑마술(黑魔術, black magic)이었다.

저주의 주술,
흑마술(黑魔術)

요가의 묘미는 후굴(後屈)에 있다. 후굴이란 뒤로 젖히는 자세를 가리킨다. 왜 뒤로 젖히느냐? 뒤쪽에 영성(靈性)이 있다고 보기 때문이다. 인간은 성공과 출세를 위해서 앞으로만 내달린다. 그것은 전굴(前屈)의 자세다. 전굴의 자세는 겸손을 나타내기도 한다. 겸손은 비즈니스에 도움이 많이 된다. 겸손한 사람에게 유권자의 표가 가고, 거래처의 혜택이 돌아간다. 겸손만큼 좋은 처세 수단이 없다. 나이가 들어갈수록 사람의 자세는 앞으로 수그러진다. 그렇게 하지 말라고 해도 자동빵으로 수그러진다. 어떻게 보면 산다는 것이 굴종의 연속이기도 하다.

앞으로 숙이는 자세는 겸손한 자세이기는 하지만 부작용이 있다. 비전이 사라진다는 문제가 있다. 비전은 뒤로 젖혀야 나온다. 뒤로 젖히는 자세는 뻣뻣한 자세로도 비친다. 겸손이 있으면 거만함도 따라붙어야 균형을 잡는다. 하타 요가를 수행하는 요기들은 이 뒤로 젖히는 자세를 일부러 많이 한다. 앞으로 구부러지는 전굴의 자세가 지니는 카르마(karma, 업)를 상쇄시키기 위한 조치다. 반대 동작을 해야만 카르마의 상쇄가 이루어진다. 그래서 요기들은 신전에서 절을 할 때도 앞으로 하는 게 아니라 뒤로 한다.

뒤로 젖히는 후굴의 자세를 예로 들자면 부장가 아사나도 있다. 코브라 자세다. 바닥에 대고 엎드려서 두 팔로 바닥을 짚고 서서히 상체를 일으키는 자세다. 마치 코브라가 대가리를 드는 동작과 비슷하다고 해서 붙여진 이름이다. 코브라 자세를 많이 하면 허리 디스크는 상당 부분 예방할 수 있다. 요추 3번 명문혈(命門穴)을 안으로 집어넣는 자세에 해당하기 때문에 밖으로 튀어나가는 카르마를 제거할 수 있다. 차크라 자세도 대표적인 후굴 자세. 하늘을 보고 누워 두 팔을 머리 뒤로 젖혀 바닥에 댄 다음, 허리를 들어올리는 자세다. 활처럼 허리와 등이 휘어진다.

이러한 후굴 자세를 많이 하면 앞만 보고 달려온 업보를 상쇄시킨다. 두뇌 가운데 전두엽보다 후뇌를 자극시키기 때문이다. 후뇌를 자극시켜야 영성이 개발된다. 영성은 결국 삶을 총체적으로 보는 시각의 확보이기도 하다. 총체적이라는 것은 동서남북과 상하를 합쳐서 6방(方)을 보는 시각의 확보다. 한국사람이 집단적으로 빠져 있는 '내로남불(내가 하면 로맨스, 남이 하면 불륜)'은 전두엽만 과도하게 개발된 탓이다. 뒤를 보지 못하므로 내로남불이다. 후뇌가 자극을 받지 못하고 잠들어 있다. 후굴을 많이 해야만 후뇌를 자극해서 이 내로남불을 치유할 수 있다.

후굴 자세의 하이라이트는 '드롭 백(drop back)' 자세다. 누운 활 자세, 즉 우르드바 다누라 아사나가 있다. 활 자세로 누워 있는 자세이기도 하다. 이 자세로 있다가 곧바로 일어서는 자세다. 그리고 다시 서 있는 자세에서 이 누운 활 자세로 돌아가는 자세를 가리킨다. 일어서 있다가 누운 활 자세로 돌아가는 자세가 드롭 백이다. 다시 일어서기를 반복한다. 이건 상당한 요가 고단자들이 할 수 있는 자세다. 파워와 유연성을 모두 갖추어야 가능한 동작이다.

요가의 고단자인 화경은 30대 중반에 이 드롭 백 자세를 많이 연습했다. 두 팔을 일자로 뻗어 하늘로 향해 있다가 그대로 뒤로 넘어져 두 팔을 바닥에 대는 동작이다. 그리고 다시 그대로 일어선다. 화경은 새벽 5시면 자신의 요가 도장에 도착해 아무도 없는 데서 이 자세를 연습하곤 했다. 한번 시작하면 150~200번 가량을 반복했다. 보통 고단자들은 두세 번 하기도 어려운데 200번에 가깝게 이 자세를 반복한다는 것은 엄청난 파워가 아닐 수 없다.

이렇게 난이도가 높은 동작은 다른 사람 보는 데서 하는 게 아니다. 자칫 자기 과시로 비쳐질 수 있기 때문이다. 다른 요가 수행자들에게 질투를 불러일으킬 수도 있다. 또는 그 사람들에게 과도한 경쟁심을 유발시킬 수도 있다. 요가에서 타인과 비교하여 '나는 왜 저런 자세를 못하지' 하고 이를 악물고 지나치게 경쟁심을 발휘하다 보면 오히려 몸이 망가지는 수가 있다. 경쟁심을 없애고 평화로운 마음을 갖자고 요가를 하는데, 난이도 높은 요가 동작을 보여줌으로써 이 평화가 깨지는 부작용이 발생할 수 있는 것이다.

다른 사람들이 아직 잠을 자고 있는 고요한 새벽, 화경은 요가 도장에서 혼자 이 드 롭 백을 연마하고 있었다. 그러나 10여 미터쯤 떨어진 건너편 건물에 사는 어떤 남자가 이 동작을 조용히 지켜보고 있었다. 뒤로 넘어졌다 바로 일어섰다 하는 장면은 요가를 모 르는 사람이 보기에도 엄청난 파워가 전달되었던 것이다. 파워! 이것이 생명 아닌가! 병 든 사람에게는 피지컬의 건강과 활력이 무엇보다도 부러운 법이다.

새벽마다 몰래 화경의 드롭 백 동작을 지켜보던 이 남자는 병을 앓고 있었다. 화경이 엄청나게 부러웠다. '저 요기의 파워를 나에게로 가져올 수 있는 방법이 없을까? 그러면 나도 자유롭게 활보할 수 있을 텐데.' 60대의 이 병든 남자는 온갖 궁리를 했고, 마침내 그 방법을 찾아냈다. 그것은 흑마술(黑魔術, black magic)이었다. 어떤 흑마술이 있단 말인가? 이 런 것은 판타지 영화에서나 나올 법한 대목이다.

어느 날 새벽에 무심코 2층에 있는 요가 도장에 당도했던 화경은 끔찍한 장면을 목 격하게 되었다. 문 앞에 징그러운 것들이 이리저리 널려 있었던 것이다. 우선 눈에 띄는 것은 고양이 시체였다. 새끼를 밴 암고양이 시체였다. 암고양이 머리를 벽돌로 찍어 죽인 시체였다. 피 묻은 벽돌은 계단 입구에 두었다. 일부러 보라고 그 자리에 놓은 것이었다. 고양이 시체 옆에는 썩은 고등어 5마리가 놓여 있었다. 고등어 썩는 냄새가 코를 찔렀다. 바로 옆에는 생선 내장이 널려 있었다. 불그스름하기도 하고 푸르스름하기도 한 그것은 보기에 아주 역겨웠다. 그리고 흰떡도 놓여 있었고, 오색 종이도 그 사이에 섞여 있었다. 주변에는 쓰레기들도 널려 있었다.

새벽 5시, 사방이 고요한 요가 도장에 혼자서 요가 수련을 하려고 온 사람이 이런 기 괴하고 흉측한 광경과 마주치리라고는 누구도 예상 못한다. 그러나 드롭 백을 통하여 온 몸의 7개 차크라에 에너지가 빵빵하게 차 있는 화경에게 이런 장면은 그렇게까지 쇼크를 주지 못했다. 기분은 나빴지만 충격으로 다가오지는 못했다. 그리고 드는 의문은 '누가 이런 짓을 했을까?'였다. 이때 건너편 건물을 우연히 바라보니까 어떤 중년 남자가 이 장면을 훔쳐보고 있었다. 불이 꺼진 창가에서 말없이 지켜보며 화경이 어떤 반응을 보이는지 주의 깊게 관찰하고 있었던 것이다.

나는 화경에게 물었다.

"왜 이런 짓을 합니까? 뭔가 이유가 있을 것 아닙니까?"

"그것은 아마도 에너지 슈킹일 겁니다. 이 그로테스크한 광경을 보고 내가 놀라면, 그 놀라는 순간에 저 쪽에서 에너지를 빼갈 수 있습니다. 사람은 놀라는 순간에 에너지가 약간 분리가 되거든요. '넋이 나간다, 얼이 빠진다'는 말도 있지 않습니까. 그 순간을 노리는 것이죠. 자기가 몸이 아프니까 제 에너지를 빼서 자신에게 계좌이체하려고 했던 것이죠. 그러나 제가 크게 놀라지 않아서 목적을 달성하지는 못했을 겁니다."

흑마술이 이런 유형이다. 흑마술이 어떤 것인가를 확실하게 몰랐던 나는 이 사건을 통해서 그 기본적인 원리를 짐작할 수 있게 되었다. 조선시대 궁중에서 인형을 만들어놓고 그 인형에다 바늘을 꽂는 방법도 흑마술의 일종이다. 그러면 인형이 상징하는 인물이 현실세계에서 바늘로 찌르는 통증을 느낀다는 설정이다. 티베트의 성자 밀라레빠도 '10만 송'으로 유명한 성자이지만, 그가 불교 수행을 하기 전에 주술사로부터 흑마술을 배웠다는 이야기가 전해진다. 밀라레빠는 그 흑마술을 사용해서, 자신의 가족에게 해코지했던 사람들을 전부 죽여버렸다고 한다. 그 이후 '아, 이게 잘못된 행동이로구나'를 참회했고, 그 참회를 바탕으로 불교 수행에 들어갔다는 이야기다. 밀라레빠의 흑마술도 이런 맥락에서 짐작할 수 있다. ᨺ

마니푸라는 불[火]을 상징한다.
지수화풍공견식(地水火風空見識)의 7개
차크라 가운데 3번째 차크라다.
공작 자세를 하면 우리의 몸에 불을
지르는 셈이 된다.
불을 지르면 어떻게 되는가? 요가 경전에 의하면
'백물(百物)의 독(毒)을 제거한다'로
되어 있다. 불이 독을 태워버리는 것이다.

몸의 독을 제거하는
요가 자세

1980년대 후반, 30세 무렵의 화경은 인도 대륙을 방랑했다. 대륙이 좋은 점은 가볼 곳이 많다는 점이다. 다양한 장소를 다녀보아야 시야가 넓어지고, 우주를 보는 눈이 넓어진다. 돈 없이 방랑을 다녀보아야만 밑바닥 인심이 어떻게 돌아가는지 확인할 수 있다. 밑바닥 여행이 주유천하의 진수다. 화경의 밑천은 요가와 침통(針筒)이었다. 요가 자세를 보여주면 인도의 중산층들은 요가 동작을 배우고 싶어했다. 인도에서 요가는 고급스런 수행법이었다. 흔한 싸구려가 아니었다. 20세기 후반에 들어와 요가가 대중화되었지만 그 전까지는 신분과 돈이 있는 브라만 계층에서나 배울 수 있는 게 요가였다. 아시아에서 온 수염 기른 요가 고단자는 인도 브라만들이 보기에도 신기한 존재였다.

먹을 것과 여비를 조달할 수 있게 도와준 또 하나의 내공은 바로 침이었다. 침을 놔주면 고마워했다. 아픈 몸이 호전되면 고마움을 표시하기 마련이다. 인도를 돌아다니는 유럽인들에게도 침은 효과가 컸다. 유럽 백인들은 평소 먹고 산다고 신경을 많이 써서 목 뒤와 어깨 근육 쪽의 경락이 많이 뭉쳐 있었다. 고황혈(膏肓穴), 혼문혈(魂門穴), 극천혈(極天穴) 같은 데를 5~10cm 길이의 중침으로 찔러주면 효과가 즉발했다. 10불도 받고 50불도 받았다. 주는 대로 받았다. 침과 요가라는 2가지 내공을 장착한 화경은 유럽 백인들이 보기에 아시아에서 온 신비로운 도사로 보였다. 이렇게 현지 조달 경비로 인도 대륙을 느긋한 마음으로 돌아다녔다.

어느 날 쿠시나가르 역에 갔다. 바라나시까지 기차로 이동하기 위해서였다. 인도는 일찍부터 철도 여행이 발달했다. 영국이 식민 지배를 위해 일찍부터 전역에 철도를 깔아놓은 탓이다. 쿠시나가르는 붓다가 열반한 지역이다. 그래서 불교 순례객들이 붐비는 곳이다. 쿠시나가르 역은 인파로 붐볐다.

30세의 화경 몸매는 허름한 티셔츠 쪼가리만 걸쳤어도 단단함이 드러났다. 태권도의 고수였던 화경의 신체는 요가의 고난도 동작으로 단련되어, 척 보기에도 보통 사람과 달랐다. 아주 단단하면서도 보기 좋게 근육으로 뒤덮인 몸이었다. 과장해서 표현하면 금강신(金剛身)이었다. 다이아몬드 보디(body). 요가를 해서 전후좌우의 몸 경락이 열리면 몸이 바뀐다. 환골탈태(換骨奪胎)하는 것이다. 환골탈태는 무협지에만 나오는 게 아니다. 실제로 있다. 몸의 경락이 열리면 자동으로 도달되는 경지다. 그 당시 화경의 몸은 환골탈태의 단계에 진입해 있었다. 그것도 아시아인이 수염을 길게 기른 상태에서 이런 몸매를 하고 있었으니, 길을 걸어가다 보면 사람들이 화경의 몸매를 관심 갖고 바라보기도 했다.

역에는 기차를 타기 위해 기다리는 사람들로 바글바글했다. 등짐도 메고 바구니에는 닭과 거위도 있었다. 개도 데리고 기차에 올라타는 혼란스런 상황에서도 화경은 단연 눈에 띄었다. 간이매점의 남자 직원이 화경을 보고 손짓했다.

"헤이, 이리 와봐. 너 힘 좀 쓰게 생겼다. 나하고 팔씨름 한번 해보자. 나를 이기면 여기 과일주스 2병을 줄게."

마침 목이 말랐던 화경은 과일주스 2병을 준다는 말에 솔깃했다.

이렇게 화경과 매점 남자 직원의 팔씨름이 성사되었다. 그 직원도 체격이 좋았다. 팔뚝이 성인남자 종아리만큼 두꺼웠다. 화경은 팔씨름을 할 때 발바닥에 있는 용천혈(湧泉穴)과 발뒤꿈치에 있는 수천혈(水泉穴)의 기운을 살짝 위로 끌어올렸다. 발바닥에 있는 기운을 끌어올려 단전 부위의 석문혈(石門穴)로 모아놓고, 그 기운을 다시 팔목에 집중하면 쇠말뚝같이 강해진다. 에너지 테스트도 할 겸 살짝 기운을 끌어올리니, 힘깨나 쓰게 생긴 매점 직원은 힘 한번 제대로 쓸 수 없었다. 두 판을 내리 해도 결과는 마찬가지였다.

"내가 졌다. 여기 주스 2병 가져가라."

화경은 그 자리에서 주스 2병을 마시고는 기차에 올라탔다.

인도 기차는 한 칸에 90명이 정원이지만 많이 타면 200명도 탄다. 그날도 160명은 탄 것 같았다. 가축까지 뒤섞인 상태였으니 혼란스럽기 그지없는 게 인도의 기차다. 인도 기차를 타 보아야 인생을 안다. 주스를 먹고 나서 20분쯤 되니 배가 뒤틀리기 시작했다. 통증은 시간이 갈수록 점점 심해졌다. 어지간하면 참겠는데 도저히 참을 수 없는 수준의 통증이 몰려왔다. 아랫배를 찢는 통증이었다. 진땀이 삐질삐질 나오고 하늘이 노래졌다. 육체를 단련하면서 육체적 고행에 익숙했던 화경은 고통을 참는 데는 선수급이다. 그렇지만 이 고통은 참기 어려웠다. 상한 주스를 마시고 식중독이 왔던 것이다.

화경은 가만히 있으면 안 되겠다 싶어 열차 칸과 칸을 이어주는 연결 부위로 이동했다. 그 부위에 약간의 공간이 있었기 때문이다. 완행열차이므로 대개 15~20분마다 시골역에 정차한다. 정차하는 시간에 열차 연결 부분의 조그만 공간에서 화경은 요가 자세를 취했다. 바로 공작 자세였다. 마유라아사나(Mayurasana)다. 두 손을 공작의 다리처럼 사용하는 자세다. 엎드려서 두 손의 팔꿈치를 배꼽 부위에 대고 손바닥은 바닥에 짚은 다음, 몸을 바닥에서 20센티 정도 띄운다. 이렇게 하면 배꼽 부위의 차크라를 자극하게 된다. 자극을 한다는 것은 이 쪽의 에너지 통로를 열어제친다는 뜻이다. 소화력을 강하게 자극한다.

또한 이 배꼽 부위에 인체의 3번째 차크라인 마니푸라(Manipura) 차크라가 자리잡고 있다. 마니푸라는 불[火]을 상징한다. 지수화풍공견식(地水火風空見識)의 7개 차크라 가운데 3번째 차크라다. 공작 자세를 하면 우리의 몸에 불을 지르는 셈이 된다. 불을 지르면 어떻게 되는가? 요가 경전에 의하면 '백물(百物)의 독(毒)을 제거한다'로 되어 있다. 불이 독을 태워버리는 것이다. 요가의 수백 가지 아사나 중에서 이 공작 자세는 중상급의 난이도에 해당한다. 초보자는 하기 어려운 자세다. 팔 힘이 약한 여자들은 남자들에 비해 이 자세를 어려워한다. 화경은 완행열차가 시골역에서 잠시 쉴 때마다 이 자세를 취했다. 아무리 요가 고단자라 하더라도 배가 찢어지는 듯한 고통 속에서 이 공작 자세를 취하기는 쉽지 않았다.

몸을 가누기도 어려운데 두 팔꿈치를 배꼽 부위에다 대고 엎드려 몸을 띄운다는 게 쉽겠는가. 이를 악물고 한 번에 6~7분씩 이 자세를 취했다. 두 번쯤 하고 나니까 통증이 조금 줄어든다는 게 느껴졌다. 이에 확신을 가졌다. 여러 번 하면 낫겠구나! 기차가 역에 멈춰 쉴 때마다 했다. 다섯 번쯤 마유라아사나를 하고 나니 대변이 마려웠다. 화장실에서 대변을 보니 시커멓게 나왔다. 시커먼 똥이 염소똥처럼 둥그런 형태로 배출되는 게 아닌가. 시커멓다는 것은 차크라의 불로 태웠다는 의미다. 불로 태우니까 더위에 상한 주스의 독이 태워져버린 셈이다.

결국 기차 안에서 갑자기 발생한 식중독의 고난을 공작 자세로 치유한 것이다. 보통 사람 같으면 나뒹굴다가 어떻게 되었을지도 모른다. 병원 시설이 열악한 인도에서 외국인이 식중독 걸렸다고 치료받기도 쉬운 일이 아니다. 더군다나 기차 안에서 말이다. 인도 대륙을 주유천하 하면서 맞닥트린 어려운 일 가운데 하나가 바로 이 상한 과일주스를 먹고 기차 안에서 마유라아사나를 취한 일이다. 방랑에 어찌 고생이 따르지 않겠는가! ▲▲

신선이 되는 도가의 수행법에는
암흑동굴이 반드시 필요한 것으로 나온다.
도사 수련이 아니더라도 평상시에 밤이 되면
어두컴컴하게 있는 것이 좋다.
너무 환하면 혼백이 쉬지를 못한다.
쉬지 못하면 정신병이 온다.
20세기는 암이 큰 병이었지만
21세기에는 정신병이 큰 병이다.
정신병은 정신이 쉬지 못해서 오는 병이다.
쉰다는 것은 곧 어두컴컴함 속에 존재하는 것이다.
저녁에 불을 켜지 않고 컴컴하게
있는 것도 양생법의 하나다.
밝은 것만 선호하지 말자.

동굴의 어둠 속에서
내공이 쌓인다

어둠 속에 오래 있어 보아야 도력이 생긴다. 빛이 차단된 공간에서 생활해 보아야만 내면세계로 들어간다. 내면세계로 집중하는 힘이 강할수록 비례해서 도력도 생기는 게 아닌가 싶다. 빛은 밖이고 어둠은 내면이다. 밖으로 달리면 내면을 못 본다. 내면은 어둠이다. 무의식을 들여다보려면 어둠 속에 있어야 하는 것이다. 에디슨이 전깃불을 발명한 뒤로 도사 배출이 현격하게 줄어들었다. 빛의 영향이다. 빛으로 인해서 문명은 발달했지만 인간 내면세계의 탐색은 현격하게 감퇴했다. 전깃불이 생긴 뒤로 도력이 센 도사가 나오기는 어렵게 되었다. 도사가 되려면 안으로 향해야 하는데 전부 밖으로 향하기 때문이다. 그렇다면 어둠을 경험하려면 어디로 가야 하는가? 바로 동굴이다. 바위 속의 천연동굴이 도사를 양성하는 인큐베이터다.

프랑스 남부에 쇼베(chauvet) 동굴이 있다. 1994년에 처음 발견되었다. 선사시대의 그림이 있다고 해서 유명한 동굴이다. 유럽들소, 매머드, 동굴사자, 산양, 사슴, 코뿔소 등의 그림이 그려져 있다. 이 그림들은 대략 2만9천 년에서 3만2천 년 전에 그려진 그림들이라고 한다. 쇼베 동굴은 선사시대 화가들의 작업실이었나? 아니다. 여기는 죽음의 공포를 체험하고 난 다음에 도사가 되는 신전이었다고 여겨진다. 쇼베 동굴은 수평적인 구조가 아니라고 한다. 동굴의 어느 지점에서는 50~60미터 깊이의 절벽도 있다고 한다. 절벽 아래를 내려가야 한다. 절벽 아래를 내려가서 좀 더 가다 보면 또 다른 굴들이 나타나고 여기에 동물 그림들이 그려져 있다. 지금부터 3만 년 전이라면 제도화된 종교가 나타나기 전이다. 그야말로 동굴 속은 칠흑 같은 어둠의 상태였을 것이다. 더군다나 수십 미터 절벽 아래를 내려가야 하는 구조라는 점이 미스터리를 불러일으킨다.

당시 원시인들은 어떤 목적을 가지고 깜깜한 절벽을 내려갔을까? 단순히 그림 그리기 위해서 이 어둠의 엄청난 공포를 뚫고 가야 했던 것일까. 빛이 하나도 들어오지 않는 그야말로 어둠만이 전부인 이 암벽 동굴에서 무엇을 하기 위해 그림을 그려놓았던 것일까. 이 어둠의 공포는 곧 죽음의 공포였다고 생각된다. 어둠의 공포를 극복하면 죽음의 공포도 극복하는 셈이다. 지하 바위절벽을 내려가다가 많은 사람들이 죽기도 했을 것이다. 그리고 최종 목적지에 동물 그림이 있고, 이 동물 그림 옆에는 사람의 손바닥으로 찍어놓은 핸드프린팅 자국이 찍혀 있다. 여기를 왔다 갔다는 표시다. 흥미로운 사실은 이 핸드프린팅을 남긴 기간이 일이백 년이 아니고 거의 1만 년 가까운 기간 동안 계속해서 핸드프린팅을 했던 흔적들이 남아 있다고 한다. 계속해서 인간들이 이 동굴을 다녀갔다는 증거다. 죽음의 공포를 극복하고 거듭난 인간들이 두려움 없이 동물들을 사냥할 수 있는 능력을 획득했다는 증표로 읽힌다. 쇼베 동굴은 죽음을 극복하는 훈련소이자 종교적 신전 역할을 했다고 보여진다. 그 결정적 기능은 어둠이었다. 어둠은 공포를 주고 그 다음에는 인간 내면의 심연으로 인도하는 기능을 한다.

불교가 들어오기 전, 동북아시아의 고대 샤머니즘의 전통에도 어둠의 동굴에서 수련하는 전통이 있었다. 여우굴에 들어가서 수도하는 전통이 그것이다. 여우굴은 높이가 낮다. 그 입구는 여우가 들락거릴 수 있는 크기로 1미터 남짓 된다. 크기가 작아야 동굴로 들어가는 빛의 양이 적다. 이 어둠 속에서 일정 기간 동안 머무르면 내면세계로 침잠하는 효과가 있고, 침잠이 되면 영안(靈眼)이 열리는 효과가 나타나는 게 아닌가 싶다. 영안이 열리면 미래와 과거를 내다보는 천안통(天眼通)이 생긴다. 미래를 내다보는 천안통은 전쟁의 승패에도 영향을 미칠 수 있고, 인간사의 각종 문제에서 능력을 발휘할 수 있다. 그래서 고대 동북아시아의 제사장들은 어두컴컴한 동굴에서 암흑수련을 했다고 추측된다. 이게 야호선(野狐禪)이다. '여우 호(狐)' 자다. 입구가 작은 여우동굴에서 수행했다고 해서 붙여진 이름이다. 물론 이 명칭은 비하하는 의미가 내포되어 있다. 불교가 전래되면서 이 동굴 수행법은 야호선으로 규정되었다. 이단이라는 의미다.

불교적인 수행법은 이 야호선보다 더 우위에 있다는 말이기도 하다. 중국 도교 문파인 전진교(全眞敎)의 비조(鼻祖) 왕중양(王重陽)의 수행법이 이와 비슷하다. 왕중양은 이것 저것 하다가 안 되니까 마지막으로 땅굴을 파고 들어가 어둠 속에서 수행했다. 그가 판 땅굴이 바로 '활사인묘(活死人墓)'다. '살았으면서도 죽은 사람의 묘'라는 뜻이다. 빛이 안 들어오는 땅굴에서 왕중양은 도를 통했다. 이는 그 기원이 유럽의 쇼베 동굴, 알타미라 동굴 등과 연결된다고 본다. 3~4만 년 전부터 했던 방법이다. 동굴 수행법은 불교에 의해서 여우들이나 들락거리는 굴에서 한다는 경멸적인 의미의 야호선으로 비판받으며 백여우가 나쁜 동물로 폄하되었다. 꼬리 9개 달린 구미호(九尾狐)라는 이미지가 그것이다. 원래 백여우는 백호(白狐)로 간주되었다. 지금은 '호랑이 호(虎)' 자를 써서 '백호(白虎)'이지만 과거에는 '여우 호(狐)' 자를 써서 '백호(白狐)'였다. 여우가 나쁜 이미지로 격하되면서 '백호(白狐)'가 '좌청룡 우백호'의 '백호(白虎)'로 대체된 것이다.

지리산 반야봉 밑에 있다고 전설로만 전해지던 금강굴. 바로 1790년생인 신선 개운(開雲) 조사(祖師)가 수도했다는 동굴이다. 해발 1,300미터 지점이다. 소문만 무성했지 정작 이 동굴이 어디에 있는지를 찾지 못했는데, 빨치산으로 활동했던 박영발이 은신처로 사용했던 비트가 바로 이 금강굴이라는 주장이 나오기도 했다. 박영발 비트는 지하로 3미터쯤 내려갔다가 다시 4미터 정도를 올라가 바위 틈새를 기어들어가면 발견할 수 있는 굴이다. 밖에서는 쉽게 찾을 수 없는 아주 기막힌 지점에 있다. 밖에서 빛이 차단되는 구조였고, 굴 안에는 식수로 사용할 수 있는 물이 있었다. 빨치산 대장 이현상이 사살된 뒤에도 박영발은 이 굴 속에서 4~5개월을 더 버틸 수 있었다. 이 박영발 비트는 과거 개운 조사가 수도했던 금강굴이고, 이 금강굴이 야호선의 수행터와 흡사한 조건이었다.

신선이 되는 도가의 수행법에는 암흑동굴이 반드시 필요한 것으로 나온다. 도사 수련이 아니더라도 평상시에 밤이 되면 어두컴컴하게 있는 것이 좋다. 너무 환하면 혼백이 쉬지를 못한다. 쉬지 못하면 정신병이 온다. 20세기는 암이 큰 병이었지만 21세기에는 정신병이 큰 병이다. 정신병은 정신이 쉬지 못해서 오는 병이다. 쉰다는 것은 곧 어두컴컴함 속에 존재하는 것이다. 저녁에 불을 켜지 않고 컴컴하게 있는 것도 양생법의 하나다. 밝은 것만 선호하지 말자. ◢◣◣

박 도사 집에서 며칠씩 묵어가던 도사들은
집 주인에게 숙박비 대신 명당 자리 하나를
슬며시 알려주었다.

동네 뒤에 을해(乙亥) 명당이 있다는 이야기였다.

극락봉의 바위 맥에서 지맥이 이리저리
'갈 지(之)' 자로 내려와 작은 연못 앞 지점에서
뭉친 명당 자리가 있었던 것이다.

이 자리는 일견 평범해보여 고수들이나
볼 수 있는 자리였다. 고단자는 평범 속에서
비범을 뽑아낸다.

고단자는 평범 속에서
비범을 뽑아낸다

앞에서 언급했던 박 도사는 토르 도사의 스승이다. 제산 박재현(1936~2000), 경남 함양군 서상면 출신이다. 서상면(西上面)은 함양의 서북방에 위치하고 있다고 해서 붙여진 이름이다. 서북방은 전북 장수군과 연결된다. 서상과 장수 사이에 그 유명한 고개인 육십령(六十嶺) 고개가 있다. 이 고개를 넘어 영호남이 왕래했다. 왜 고개 이름이 육십령일까? 도둑이 많았다. 고갯길이 높고 꼬부랑꼬부랑 넘어가야 하기 때문에 중간에 산적들이 진을 치고 있다가 지나가는 행인과 봇짐장수의 재물을 털었던 것이다. 그래서 도둑떼에 대비하기 위해 고개를 넘어가는 인원이 60명 정도 팀을 이루어야만 했다. 60명 정도 모여서 가면 도둑떼의 공격에 방어할 수 있다고 보았다. 그만큼 험난한 고개였던 것이다.

육십령 고개를 본격적으로 넘어가기 전에 박 도사의 집이 있었다. 서상면 옥산(玉山) 마을이었다. 옥산마을도 참 터가 좋다. 뒤로는 극락산이 버티고 있다. 바위가 돌출되어 있어 정기가 뭉쳐 있는 작은 산이다. 극락산 뒤로는 육십령 고개에서 함양 백운산으로 흘러가는 백두대간의 맥이 받쳐주고 있다. 동네 앞으로도 1천 미터 넘는 봉우리들이 병풍처럼 도열해 있다. 거망산, 황석산 등이다. 왼쪽 아주 끄트머리로는 '칼바위'가 날카롭게 솟아나 있는 모습이 멀리 보인다. 암봉이 마치 칼처럼 날카롭게 보인다고 해서 대간(大幹)을 종주하는 산꾼들이 붙여놓은 이름이 칼바위다. 동네 앞으로 보이는 1천 미터 병풍은 남덕유산에서 진주의 진양호(晉陽湖)까지 내려가는 진양기맥의 일부다. 남덕유산에서 내려온 한 맥이 월봉산-거망산-황석산으로 흘러가면서 동네 앞을 멀리서 병풍처럼 받쳐주는 역할을 한다. 말하자면 조산(朝山)에 해당한다.

옥산마을 앞을 흐르는 냇물이 남강의 상류다. 앞뒤로 산들이 둘러싸고 있으면서도 그리 답답하지 않고 국세가 크다. 가운데로 냇물도 흐르니 수화가 균형을 이루었다. 이만하면 좋은 터다. 상주의 우복동천(牛腹洞天)에 버금가는 지세를 형성하고 있는 동네다. 조선 후기의 성리학자인 부계(扶溪) 전병순(田秉淳, 1816~1890)이 옥산리에 은거하면서 후학을 가르치기도 했다. 전병순이 후학들을 가르치던 공간이 부계정사(扶溪精舍)였다. 전병순은 유학자이기는 했지만 짐작컨대 정감록과 풍수에도 상당한 조예가 있었다고 짐작된다. 당대의 유학자에게 풍수는 교양필수 과목이었으니까 말이다. 하여튼 영남 쪽에서 전북 장수군으로 넘어가는 상당수 과객들은 이 옥산마을의 박 도사 집에서 많이 머물렀다고 전해진다. 옛날 과객들에게 어디 여관이 있었겠는가. 그런대로 밥먹고 사는 집에 신세를 지는 게 관례였다. 특히 주인이 지적 호기심이 있고 사람을 좋아하여야만 했다. 박 도사 윗대가 도사와 선비, 그리고 입담 좋은 과객들을 좋아하는 취향이었다.

조선 후기 동학혁명이 일어나고 민심이 흉흉해지면서 사람들은 십승지(十勝地)와 풍수의 명당신앙에 더욱 집착했다. 박 도사 집에서 며칠씩 묵어가던 도사들은 집 주인에게 숙박비 대신 명당 자리 하나를 슬며시 알려주었다. 동네 뒤에 을해(乙亥) 명당이 있다는 이야기였다. 극락봉의 바위 맥에서 지맥이 이리저리 '갈 지(之)' 자로 내려와 작은 연못 앞 지점에서 뭉친 명당 자리가 있었던 것이다. 이 자리는 일견 평범해보여 고수들이나 볼 수 있는 자리였다. 고단자는 평범 속에서 비범을 뽑아낸다. 산의 맥이 직선으로 내려오면 맛이 없다고 본다. 직룡(直龍)은 사룡(死龍)이다. 꾸불꾸불 내려와야 맛이 좋다. '지기전어(地氣專於) 을자(乙字)!' 땅의 기운은 전적으로 '乙' 자에 달려 있다는 말이다. 을해(乙亥)의 '해(亥)'는 무엇인가. '亥'는 오행으로 물을 상징한다. 연못이다. 산의 맥은 앞에 연못이나 강물이 있으면 그 자리에서 멈춘다. 멈추는 자리에 땅의 기운이 뭉친다.

박 도사 조부는 집에서 며칠씩 묵고 가던 과객 중 풍수에 일가견이 있던 도사가 알려준 을해 명당에 묘를 섰다. 아마도 박 도사 증조나 고조 묘가 되었을 것이다. 그 묘를 섰던 시기가 아마도 1920년대 후반이나 되었을까. '乙亥'는 육십갑자의 하나이기도 하다. 육십갑자에서 을해년은 1936년이다. '1936년에 우리 집안에 태어나는 손자 가운데 한 놈이 바로 을해 명당의 기운을 받고 태어난 인물일 것이다!' 이런 기대감으로 1936년이 오기를 기다렸다. 아울러 이 해에 과연 어떤 손자가 태어날 것인가를 학수고대했다. 과연 을해년에 손자가 3명 태어났다. 제일 첫 번째 태어난 손자는 서상면 옥산이 아닌 다른 면에서 태어났다. 그래서 김이 샜다. 두 번째 손자는 옥산에서 태어났지만 산후(産後) 문 앞에 쳐 놓은 금줄에 뱀이 기어갔다. 옛날에는 어린애가 태어나면 대문 앞에 새끼줄을 치고 고추를 엮어 걸어놓았다. 이 새끼줄을 타고 뱀이 지나갔던 것이다. 예이, 부정 탔다. 두 번째 손자도 인물이 아니다.

을해년이 다 지나갈 무렵 겨울에 박 도사가 드디어 태어났다. 고대하던 을해 명당 기운을 받은 손자가 태어났다고 본 것이다. 하지만 자세히 쳐다보니 인물이 별로였다. 새까맣고 볼품없게 보였다. 우째 명당 기운 받은 손자가 인물이 별로인가? 그러나 박 도사 조부는 인물에 상관없이 새까만 손자를 애지중지 키웠다고 한다. 이 애가 틀림없다는 신념을 유지했다. 박 도사가 점점 커가면서 머리 하나는 비상했다. 아주 총기가 있었다. 중학교 다닐 때 6.25를 만났다. 난리 통에 트럭을 타고 피난을 가는데, 폭탄이 떨어져 움푹 파인 길에서 트럭이 자빠지고 말았다. 자빠지는 통에 중학생이던 박 도사는 다리를 다치고 말았다. 난리 통에 정형외과가 어디 있겠는가. 제때 치료를 못 받고 있다가 다리를 잘 못 쓰게 되어 집에만 있게 되었다. 몇 년 집에서 쉬다가 동기들보다 이삼 년 늦게 고교에 진학하게 되었고, 후배들과 공부하다 보니 학업에 의욕이 없었다. 그 대신에 도사들 도 닦는 데 관심이 생겼다. 이때 만난 선생이 윤 선생이다. 도가의 단학수련과 주문수행에 일가견이 있었던 선생이었다.

윤 선생은 당시 한약방을 하고 있어 '윤 약국'이라고 불렸다고 전해진다. 나중에 이 윤 선생은 세간 생활을 정리하고 입산하여 도가 수련에 깊이 침참하게 된다. 개운조사파와 연결된다. 이 이야기는 나중에 하기로 하고, 박 도사는 윤 선생 문하에 들어가서 주문을 외우는 수행을 하게 된다. 이 주문이 바로 옥추경(玉樞經)에 나오는 구령주(九靈呪)다.

옥추경의 주문들은 흔히 귀신 쫓는 주문이라고 알려져 있다. 벼락신에게 비는 주문이다. 벼락신을 한문으로 뇌성보화천존(雷聲普化天尊)이라고 한다. 윤 선생 밑에서 십대에서 이십대 초반의 청년들 10여 명이 주문을 외웠는데, 유일하게 박 도사만 한 통을 하게 되었다. 지리산 오도재 근처에서 선생의 지도 하에 매일 주문을 외우던 어느 날 수만 마리의 참새떼들이 일제히 '짹짹짹' 하며 우짖는 소리를 들었다. 그 소리를 듣는 순간 '우주와 내가 둘이 아니다'라는 깨달음이 왔다. 마치 화염방사기의 화염이 온몸을 태우는 것 같았다고, 박 도사 생전에 필자에게 술회한 바 있다. 이때부터 누군가를 보면 그의 과거와 현재, 미래가 동시에 보였다. ◢◣◣

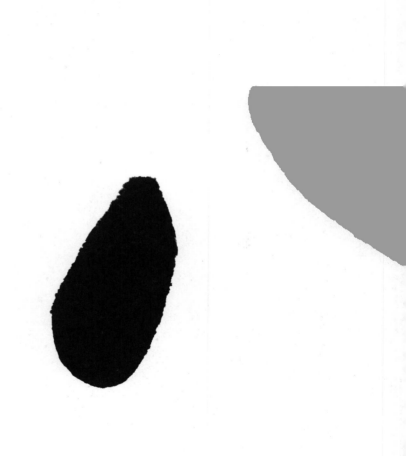

3장

도인(道人)은
한가하고
술사(術士)는 바쁘다

"성적인 오르가슴을 엑스터시(ecstasy)라고 한다면,
이와는 다른 인스터시(instasy)가
있습니다. 내면의 음에너지와 양에너지가
서로 만날 때 느끼는 열락(悅樂)을
인스터시라고 보면 됩니다. 엑스터시의
약70배 정도 강한 쾌감입니다.
도사는 매일 이 인스터시를 느낍니다.
엑스터시는 남녀가 서로 결합을 해야
나오는 것이라면, 인스터시는 외부적인
결합이 필요 없습니다. 내부적인 결합인 것이죠.
훨씬 자유로우면서도 쾌감은 더 강합니다.
어느 것이 효율적인 것입니까?"

색(色)을 어떻게
참는가?

가장 참기 어려운 것이 무엇일까? 이는 '가장 가지고 싶은 것이 무엇일까' 하는 질문과 같다. 의견이 다를 수 있지만 보편적으로는 돈과 색(色)이 아닐까. 돈을 갖고 싶고 성교(性交)를 하고 싶은 욕망이 그것이다. 이 두 가지 중에서 어느 것이 더 강할까. 젊어서는 색이지만 나이 들어가면서 돈이 아닐까. 중년 넘어가면서 생물학적인 배터리가 방전되면 색욕은 현저하게 줄어들지만 돈에 대한 필요는 훨씬 증가한다. 그 반대로도 생각할 수 있다. 젊어서는 돈 벌고 출세하는 데 모든 에너지를 바쳤지만 나이 들면서 보니 이것도 부질없다. 차라리 원초적인 인간의 생물학적 욕구에 충실한 것이 남는 장사라고 말이다.

언젠가 70대 중반의 어느 사업가와 나누었던 대화가 기억에 남는다. 그 사업가는 사업적으로도 성공했고, 주변 인간관계에서도 무난하다는 평판을 받던 사람이었다.

"나이 들어보니까 뭐가 남습니까?"

"주색잡기야! 이것만 남네."

나이가 들면 일체의 형이상학은 증발되어 버리고 본능만 남게 되는 것일까. 사업가의 특권은 비교적 눈치 보지 않고 주색잡기에 집중할 수 있다는 점이다. 물론 너무 몰두하다가 사업이 망하기도 하지만 말이다. 하여간 익명의 사업가는 남의 눈치를 크게 볼 필요는 없다. 그러나 정치인은 다르다. 이름이 알려진 직업은 모두 해당된다. 여차하면 패가망신이거나 죽음이 기다린다. 특히 정치인이 색을 잘못 건드렸다가는 엄청난 리스크를 안아야 한다. 정치생명이 단축될 수도 있다.

도사가 되는 데 있어서도 색에 대한 절제가 가장 큰 문제다. 남자의 경우는 이걸 항백호(降白虎)라고 부른다. 여자는 참적룡(斬赤龍)이다. 하얀 범, 즉 백호는 남자의 정액을 상징적으로 가리키는 표현이다. '백호를 항복 받는다'는 것은 외부로 새는 것을 막아야 한다는 뜻이다. 여자는 생리를 끊는 일이다. 생리는 에너지를 한 달에 한 번씩 외부로 방출시켜 버린다. 에너지가 방출되면 깊은 도는 어렵다. 붉은 용, 즉 '적룡'이라는 것은 붉은색의 생리를 가리킨다. 이 생리를 끊는 방법이 도가에서는 따로 밀전(密傳)된다. 젊은 여자가 도가의 비전을 써서 생리를 끊으면 젖가슴이 줄어들고 평평해져서 약간 중성적인 모습으로 변한다. 여자로서의 성적인 특징이 사라지는 것이다.

남자의 에너지는 정액으로 집중된다. 정액이 밖으로 새지 않고 내부에서 응고되면 이게 사리(舍利)가 된다. 고승의 열반 후 화장할 때 사리가 나온다는 것은 이걸 의미한다. 정액이 밖으로 새지 않는 경지, 즉 성욕을 완전히 통제할 수 있는 경지에 도달한 도사를 '누진통(漏盡通)을 성취한 도사'라고 한다. 새는 것이 다 끝났다. 천안통, 신족통, 천이통, 숙명통, 타심통의 5가지 신통력도 있다. 누진통이 된 도인은 이성 문제에 말려드는 법이 없고 섹스를 하지 않는다. 그렇다면 누진통이 되었다는 증거는 무엇인가. 있다. '마음장상(馬陰藏相)'이다.

불가의 경전에도 마음장상은 기록되어 있다. 수말의 생식기는 평소에 쪼그라들어 있어 잘 보이지 않는다. 감추어져 있는 상태다. 이걸 마음장상이라고 한다. 누진통이 된 남자 도사는 생식기가 번데기처럼 줄어들어 있다. 사용하지 않으니 퇴화된 상태이기도 하다. 그래서 나는 도사를 만나면 되도록 목욕탕에 같이 가는 것을 선호한다. 목욕탕에 가서 그 부위를 눈으로 봐야 믿을 것 아닌가. 말로 듣는 것보다는 눈으로 봐야 인간은 확실하게 믿는다. 마음장상은 어찌 보면 진화의 법칙을 거슬러 올라간 역리(逆理)이기도 하다. 순리가 아니다. 도를 닦는다는 것은 자연의 법칙을 거슬러 올라가는 역리인 것이다.

화경 도사에게 물었다.

"어떻게 해야 마음장상의 상태가 되는 것입니까? 과연 인간이 성욕을 완전히 컨트롤한다는 것이 가능한 경지인가요?"

"일단은 정액을 머리 위로 끌어올리는 게 관건입니다. 정액은 밑으로 배출되게끔 되어 있습니다. 끌어올리려면 방법을 써야죠. 물구나무서기를 하는 것도 방법입니다. 성욕

色

이 끓어오를 때마다 물구나무를 서는 것이죠. 15분에서 30분 정도. 익숙해지면 1~2시간도 할 수 있습니다. 정액이 머리 쪽으로 올라가게 되면 성욕은 사라지고 오히려 마음이 평온해지는 효과가 있습니다. 인도의 요기들은 보통 매일 2~3시간 정도 거꾸로 서 있습니다. 이렇게 하면 150살도 넘게 살 수 있죠. 장수의 비결이기도 하죠. 인도의 요기들은 너무 오래 살면 지겨워지니, 어느 정도 물구나무서기를 하다가 중단하는 경우도 있습니다."

"도가에서는 정액을 머리 위로 올리는 경지를 '환정보뇌(還精補腦)'라고 부릅니다. 요가에서 말하는 도립(倒立) 자세는 이것과 같다는 이야기네요?"

"같은 것이죠. 사람이 성관계를 통해서 정액을 배출할 때, 뇌에서 미세하게 넥타르(nectar)가 분비된다고 합니다. 이 넥타르는 무한생산이 되지 않죠. 한계가 있습니다. 넥타르가 다 떨어지면 죽음입니다. 물구나무서기 자세는 이 넥타르를 다시 원상태로 돌려놓는 효과가 있죠."

그리스 신화에서는 넥타르를 신들이 마시는 음료라고 이야기한다. 신들의 불멸성을 상징하는 음료이기도 하다. 환정보뇌가 되는 상태를 겪어본 도사들의 이야기로는 머리에 차디찬 얼음물이 떨어지는 느낌이 든다고 한다. 정액이 머리로 바로 들어가는 게 아니고, 중간단계에서 수증기처럼 분사되는 이치라고 한다. 압력밥솥에서 쌀이 익으면 '쉭-쉭' 하면서 김이 나오는 이치와 같다. 이처럼 정액이 기화되면서 뇌세포에 침투된다고 보면 되겠다.

"누진통이 완성되면 성적인 오르가슴은 못 느낄 것 아닙니까? 인간사의 가장 큰 쾌감이 오르가슴인데, 이것도 못 누리고 덤덤하게 오래 살면 무슨 의미가 있을까요?"

"성적인 오르가슴을 엑스터시(ecstasy)라고 한다면, 이와는 다른 인스터시(instasy)가 있습니다. 내면의 음에너지와 양에너지가 서로 만날 때 느끼는 열락(悅樂)을 인스터시라고 보면 됩니다. 엑스터시의 약 70배 정도 강한 쾌감입니다. 도사는 매일 이 인스터시를 느껍니다. 엑스터시는 남녀가 서로 결합을 해야 나오는 것이라면, 인스터시는 외부적인 결합이 필요 없습니다. 내부적인 결합인 것이죠. 훨씬 자유로우면서도 쾌감은 더 강합니다. 어느 것이 효율적인 것입니까?"

도사는 물구나무서기 말고도 환정보뇌를 하는 여러 가지 자세가 있다고 설명한다. 예를 들면 '코브라 자세'(부장가 아사나)다. 엎드려서 두 팔을 바닥에 짚고 상체를 서서히 하늘을 향해 들어올리는 자세다. 코브라 자세는 거시적으로는 환정보뇌가 되는 자세이지만, 미시적으로는 허리디스크 예방 자세이기도 한다. 이걸 하면 디스크로 고통받을 확률은 확 떨어진다. 요추 3번 명문혈(命門穴)을 바로잡아 주기 때문이다.

화경 도사는 중학교 다닐 때 이 코브라 자세를 하고 있으면 강한 인스터시가 몰려왔다. 마약보다도 더 강한 쾌감이 아니었을까. 코브라 자세에서 오는 강한 느낌을 즐기고 있다 보면 등교 시간을 놓치기 일쑤였다. 아침 등교 시간쯤에 이 쾌감이 몰려오면 학교를 지각하게 되었고, 가족들의 꾸지람이 뒤따랐다. 그러면 뭐라고 설명할 것인가. 자연히 학교 가기가 싫어질 수밖에 없었다. 그래서 고등학교 1학년 다니다가 결국 학교를 그만두게 된다. 고교 중퇴를 하게 된 것이다. 도 닦다 보면 학교를 중퇴하는 수가 많다. ▲▲▲

내가 한발 양보하고 겸손하게 처신하면
대개는 인간관계가 무난해진다.
그러나 어쩔 수 없는 상황도 발생한다.
바로 깡패가 돈 뺏기 위해서 한두 명도 아니고
8명이 덤벼드는 상황이다.
이때는 의술이나 역술보다는 무술이 필요하다.
부득이 주먹과 이단옆차기의 무술을
사용할 수밖에 없다. 조화를 이루기 위해서
피가 소용되는 경우도 발생하는 것이 인생이다.

도사의
무술 시범

중국 화산파 도사들을 양성하는 커리큘럼에는 '표주(漂周)'라는 과목이 있었다. '표(漂)'는 '떠돌다'라는 뜻이다. 도사 학교를 졸업하기 전, 천하를 돈 없이 3년간 돌아다니는 과정이 표주다. 표주 과목을 집어넣은 이유는 무엇일까? 돈 없이 여행을 다니면 민심을 깊게 접할 수 있다. 세상 민심이 어떻게 각박한지, 돈 때문에 얼마나 고통받는지, 어떤 경우에 인심을 베푸는지 등을 몸으로 체득할 수 있다. 또한 그 지역의 특산품과 물류의 흐름도 파악하고, 과거의 어떤 역사적 사건이 있었는지, 어느 지역에 어떤 뛰어난 인물이 살고 있는지도 알게 된다. 돈을 가지고 다니면 여행이고, 돈 한 푼 없이 다니면 표주가 된다. 돈 없이 주유천하를 하려면 애들을 가르칠 수 있는 학술(學術), 아픈 사람을 고쳐주는 의술(醫術), 운명을 감정해주는 역술(易術)을 지녀야 한다. 그래야 굶어죽지 않는다.

화경은 인도를 돌아다니면서 침술(鍼術)과 무술(武術) 2가지를 휴대하고 다녔다. 유럽 백인들은 침을 놓는 침술을 아큐펑쳐(acupuncture)라고 부른다. 침은 간단해서 좋다. 바늘 두세 개만 휴대하고 다니면 된다. 효과는 즉발이다. 빠른 시간 내에 그 효과를 검증할 수 있다. 요가는 결국 인체의 차크라와 십이경락을 뚫는 수련이므로, 한의학에서 말하는 경혈(經穴)에 익숙하게 된다. 인도를 돌아다니는 유럽 백인들이 상당수 있었다. 유럽에서 두세 달 정도 일하고 번 돈으로 물가가 싼 인도에 들어와 여기저기를 여행하며 사는 히피들이었다. 이들은 동양의 침술을 신기하면서도 효과가 있는 것으로 받아들였다.

화경이 백인들에게 침을 놓았던 부위는 몇 가지로 정해져 있었다. 머리 꼭대기의 백회혈(百會穴), 어깨 부위의 견정혈(肩井穴), 어깻죽지 부근의 고황혈(膏肓穴), 팔뚝 중간의 곡지혈(曲池穴), 그리고 종아리 부근의 족삼리(足三里), 그리고 등 뒤의 혼문혈(魂門穴) 등이다. 견정혈과 고황혈은 컴퓨터 작업을 많이 하는 사람들에게 문제가 생기는 혈자리다. 나 같은 경우는 혼문혈이 일찍부터 막혀 고생을 많이 하고 있다. 원고 마감 시간에 쫓기는 직업은 혼문혈이 막히기 마련이다. 하여간 이런 자리들에 침을 놓으면 서양인들도 청량감을 느낀다. 특히 백회혈이 아주 효과가 빨랐다. 머리가 시원해지는 느낌을 바로 받는다. 머리에 봉인되어 있는 21개의 나디(nadi)를 열면 이 백회 자리가 물렁물렁해지면서 약간 위로 솟는 증상이 나타난다.

옛날 신선도에 나오는 선인들을 보면 머리 위의 꼭지가 비정상적으로 위로 솟아 있는 모습이다. 남극 노인성을 보면 특히 그런 모습이다. 백회혈이 각성된 상태를 가리킨다. 돈은 얼마나 받았나? 침을 놔주고 200~300루피 정도를 받았다. 요즘은 1루피가 15원 정도 하지만 80년대 후반의 물가로 환산하면 30원 정도 되는 가치였다. 300루피면 당시 물가로 9천 원 정도다. 어떤 경우에는 500루피도 받았다. 500루피는 세션을 하면서 받았다. 침을 많이 놓았을 때는 하루에 1만 루피를 벌 때도 있었다. 1만 루피면 30만 원이고, 이 액수는 인도인들에게 2달 치 월급에 육박한다. 화경은 인도에 머물면서도 아큐펑쳐로 고수입을 올렸던 것이다. 돈이 있으면 마(魔)가 따르게 되어 있다. 도고마성(道高魔盛)이 세상사나 영계(靈界)의 공통된 이치다.

뿌나는 인도 서남부에 있는 도시다. 해발 400~500미터의 고지대이며 기후가 쾌적해서 좋다. 라즈니쉬 아쉬람도 이 뿌나에 있다. 80년대 후반의 라즈니쉬 아쉬람은 세계의 도사들과 한량, 그리고 히피들이 모여들었던 놀이터였다. 여기에는 당연히 유럽인들이 많았다. 아시아인으로는 일본인들이 좀 있었고, 아주 소수의 대만 사람과 한국 명상가들이 몇 명 있었다. 요가의 고단자였던 화경은 라즈니쉬 아쉬람에서도 매우 이채로운 존재였다. 아시아의 한국인이 요가의 고단자였다는 점이 매우 특이했다. 요가는 토론으로 승부를 짓는 게 아니다. 몸의 동작으로 보여준다. 말이 필요 없다. 동작하는 것을 보면 누구나 안다. 게다가 침을 잘 놓아서 돈을 많이 번다는 소문이 났다. 특히 뿌나의 주먹깨나 쓰는 깡패들이 이 정보를 입수했다. 자연히 화경을 주목하게 되었다. '언제 저 친구를 한번 털자'고 뿌나의 깡패들이 합의했다.

어느 날 뿌나의 코레곤 파크 근처에서 깡패 8명이 화경을 둘러쌌다. 화경은 허리에 돈 전대를 둘러차고 다녔다. 아큐펑쳐로 번 몇 천 달러를 전대에 넣어 휴대하고 다녔던 것이다. 깡패 8명이 심상치 않은 눈빛으로 화경을 둘러싸는 순간 공격을 직감했다. 화경은 중학교 3학년 때도 태권도 전국대회에 나가 금메달을 땄던 고단자이기도 했다. 요가로 몸의 경락도 열려 있어, 몸이 붕붕 날아다닌다고 할 정도로 몸이 가벼웠던 30대 초반의 시절이었다.

주먹이 가장 세 보이는 깡패 한 명이 선제 공격을 했다. 순간 화경은 오른발로 그 친구의 밑봉을 걸어차 버렸다. 밑봉차기였다. 오른발로 상대의 낭심을 걸어차는 기술이다. 그 다음 타격은 왼발이었다. 왼발로 상대방의 얼굴 옆면 관자놀이를 타격했다. 관자놀이가 급소다. 여기에서 멈추는 게 아니다. 기선을 제압하기 위해서는 본때를 보여주어야 한다. 다시 오른발로 곡괭이찍기를 했다. 상대의 얼굴 위에서 아래로 훑어내리며 찍는 동작이다. 상황을 봐서 머리 꼭대기의 백회를 찍기도 한다. 상대가 백회를 정통으로 맞으면 바로 기절하고 만다. 여기까지 3단계의 초식을 썼는데도 불구하고 상대가 안 넘어지는 수가 있다. 그럴 때는 한 초식을 더 써야 한다. 이때는 발을 안 쓰고 주먹을 쓴다. 주먹으로 이마 부분의 인당을 내리친다. 인당을 주먹으로 맞으면 코피가 나오게 되어 있다.

이렇게 4단계의 가격을 받으면 대개는 도망을 간다. 도망갈 때 등뒤를 보이면 이단 옆차기로 대추혈(大椎穴)을 타격한다. 대추혈은 어디인가? 목과 척추뼈가 만나는 지점이다. 여기도 급소에 해당한다. 대추혈을 강하게 얻어맞게 되면 입에서 피가 나오는 수가 많다. 코피보다도 입에서 피가 나오면 옆에서 보는 깡패들이 더욱 공포심을 가지게 된다. 코레곤 파크에서 인도의 깡패 8명과 붙은 이 싸움 장면은 당시 뿌나의 많은 유럽인들에게 화제가 되었다. 8명을 때려잡는 데 걸린 시간은 2~3분쯤 되었을까. 5분을 넘지 않는 시간이었다. 순식간에 8명이 피를 흘리면서 도망가는 모습은 쉽게 구경하기 힘든 장면이기도 했다.

　아울러 한국 사람은 모두 태권도라는 무술의 고단자로 생각하게 만든 사건이었다. 요가는 세상과 조화를 이루는 게 그 핵심이다. 조화를 이루기 위해서 대부분은 양보한다. 내가 한발 양보하고 겸손하게 처신하면 대개는 인간관계가 무난해진다. 그러나 어쩔 수 없는 상황도 발생한다. 바로 깡패가 돈 뺏기 위해서 한두 명도 아니고 8명이 덤벼드는 상황이다. 이때는 의술이나 역술보다는 무술이 필요하다. 부득이 주먹과 이단옆차기의 무술을 사용할 수밖에 없다. 조화를 이루기 위해서 피가 소용되는 경우도 발생하는 것이 인생이다. 화경의 요가 인생에서 이 사건이 최초이자 마지막 무술 시범이었다. ᘓ

이 영혼의 노래는 무엇이든지 부숴버리는
파쇄기와 같다. 얼씬거리면 부순다.
조그만 알갱이라도 하나 남아 있으면
쫓아가서 부순다. 파이불립(破而不立)의 검법.
때려부수기는 해도 '그 대신에 이것이다'라고
세우지는 않는 검법이다. 파쇄 검법을
사용하는 반야(般若) 사상이 그대로 녹아 있다.
모든 고통도 부순다. 고통은 어떤 알갱이에
집착하는 데서 생긴다고 보기 때문이다.

방전된 영적 에너지의
충전 방식

땅을 보러 다니는 지관(地官)들의 필수품이 패철(佩鐵)이다. 나침반이다. 항상 허리에 방향을 가리켜주는 나침판을 지니고 다닌다. 묏자리나 집터를 잡을 때, 당사자나 집주인의 열두 띠와 그 터의 방향이 서로 맞는지를 살펴야 하기 때문이다. 예를 들어 개띠[戌]는 인(寅) 방향과 맞다고 보는 식이다. 범띠, 말띠, 개띠가 서로 합이 된다. 인오술(寅午戌) 삼합이라는 원리에 부합된다. 패철을 오래 쓰다 보면 나침반의 자력(磁力)이 약해지는 문제가 생긴다. 나침반의 바늘에는 자력 성분이 함유되어 있다. 이게 시간이 지나면 약해진다. 이럴 때는 어떻게 해야 하는가? 자력 성분이 강한 바위나 돌이 있다. 이런 바위나 돌을 찾아서 그 위에 패철을 놓고 자력이 보강되기를 기다려야 한다. 휴대폰 배터리를 충전하는 식이다.

지관들의 패철 배터리를 보강해주는 바위가 전북 고창에도 있었다. 논두렁 옆에 있는 쌀가마니 두세 개 크기의 나지막한 바위였는데, 동네 인가 근처에 있었다. 이 바위에 패철을 올려놓고 한나절 지나면 자력이 보강되곤 했다. 전국에서 지관들이 순례하듯이 이 바위에 오곤 했다. 패철처럼 배터리 떨어지는 상황은 사람에게도 온다. 어찌 나침판의 바늘만 에너지 고갈이 되겠는가! 그래서 각 문파마다 영적 고갈이 오는 조짐이 보이면 에너지를 충전해주는 주기도문이 있다. 자력을 함유한 '원석바위'와 같다. 요가를 하는 문파들은 '영혼의 노래(songs of the Soul)'를 외운다.

나는 자아도 이성도 아니며, 마음도 생각도 아니나니,
나를 들을 수도, 말 속에서 찾을 수도, 냄새로도 눈으로도 잡지 못하리.
빛 속에서도 바람 속에서도 나를 찾을 수 없으리, 땅과 하늘 안에서도 나를 찾
지 못하리라, 의식과 기쁨의 화신, 나는 그지없는 행복의 더없는 기쁨이어라.

나는 이름도 생명도 없나니, 나는 생명의 공기도 들이마실 수 없어라.
어떤 물질로도 나를 만들 수 없고, 내 형상은 나의 진정한 쉼터가 아니나니

말도, 손도, 발도 없고 또한 진화도 없나니
나는 의식과 기쁨이며 용융 속에서의 더없는 행복이어라.

아는 것도, 앎도, 알려고 하는 자도 나는 아니나니, 형체가 없음이 바로 나의
형체요, 나는 감각 속에 머무나 그것들이 내 쉼터는 아니나니,
언제나 청정한 평형임에, 자유도 얽매임도 나는 아니나니
나는 의식과 기쁨임에 더없는 기쁨 속에서 나를 보리라. 찾으리라.

이 영혼의 노래는 무엇이든지 부숴버리는 파쇄기와 같다. 얼씬거리면 부순다. 조그만 알갱이라도 하나 남아 있으면 쫓아가서 부순다. 파이불립(破而不立)의 검법. 때려부수기는 해도 '그 대신에 이것이다'라고 세우지는 않는 검법이다. 파쇄 검법을 사용하는 반야(般若) 사상이 그대로 녹아 있다. 모든 고통도 부순다. 고통은 어떤 알갱이에 집착하는 데서 생긴다고 보기 때문이다.

불가에는 법성게(法性偈)가 있다. 7세기 중반에 의상 대사가 작성한 박사논문이기도 하다. 화엄 사상의 정수가 집약되어 있다. 이 법성게를 한국불교에서는 의식을 치를 때 암송한다. 반야심경과 함께 법성게는 한국 선승들의 지남침 역할을 했다. '내가 가는 길이 맞는가?', '내가 막히는 부분이 무엇인가?', '나는 어떤 것에 끄달리고 있는가?' 하는 것을 가리켜주고 있는 내용들이다.

사람마다 각기 걸리는 대목이 다르다. 전생 업장은 물론 현생의 카르마와 취향 등이 다르기 때문이다. 내가 좋아하는 '법성게' 대목이 몇 개 있다. 우선 '이사명연무분별(理事冥然無分別)'이다. 이(理)는 진리의 세계, 눈에 안 보이는 세계, 정신세계의 이치를 가리킨다. 사(事)는 눈에 보이는 현실세계다. 이 두 세계는 서로 어슴푸레하게 혼합되어 있어 딱 구분 지어 나눌 수가 없다. 마치 아침 해가 뜨기 전의 새벽녘처럼 어슴푸레 한 타이밍이 있

다. 이때는 사물을 뚜렷하게 분간하기 힘들다. 이와 사의 세계가 이와 같다는 말이다.

이걸 기독교의 바이블에 대입하면, 이는 하느님의 뜻이고 사는 현실에서 벌어지는 사건이다. 하느님의 뜻과 현실세계의 사건이 일치될 때도 있고, 그렇지 않을 때도 있다. 단기적으로는 일치하지 않는 것처럼 보여도 나중에 시간이 흐르면 일치하는 경우도 있고, 어느 정도 시간이 흘렀음에도 잘 모르는 경우도 있다. 이는 거시적인 역사 전개에도 대입할 수 있는 개념이기도 하다. 예를 들면 하늘의 섭리는 그 사람이 대권을 잡게 되어 있었는데, 왜 못 잡았는가 하는 대목도 있다. 이런 대목에서 이사(理事)의 문제가 있다. 어떤 때는 사판 속에 이판이 있고, 어떤 때는 이판 속에 사판이 있는 경우도 있다. '음중양(陰中陽) 양중음(陽中陰)'이다. 입만 열면 거품을 물고 정의로움을 내세우는 사람이 막상 결정적인 상황에서 위선적인 행동을 하는 경우가 있고, 반대로 별로 이미지가 좋지 않았는데 그 사람의 최종 선택지는 공익에 부합되는 경우도 있다.

법성게에는 '구세십세호상즉(九世十世互相卽) 잉불잡란격별성(仍不雜亂隔別成)'도 있다. 과거, 현재, 미래가 모두 엮여 있다는 말이다. 지난 여러 생의 업보가 사라지지 않고 현재의 내 인생에 개입된다는 말이다. 그리고 미래에도 이 인연과 업보가 작동된다. 그물코처럼 촘촘하게 서로 연결되어 작동된다. 그런데 작동이 될 때도 서로 잡란(雜亂)처럼 화학적으로 섞이지는 않는다는 뜻이다. 실가닥처럼 빨간색 실은 빨간색으로 노란색 실은 노란색으로 이어진다. 물론 빨간색 실과 노란색 실이 서로 엮이기는 한다. 업보가 작동할 때 서로 뒤죽박죽인 것 같아도 그 내용은 각기 실의 색깔처럼 그대로 유지된다. 각기 다른 색의 실이 새끼 꼬듯이 꼬아진다는 뜻으로 해석된다. 이것은 무슨 뜻인가. 선인(善因)은 선과(善果)로 악인(惡因)은 악과(惡果)로 각기 결산이 진행된다는 말이다. 선인(善因)을 악인(惡因)으로 대체할 수 없고 악인을 선인으로 대체할 수 없다. 격별성(隔別成)을 이렇게 이해한다.

요가 동작, 아사나는 고통이다. 어떻게 보면 매일 육체를 고문하는 것과 같다. '매일 이런 고통을 겪어야 하나?' 하는 의문도 든다. 물론 그 고문의 결과는 상쾌함이지만 말이다. 요가의 노선은 우선 육체 수련부터 시작한다. 몸 공부다. 몸에서 방아쇠를 당긴다. '육체가 변화되어야 마음이 변화된다'고 여기기 때문이다. 도가로 말하면 선명후성(先命後性)의 공부 노선이다. 명(命)은 육체, 성(性)은 마음이다. 화경 선생은 이 육체 수행부터 시작되는 요가의 공부 단계를 다음과 같이 설명한다.

"먼저 육체를 단련하면 감각이 변화됩니다. 감각이 예민해지는 것이죠. 감각이 변화되면 감정이 변화되고, 감정 다음에는 호흡이 바뀝니다. 호흡이 깊어지고 규칙적이죠. 감정 기복이 심한 사람은 호흡이 아랫배로 내려가지 못하고 가슴 부근에서 멈춥니다. 이러다가 심장 마비가 오기도 하죠. '안식일(安息日)'이라고 할 때 '안식'은 '숨이 편안하다'는 뜻이고, 숨이 편안하다고 하는 것은 호흡이 자연스럽게 아랫배로 내려간다는 뜻입니다. 현대인은 숨이 편안하지 못합니다. 감정이 요동치기 때문이죠. 숨이 편안하려면 감정이 편안해야 하고, 감정은 다시 감각으로 연결됩니다. 호흡이 변화되면 생각이 편안해집니다. 생각 다음에는 마음이 있죠. 평상시 마음이 안정됩니다. 마음이 안정되면 지성(知性)이 발현됩니다. 지성을 '붓디(buddhi)'라고 하죠. 진영논리에 빠진 사람들은 이 붓디가 오염된 상태입니다. 객관적으로 못 본다는 것이죠. 붓디의 오염은 문제입니다. 지성 다음에는 의식(意識)입니다. 지성 너머에 의식이 있죠. 심리학에서 말하는 무의식이 이런 의식에 해당합니다. 의식 너머에는 영혼(靈魂)이 있고, 영혼 너머에 신(神)이 있고, 신 너머에 무(無)가 있습니다."

결국 요가 동작을 통해 숨을 편안하게 하여 마음을 편안하게 하고, 이는 지성의 균형을 가져오며, 마침내 신의 구원을 받는다는 연기론(緣起論)이다. ▲▲▲

귀신이라는 것도 하나의 생각 덩어리다.

집착, 회한, 미련, 욕망 등 이런 감정과

생각들이 엉겨붙어 귀신이 되는 것이다.

도사는 이런 집착이 없다.

없으니까 덩어리를 녹일 수 있다.

일급 도사는 마음에 잡념이 붙어 있지 않으니

생각 덩어리를 해체시킬 수 있는 것이다.

귀신이 달라붙는
병의 치료

'생로병사(生老病死)'는 1만 년 전 인간들도 겪어야만 했다. 태어나서 늙고 병들고 죽는 일은 누구도 피해가지 못한다. 세상이 아무리 변해도 변하지 않는 대목, 불변의 요소가 바로 이 생로병사다. 생로병사 가운데 늙음과 죽음은 어떻게 해볼 수 없는 부분이지만, 질병은 약간의 컨트롤이 가능하다. 개입할 여지가 있다. 질병에는 크게 3가지 차원이 있다. 육체적인 차원의 질병, 심리적인 차원의 질병, 그리고 영적인 차원의 질병이다.

육체적인 차원이란 예를 들어보면 이렇다. 담배를 많이 피워 유해한 물질들이 누적되다 보면 폐에 좋지 않다. 폐병이 찾아온다. 이럴 때는 담배를 끊어야 하는 일이 중요하다. 우선 담배부터 끊는 일이 처방이 된다. 술을 많이 먹어 간에 병이 들면 절주나 금주가 처방에 해당한다. 이건 눈에 보인다. 심리적인 차원이란 무엇인가?

며느리가 시댁 식구들에게 스트레스를 많이 받아 우울증에 걸렸다. 이 우울증은 심리 상담을 받아야 한다. 또는 자기 마음의 괴로움을 토로하고 호소할 수 있는 상대를 만나 털어놓아야 한다. 마음을 털어놓고 상담을 받는 일이 하나의 처방이 된다. 마음은 눈에 보이지 않지만 작용을 한다는 것은 누구나 느낀다. 눈에 보이지 않는다고 해서 없는 게 아니다.

문제가 되는 차원은 영적인 차원에서 오는 병이다. 귀신 들려서 생기는 병이 여기에 해당한다. 이 세상에는 귀신도 있다. 근데 이게 눈에 보이지 않기 때문에 감지를 못한다. 병원에서 MRI를 찍어도 귀신은 화면에 잡히지 않는다는 데 문제가 있다. 이 귀신병은 샤먼이 치료할 수도 있고, 도사가 치료할 수도 있다. 현대 의학이 치료하지 못하는 부분이 이 영역이라고 하겠다. 귀신병에 걸리는 케이스는 여러 가지다. 우선 장소의 문제가 있다. 사람이 자살하거나 칼에 찔려 죽거나 사고사로 죽은 장소에는 귀신이 머물러 있을 수 있다. 이런 장소에 멋모르고 하룻밤 자다가 귀신이 달라붙는다. 물론 아무나 달라붙는 것은 아니다. 기운이 센 사람이나 보호령이 쩡쩡한 사람은 이런 장소에서 잠을 자더라도 귀신병에 걸리지 않는다.

상대적으로 마음이 여리고 에고가 약한 사람들이 귀신에 잘 휘둘린다. 남자보다는 여자가 더 귀신의 공격에 취약한 경향이 있다. 그래서 옛날에 굿을 하는 장소에 여자들은 잘 가지 못하게 했다. 특히 시집 안 간 처녀들은 굿하는 곳에 못 가게 했다. 상대적으로 마음이 여리기 때문에 귀신이 잘 달라붙을 수 있는 것이다. 남자 경찰이나 정보과 형사들도 귀신에 붙는 경우가 있지만, 정치를 하는 국회의원들은 귀신이 잘 달라붙지 못하는 대표적인 직업군이다. 정치하는 사람들이 에고가 가장 질기다. 마치 고래심줄 같은 집착과 에고를 가지고 있는 직업이 국회의원이므로 이들이 귀신의 공격에 가장 잘 견디는 경향이 있다. 아무튼 사고사로 죽은 영혼이 떠나지 못하고 머무는 장소에 가면 꿈자리가 사나울 수 있고, 심한 경우에는 달라붙는 수가 있다.

부산에 가면 해운대에 동백섬이 있다. 동백섬은 한 바퀴 도는 데 1.5km 정도 되며 산책하기에는 딱 좋은 코스다. 바다를 보면서 섬을 빙 둘러 포장된 도로를 두세 바퀴 돌면 그렇게 상쾌할 수 없다. 몇 년 전에 아는 분의 시집 안 간 딸내미가 이 산책길을 돌다가 귀신이 붙었다. 섬의 바위에서 어떤 사람이 떨어져 죽었는데, 이 딸내미가 산책할 때 그 죽은 영가가 붙은 것이다. 알고 보니 그 영가는 이 집하고 평소에 안면이 있었던 남자 영가였다. 귀신이 붙을 때도 인연 있어야 붙는다는 이치가 다시 한번 확인되는 경우였다. 필자가 아는 도사가 이 영가를 떼어주었다.

샤먼은 음식을 떡 벌어지게 차려놓고 굿을 한다. 수준급의 도사는 굿을 하지 않는다. 귀신이 붙은 사람을 만나 이야기를 하거나, 조용히 같은 자리에 앉아 좌선을 하기도 한다. 그 과정에서 도사가 귀신을 빨아들여 녹여버리는 방법을 쓴다. 도사는 빛이 나는 존재다. 귀신은 그 빛을 좇아 도사에게 달려든다. 그러면 도사가 그 귀신을 자신의 위장에 넣고 녹여버린다. 귀신이라는 것도 하나의 생각 덩어리다. 집착, 회한, 미련, 욕망 등 이런 감정과 생각들이 엉겨붙어 귀신이 되는 것이다. 도사는 이런 집착이 없다. 없으니까 덩어리를 녹일 수 있다. 일급 도사는 마음에 잡념이 붙어 있지 않으니 생각 덩어리를 해체시킬 수 있는 것이다.

"귀신을 삼키면 어떤 상태가 되는가?"

이런 질문을 도사에게 던져본 적이 있다.

"집착의 덩어리를 평온한 마음으로 녹이면 빛이 번쩍하면서 하나의 영양소로 녹아 듭니다."

귀신도 녹이면 그 도사에게는 하나의 영양소로 전환되는 셈이다. 그러니까 엄밀한 의미에서 도사는 그 귀신을 먹는 것이다. 먹어서 소화가 되면 영양분으로 승화된다. 반대로 귀신의 에너지가 너무 강하고 도사의 도력이 약하면 트러블이 생긴다. 이걸 '역(逆) 트랜스' 상태라고 일컫는다. 귀신에게 포박당하는 상태다. 어설픈 퇴마사들이 귀신 떼는 일을 하다가 본인이 감당하기 어려운 센 귀신을 만나 시달리다 죽는 경우도 보았다. 그럴 때는 얼른 조사부(祖師傅)를 찾아가야 한다. 찾아갈 조사부를 평상시에 알고 있는 일이 중요하다. 세상사가 천외천(天外天)이요 옥상옥(屋上屋)이다.

2013년 무렵에 스리랑카에 여행 간 적이 있다. 여행 중 중세의 큰 도시였던 캔디 (Kandy)에서 하룻밤 머무르게 되었다. 그때 '어째 캔디라는 도시 이름이 좀 이상하다'는 느낌만 받았다. 도시 전체적으로 구릉이 적당하게 둘러싸고 있어, 풍수적인 입지 조건은 비중 있는 왕조가 자리잡을 만한 격국(格局)을 갖춘 도시였다. 하지만 도시 이름이 스리랑카 명칭이 아니고 영어 이름이었기에 뭔가 엇박자가 감지되었다. 그날은 마침 일정이 좀 일찍 끝나서 오후 3시쯤 호텔에 짐을 풀게 되었다. 그런데 그 호텔은 일반적인 형태의 현대식 호텔이 아니었다. 왕족이나 귀족이 살았던 저택이었다. 넓은 정원이 딸린 전통 저택을 호텔로 개조한 형태였다. 호텔 방에 들어가 짐을 풀고 잠깐 낮잠을 자고 싶었다. 아니나 다를까 침대에 누워 잠깐 눈을 붙였는데 특이한 꿈을 꾸었다. 꿈 속에 하얀색의 스리랑카 전통 복장을 입은 남자가 나타났다. 남자가 입은 바지는 무릎 정도까지만 내려오는 디자인이다. 바지라기보다는 치마에 가까웠다. 이 하얀색 옷을 입은 남자가 코끼리를 타고 오다가 내 앞에서 내리더니만 공손하게 인사를 하는 게 아닌가! '선생님이 오신다고 해서 기다리고 있었습니다'라는 메시지가 마음속으로 전달되었다. 그리고 뭐라고 하더니만 다시 코끼리를 타고 성문 밖으로 사라지는 장면이었다. 이국의 낯선 호텔방에서 낮잠 자다가 꾼 꿈치고는 뭔가 사연이 있는 꿈이었다. 꿈을 깨고 호텔 프런트로 갔다.

"여기 이 호텔이 옛날에는 어떤 귀족의 집이었습니까?"

"네 왕의 부마(사위)가 살던 집이었습니다."

그 대답을 듣는 순간에 대략적인 상황이 짐작되었다. 영국군이 스리랑카를 공격해왔을 때 당시 수도였던 이 도시를 포위하고 있었다. '항복하면 살려준다'는 영국군의 말을 믿고 왕의 사위는 항복했다. 월등한 영국 군사력에 맞서 싸운다면 자국민의 희생자가 너무 많을 것 같았다. 당시 왕은 아들이 없어 그 대신 이 사위가 총리처럼 국정 전반을 책임지는 자리에 있었다고 한다. 무기를 버리고 항복한 후에 영국군은 약속을 어겼다. 트집을 잡아 결국 성내에 항복했던 사람들의 상당수를 죽여버렸던 것이다. 항복하면 살려준다는 말에 속아 무기를 버렸던 이 왕의 사위는 얼마나 배반감이 들었을 것인가! 아울러 자기의 순진한 판단 때문에 많은 백성이 싸워보지도 못하고 죽는 결과만 초래했다. 이것이 얼마나 원통했을 것인가. 한국이라는 만리타국에서 관광 온 관광객의 꿈에 나타나 이 억울함을 호소한 것이다. 이런 경우는 귀신이 붙은 사례가 아니고, 자기 민원 사항을 하소연한 경우라고 보겠다. 국가적인 사명감을 지닌 혼령들은 쉽게 사라지지 않고 오랫동안 남아서 그 책임을 다하려고 하는 경우를 체험한 것이다. 이런 레벨의 혼령을 '산신령'이라고 부른다. 그 나라 국토에 대한 지극한 애정이 있는 혼령들이다. ▲▲▲

공부가 어느 정도 경지에 이르면
자신의 의지대로 혼령을 몸에서 빠져나가게
할 수 있는 힘이 생긴다. 유체이탈을
자유자재로 하는 셈이다. 대개는 이삼 일이면
혼령이 나갔다가 돌아온다.
이 스님은 보름 넘게 너무 오랫동안
나가 있었다. 도가 이론에 의하면 음신이라고
하는 혼령을 견고하게 다듬는 경지에
이르렀던 인물이었다. 그런데 돌아와보니
자기 몸이 없었다.

유체이탈의
경지

근래에 중국에서 배출한 대단한 도사가 남회근(1918~2012)이다. 대만의 장개석 총통이 있을 때 국사(國師) 역할을 했다고 전해진다. 유불도 삼교에 대해서 해박하다. 보통 무엇에 해박하다고 할 때는 경전과 문헌을 많이 섭렵한 경우다. 그러나 남회근은 실전 수행에 있어서도 상당히 깊은 경지까지 들어간 인물로 알려져 있다. 상당한 도력이 있었던 것이다. 몸의 기경팔맥(奇經八脈)을 통하고 미래를 내다보는 예지력도 있었고, 게다가 학문적인 섭렵도 많이 했으니 국사를 할 만도 하다. 학문과 도력, 이걸 모두 갖추는 게 쌍권총이다. 보통 학문이 있으면 영발이 없고, 영발이 있으면 학문이 없다. 학문과 영발은 상극이기 때문이다. 돼지고기와 새우젓의 관계와 비슷하다. 남 선생은 이 두 가지를 갖추었으니 책도 많이 쓸 수 있었다. 물론 본인이 강의한 내용을 제자들이 받아서서 낸 책이기는 하지만 저술은 저술이다. 강연을 받아적어 책이 될 정도면 그 강연은 횡설수설이 아니다. 논리정연한 체계적인 내용이므로, 책이 될 정도의 강연은 아무나 하는 게 아니다. 대가만이 할 수 있다.

남 선생의 저서 가운데 〈참동계 강의〉가 있다. '참동계(參同契)'는 도덕경과 주역, 그리고 단학(丹學)의 3가지 내용을 용해시킨 책이다. 도가 수련의 바이블이다. 조선에서도 단학 수련의 고단자들은 반드시 참고했던 책이다. 남회근은 이 저술에서 자신의 체험담을 여기저기 소개하고 있다. 책은 체험담이 들어가야 한다. 자기 체험 없이 이론만 가지고 책을 쓰면 건조하다. 그 체험담은 남회근이 젊었을 때 중국 천하를 돌아다닌 이야기다. 돌아다닌 이유는 스승을 구하기 위해서다. 주유천하를 해 보아야만 사람을 만나고 깊이가 생긴다. 아집에서 벗어나는 계기가 된다. 한국에 소개된 〈참동계 강의〉는 성균관대 최일범 교수가 번역했는데, 최 교수 자체가 도가 수행자다. 도가의 무술수련법인 오금희(五禽戲)를 오랫동안 연마했던 반(半) 도사다. 그런 만큼 유·불·도의 어려운 개념들이 섞여 있어 번역하기에 매우 난해한 책인 데도 불구하고 숯불구이를 잘한 등심처럼 쫄깃쫄깃하게 번역을 해냈다.

이 책의 상권에 보면 '음신(陰身)이 되어 돌아온 스님의 일화'가 소개되어 있다. 그 내용을 소개하면 이렇다. 남회근이 사천성을 돌아다닐 때의 이야기다. 사천성은 깊은 산골이 많아서 도사와 스님들이 좋아하는 동네였다. 지형이 험해 외부 침입이 어려우므로 전란이 적었던 동네이기도 하다. 사천성의 신도현에 계호(桂湖)라는 유명한 호수가 있는 모양이다. 중국 사람들은 바다를 보기 어려워 크고 좋은 호수에 대한 낭만이 많다. 이 계호는 가을 경치가 특히 좋은 곳이라고 알려져 있다. 언젠가 한번 가보고 싶은 호수이기도 하다. 중국의 '호수' 하면 동정호(洞庭湖)도 있고 태호(太湖)도 있지만, 항주의 서호(西湖)가 낭만적이다. 서호에 가면 주변의 정자나 도교 사원, 불교 사원에 한철 거주하면서 호수를 바라다보고 싶은 충동이 들곤 한다. 계호는 가을이 되면 서호보다 더 풍치가 있었던 모양이다. 이 계호 주변에 보광사라고 하는 선종(禪宗) 사찰이 있었다. 절이 컸기 때문에 참선을 하는 법당에는 500~600명이 들어갈 수 있었다고 한다. 그만큼 이 보광사에 와서 참선하는 승려가 많았다. 이렇게 유명한 법당은 그 터가 대개 명당이다. 땅에서 올라오는 기운이 강하기 때문에 선객들이 이를 알고 방문하는 것이다. 아마도 바닥에 암반이 깔려 있을 가능성이 높고, 호수 바로 옆에 위치해 호수의 수(水) 기운을 받을 수 있다. 남회근이 이 절의 방장스님한테 직접 들은 이야기가 전해진다. 이야기는 다음과 같다.

어떤 스님이 왔는데, 공부가 상당히 깊어 보였다. 이 스님이 법당에 들어와 가부좌 틀고 좌선을 했는데, 삼매에 들어간 것처럼 보였다. 몇 시간 동안 꿈쩍도 안 했기 때문이다. 고단자들은 이삼 일씩 꼼짝 않고 앉아 있는 경우가 있으므로, 절에서도 '이 스님이 깊은 삼매에 들어간 모양이다' 하고 그냥 무심히 보았다. 그러나 그 시간이 너무 길었다. 보름이 넘게 법당에 그대로 앉아 있었던 것이다. 앉아 있는 모습에도 큰 변화는 없었다. 상체가 약간 앞으로 기울었을 뿐이다. 대개 참선을 하다가도 일어나서 식사도 하고 나갔다

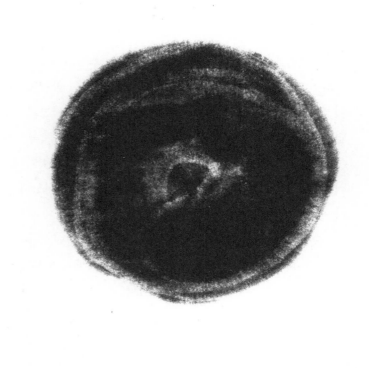

오기도 하는데, 보름 넘게 계속 앉아 있는 이 스님이 이상하게 여겨졌다. 법당을 관리하는 스님이 이 참선하는 스님을 흔들어 깨웠다. 그러나 움직이지 않았다. 얼굴을 가까이 대보니 숨소리도 들리지 않았다. 이 법당은 들어오고 나가는 스님들이 많을 때는 하루에 수백 명이 될 정도로 북적거렸다. 죽었다고 판단된 스님을 계속 법당에 방치할 수는 없었다. 조치를 취했다. 그 조치는 화장이었다. 몸을 태워버렸던 것이다. 장작불로 몸을 태우는 다비식을 하고 나서 이틀 뒤에 그 스님의 음신(陰身)이 돌아왔다. 그 스님은 죽지 않은 상태였다. 말하자면 혼령만 몸을 빠져나가 있었던 상태였다.

공부가 어느 정도 경지에 이르면, 자신의 의지대로 혼령을 몸에서 빠져나가게 할 수 있는 힘이 생긴다. 유체이탈(遺體離脫)을 자유자재로 하는 셈이다. 대개는 이삼 일이면 혼령이 나갔다가 돌아온다. 이 스님은 보름 넘게 너무 오랫동안 나가 있었다. 도가 이론에 의하면 음신이라고 하는 혼령을 견고하게 다듬는 경지에 이르렀던 인물이었다. 그런데 돌아와보니 자기 몸이 없었다. 몸을 못 찾은 그 음신은 '나, 어디 있어? 나, 어디 있어?' 하고 소리치며 법당 안을 돌아다녔다. 내 몸 어디 갔냐는 말이다. 문제는 그 소리치는 소리가 법당 안에 앉아 있는 다른 수행자들에게 모두 들린다는 점이었다. 사람은 안 보이는데 허공에서 '나, 어디 있어?' 하는 목소리가 계속 들려왔다.

이 스님은 수행 공부가 음신을 응결하는 단계에는 이르렀는데, 아직 모아서 형체를 이루는 양신(陽身)의 경지에는 도달하지 못했던 것이다. '나, 어디 있어?' 하고 소리치며 돌아다닌다는 것은 아견(我見)과 신견(身見)을 벗어나지 못했다는 증거다. 에고에 대한 집착이 아견이고, 육체에 대한 집착이 신견이다. 훤한 대낮에 법당 안에서 '나, 어디 있어?'라는 소리가 들린다면 그런 대로 넘어가는데 밤이 되어서도 이 소리가 들리니 공부하는 스님들이 참선을 할 수 없었다. 말하자면 밤에도 귀신 소리가 법당 안에 메아리치는 셈이었다. 공부하던 스님들이 다 떠나고 늙은 노스님 두세 명만 절에 남았다.

어느 날 섬서성에서 어느 스님이 왔다. 알고 보니 이 스님은 귀신이 된 스님과 같이 공부하던 도반이었다. 섬서성에서 온 스님은 문제를 해결하기 위해 법당에 항아리 2개를 준비하라고 했다. 항아리 하나에는 장작을 넣고 불을 피워놓았고, 다른 항아리에는 물을 가득 넣어놓았다. 법당에서 좌선을 하고 있다가 '나, 어디 있어?'라는 소리가 들릴 때, 귀신이 된 스님의 이름을 불렀다. '아무개 스님, 그대는 불 속에 있소이다'라고 소리쳤다. 그러자 갑자기 불이 거세지면서 '나, 어디 있어?' 하는 소리가 사라졌다. 그 음신이 불항아리 속으로 들어가 자기를 찾아본 것이다. 잠시 후 다시 '나, 어디 있어?' 하는 소리가 들렸다. '아무개 스님, 그대는 물 속에 있소이다'라고 소리를 질렀다. 다시 소리가 멈췄다. 물항아리 속에 들어가 자기를 찾았던 것이다. 그러고 나서 다시 한참 후 '나, 어디 있어?' 하는 소리가 또다시 들렸다. 물 속에서도 자기를 찾을 수 없었던 것이다. 섬서성에서 온 그 도반 스님은 타이르듯이 소리를 크게 질렀다. '사형이여, 왜 그러십니까. 지금은 불 속에도 갈 수 있고, 물 속에도 갈 수 있지 않습니까. 그런데 그렇게도 못할 육신을 뭐하러 찾으십니까?' 이렇게 도반 스님이 큰소리로 외치자, 그 음신으로 돌아다니던 혼령은 크게 깨달았다. '허허' 하고 웃더니 사라졌다. 다시는 법당에서 '나, 어디 있어?'라는 소리가 들리지 않았다.

남 선생이 여기서 소개하는 음신은 일반적인 귀신의 의미와는 좀 다른 것 같다. 보통 사람이 죽은 뒤에 되는 귀신보다는 한 차원 더 높은 경지다. 상당한 수행을 해서 도달한 경지이기 때문이다. 그렇지만 양신(陽身)보다는 낮은 단계로 추측된다. 두루뭉술하게 대중적으로 표현한다면 유체이탈의 유체(幽體)라고 보면 되지 않을까 싶다. 보통 눈에는 안 보이는 세계이지만 정신세계로 들어가면 여러 단계의 계제(階梯)가 있다. 눈에 안 보인다고 무조건 부정하는 것도 지혜가 없는 판단이다. ᐠᐠᐠ

제대로 된 도인은 한가하게 산다.
목표가 사라졌기 때문이다. 유유자적한 삶의
풍모가 없으면 그 사람은 수준 높은 도인이
아니다. 그냥 역술가에 불과할 뿐이다.
도인(道人)은 한가하고 술사(術士)는 바쁘다.
도인과 술사의 분기점이 여기에 있다.
따라서 공명이 호풍환우로 불어온 바람이
아니라면, 기존의 선배 도사들이 가지고 있던
데이터에 바탕한 퍼포먼스였을 가능성이 높다.

제갈공명은 도인(道人)이었을까, 술사(術士)였을까

〈삼국지〉의 가장 흥미로운 부분은 어디일까. 관점에 따라 다르겠지만 아마도 적벽대전이 아닌가 싶다. 압도적인 병력의 조조 군(軍)을 제갈공명이 동남풍을 불러서 격파하는 장면이다. 동남풍이 사실일까? 〈삼국지〉는 소설이지만 어느 정도 역사적 사실을 바탕으로 하고 거기에다 부분적으로 살을 붙인 형식이다. 이 동남풍 대목은 살을 붙인 대목에 해당할까, 아니면 진짜인가. 대체적인 평가는 '사실이다' 쪽에 무게를 두고 있다. 그렇다면 이게 어떻게 가능할까 하는 의문이 든다. 갑자기 동남쪽에서 바람이 불 수 있단 말인가. 공명이 신통력으로 불러온 바람인가, 아니면 기존에 축적되어 있던 데이터를 공명이 적절하게 활용했던 것일까?

과연 공명이 없던 바람도 불러오는 능력을 지닌 대도사였을까? 호풍환우(呼風喚雨)의 초능력이야말로 동이족을 비롯한 동북방 신선들의 트레이드마크였는데, 공명이 이러한 신선급의 능력을 갖추고 있었다는 말인가. 그런 신선급 도인이 무엇 때문에 유비 밑에 들어가서 맨날 사람 죽이는 전쟁이나 하고, 결국 과로사로 일찍 죽는 운명을 맞이한단 말인가. 계제가 높은 도인은 누구 밑에 들어가서 작전참모 역할을 하지 않는다. 그런 전쟁 참모 하려고 강도 높은 고행을 견디는 도업(道業)의 길을 걷지는 않는다.

제대로 된 도인은 한가하게 산다. 목표가 사라졌기 때문이다. 유유자적한 삶의 풍모가 없으면 그 사람은 수준 높은 도인이 아니다. 그냥 역술가에 불과할 뿐이다. 도인(道人)은 한가하고 술사(術士)는 바쁘다. 도인과 술사의 분기점이 여기에 있다. 따라서 공명이 호풍환우로 불어온 바람이 아니라면, 기존의 선배 도사들이 가지고 있던 데이터에 바탕한 퍼포먼스였을 가능성이 높다. 기존 데이터, 이것도 무시 못한다. 아마도 공명이 재야에서 공부하던 시절에 입수한 데이터였을 것이다. 특정한 시점에 동남풍이 분다는 사실 말이다.

남회근은 공명에 대해 도가의 고수들이 배출한 인물이라고 주장한다. 도인은 평상시에는 산에서 한가하게 바둑이나 두고 여행이나 다니면서 살지만, 역사적 전환기나 급박한 전쟁 시기에는 부분적으로 현실에 개입을 한다. 자기가 직접 개입은 하지 않고 누군가 하나 대타를 집어넣는 방식이다. 그 대타가 공명이었다는 말이다. 그러면 공명 뒤에 있는 도사들은 누구였던 것일까.

우선 수경 선생이다. 사람을 잘 보는 지인지감(知人之鑑)의 명수다. 수경 선생이 추천한 두 명의 인재가 공명과 봉추다. 이처럼 자신 있게 추천했다는 사실을 뒤집어보면 평소에도 수경 선생이 이 두 사람의 영재와 접촉이 있고, 안면이 있었음을 암시한다. 접촉과 안면이 있다는 사실을 따져보면, 공명에게 심도 있는 가르침을 주었을 가능성도 추론해 볼 수 있다. 공명의 장인이었던 황승언도 도사 그룹이었다. 못생긴 딸이었지만 그 딸을 공명에게 시집보냈던 배경을 생각해보아야 한다. 공명을 수제자로 생각했기 때문에 딸을 준 것 아니겠는가. 공명의 뒤에는 수경 선생과 황승언이라는 도사 그룹이 포진하고 있고, 이들이 역사적 전환기에 공명을 역사 무대에 데뷔시키는 역할을 맡는다.

남회근의 또 하나 주장은 동남풍이 주역의 괘에 이미 암시되어 있는 정보라는 점이다. 주역의 구절 속에 그 비밀이 숨어 있다는 것이다. 이 비밀을 일반 사람은 읽어도 그냥 지나치지만 도사들은 그 숨은 의미를 파악하고 있었고, 이것이 적벽대전에서 동남풍의 예측으로 작동되었다는 이야기다. 즉 수경 선생과 황승언이 공명에게 주역의 이 비밀을 예전에 알려주었을 가능성이 높다. 물론 공명이 독학으로 터득했을 가능성도 전혀 배제할 수는 없지만 말이다.

그렇다면 동남풍이 불어온다는 사실을 암시한 주역의 괘는 어떤 괘인가? 18번째 산풍고(山風蠱) 괘가 그것이다. 위에는 산이 있고 아래에는 바람이 부는 형국이다. 이 괘의 첫 구절이 '이섭대천(利涉大川)이니 선갑삼일(先甲三日)이며 후갑삼일(後甲三日)이니라'라는 내용이다. '큰 강을 건너면 이롭다. 갑 이전의 3일이고, 갑 이후의 3일이다.'는 풀이. 적벽대전이 벌어진 음력 10월의 육십갑자 중에서 갑자(甲子)일이 기점이었다. '갑자일 이전의 3일부터 바람이 불어오거나 갑자일부터 3일간 바람이 분다'라는 의미를 도출해낼 수 있다. 〈삼국지〉에 보면 '갑자기(甲子起)'라는 표현이 나온다. 적벽에서 공명이 꼽아두었던 깃발이 있었다. 그 깃발이 갑자일부터 기(起)했다는 뜻이다. 기는 '펄럭거리다'는 의미다. 갑자일부터 바람이 불기 시작해서 깃발이 나부끼기 시작했던 것이다. 갑자기는 산풍고괘의 선갑삼일과 후갑삼일에 해당한다. 둘 중에서 후갑삼일이다. 갑자일부터 깃발이 펄럭거리기 시작했기 때문이다. 적벽대전이 벌어진 현장인 적벽은 큰 강이다. 그러니 '이섭대천(利涉大川)'이다.

이 동남풍에 대한 남회근의 해석은 아래와 같다. 남회근의 깊이와 내공을 짐작할 수 있는 대목이다. 이 대목을 보면서 '중국 강호에서 수천 년간 내려온 도사들의 구전심수(口傳心授)가 이런 식이었구나'를 또한 알게 해준다. 그래서 남회근이 학문과 도력을 갖춘 대도사였던 것이다. 직접 인용해 본다.

> 시월은 음력으로 말하면 입동이지만 소양춘(小陽春)이라고도 합니다. 그래서 북방의 시월 한 달은 며칠간 몹시 춥다가 사흘쯤 따뜻해집니다. 그렇다고 봄처럼 따뜻한 것은 아니지요. 언제쯤일까요? 해마다 다릅니다. 겨울에는 북서풍이 불지만 소양춘 사흘 동안은 동남풍이 불어서 따뜻해지는 겁니다. 공명이 동남풍을 빌린 것은 바로 이 소양춘 때입니다. 주유는 제갈량에게 속았습니다. 제갈량은 주유에게 동남풍을 빌릴 수 있다고 속였지만 사실은 주역의 십이벽괘를 통달해서 천문을 알았던 것뿐입니다. … 제갈량은 며칠 후면 동남풍이 부는 소양춘이 되리라고 확신하고 있었습니다.
> 삼국지를 읽어보면 조조가 적벽대전에서 크게 패한 후에 돌아가서 두문불출하고 책을 보다가 갑자기 펄쩍 뛰면서 크게 웃는 장면이 나옵니다. 부하들이

놀라 물었지요. "승상. 50만 대군을 잃고 뭐가 좋아서 그리 웃습니까." 그러자 조조가 답했습니다. "지금 역경의 선갑삼일, 후갑삼일, 선경삼일(先庚三日), 후경삼일(後庚三日)에 대해서 깨달았다." 아마도 소양춘에 동남풍이 분 것에 대해 생각했던 것 같습니다. ᴧᴧᴧ

주역의 64괘 중에서 어느 하나의 괘를 뽑는다는 것은 자신의 무의식이 이 괘를 뽑았다고 전제해야 한다. 아무렇게나 랜덤으로 뽑았다고 보지 않는다. 자기 내면의 무의식이 이 괘를 뽑았다고 간주해야 한다. 타로 카드도 마찬가지다. 자신이 뽑은 타로 카드는 무의식이 의도적으로 뽑은 것이다. 무의식이 작동해서 점괘나 카드를 뽑았다고 전제하면 점술이 지닌 미스터리가 어느 정도 이해된다.

점술이 지닌
미스터리

점술은 미신인데 왜 없어지지 않는가? 없어지지 않는다는 것은 그만큼 시장의 수요가 있기 때문이다. 그렇다면 왜 시장에서는 끊임없이 '점괘'라는 미신상품을 소비하는가. 효용이 있다는 반증 아니겠는가. 쓸모가 없으면 왜 돈 주고 소비를 하겠는가. 인간사에서 점을 보는 이유는 앞일이 궁금한 탓이다. 미래를 알고 싶은 미래욕구, 이것은 본능적인 욕구다. 돈과 섹스, 그 다음으로 강력한 욕망이 바로 미래욕구라고 생각된다. 돈과 섹스에 대한 욕망을 막을 수 없듯이, 점술에 대한 욕망도 막을 수 없다. 마켓에서 끊임없이 점술을 원하는 근본적인 배경에는 이것이 어느 정도 미래를 예측해주는 능력이 있기 때문이다. 안 맞으면 누가 구매한단 말인가. 그러나 다 맞지는 않는다. 과학도 다 맞지는 않는다. 백신도 어떤 사람은 맞고 죽는 수가 있다. 과학이 100%가 아닌데 어떻게 점술이 100%가 될 수 있겠는가!

동양의 한자 문화권에서 점술을 대표하는 대표선수는 바로 주역이다. 64개의 점괘가 강력한 상징이다. 이 64괘를 가지고 인간 세상에 펼쳐지는 정치, 경제, 사회, 문화 현상을 해석하고 예측해왔다. 엄청나게 복잡한 인간사회를 단지 64개의 작대기 표시가 나타내는 상징만 가지고 예측해왔다는 게 놀라울 뿐이다. 무려 3,000년간이나 생명을 유지해왔다. 요즘 사회가 6개월마다 변하고 있다는데, 3,000년이나 변함없이 생명력을 유지해왔다는 것은 인간사에 변하지 않는 그 무엇인가가 있다는 징표다. 인간사회에는 모든 것이 다 변하지만 변하지 않는 그 무엇도 있다는 말이다. 그것은 생로병사이기도 하다. 1만 년 전이나 지금이나 생로병사는 변함이 없다.

주역의 점괘는 인간의 무의식이 알려주는 것이다. 무의식은 모든 것을 알고 있는 하느님이다. 하느님이 우리 내면에 있다는 게 동양 성자들의 가르침이다. 그 하느님이 무의식이므로, 이 무의식이 점괘라는 수단을 통해서 미래를 알려주는 것이다. 주역의 64괘 중에서 어느 하나의 괘를 뽑는다는 것은 자신의 무의식이 이 괘를 뽑았다고 전제해야 한다.

아무렇게나 랜덤으로 뽑았다고 보지 않는다. 자기 내면의 무의식이 이 괘를 뽑았다고 간주해야 한다. 타로 카드도 마찬가지다. 자신이 뽑은 타로 카드는 무의식이 의도적으로 뽑은 것이다. 무의식이 작동해서 점괘나 카드를 뽑았다고 전제하면 점술이 지닌 미스터리가 어느 정도 이해된다.

지금부터 22년 전쯤이던가. 필자는 당시에 중국의 명산을 많이 돌아다녔다. 무협지에 관심이 많아, 무협지의 무대로 등장하는 산들을 이 골짜기 저 골짜기 보러다녔다. 그때 인상 깊었던 산이 중국 서안 옆에 있는 무당산(武當山), 화산(華山), 종남산(終南山)이었다. 무당산은 토(土) 기운이 많았던 산이라 이 산에서 수도를 하면 통합할 수 있는 에너지를 얻는다. 화산은 날카로운 장검과 같은 산이었다. 무술 검법을 연마할 산이었다. 종남산은 도인이 많이 나올 산이었다. 이 종남산은 신라의 의상 대사도 공부한 적이 있는 산이고, 선가(仙家)의 인물이었던 신라 출신 김가기 신선도 이곳에서 득도하여 하늘로 올라갔다는 백일승천의 전설이 있다. 특히 종남산의 자오곡(子午谷)은 서안으로 들어갈 수 있는 유일한 골짜기였으므로 중국 고대사에서 물류와 전쟁의 중요한 통로였다. 그러니 이야기가 많을 수밖에 없다.

종남산 밑에는 누관대(樓觀臺)라고 하는 도사들의 도관(道觀)이 있었다. 중국에서도 손꼽는 유명한 도관이었다. 양대 도관 중 하나다. 북경에 가면 백운관(白雲觀)이 하나 있고, 또 하나가 바로 종남산의 누관대다. 모택동이 장개석 군대를 제압하고 북경을 점령했을 때 제일 먼저 달려간 도관이 바로 백운관이다. 백운관에 가서 향을 사르고 '제가 드디어 천하의 대권을 잡았습니다. 굽어살펴 주소서.' 하고 기도했다는 거 아닌가. 그만큼 공산당도 마음 속으로 존경했던 도관이 백운관이다. 백운관은 70년대 후반까지 일부러 전기를 놓지 않았다. 거기에 맞짱을 뜨는 도관이 누관대였다.

2층 누각은 주변 경관을 보기에 좋다. 누각이 유명해서 이름도 누관대라고 붙였지 않았나 싶다. 이 누관대에는 당시 60대 중반의 장문인이 하나 있다고 들었다. '주특기가 뭔가?' 이 장문인은 주역의 대가라고 소문나 있었다. 서양인들이 이 장문인을 만나 점괘를 한번 뽑아보려면 1천 달러를 내야 한다고 되어 있었다. 중간에서 '한국에서 도학자가 왔다'고 장문인에게 전갈했더니, 그 장문인 쪽에서 차를 한 잔 대접하겠다는 답신이 왔다.

그 장문인과 대홍포 차를 한 잔 하면서 대뜸 물었다. "저를 보시니까 어떤 괘로 나옵니까?" 이 말을 듣자마자 그 장문인은 펜으로 종이에 주역의 괘를 그리기 시작했다. 상괘는 '택(澤)'괘였다. 택은 연못을 상징한다. 그리고 밑에는 '이(離)'괘를 그렸다. 이괘는 불이다. 그러다가 갑자기 하괘인 이괘를 고쳤다. 펜으로 이를 지우더니만 '뇌(雷)'괘로 변경하는 것이 아닌가. 아래의 괘를 불로 보느냐, 우레로 보느냐에 따라 의미가 달라진다. 그 고치는 장면을 내 눈앞에서 보며 짐작되는 바가 있었다. 내 눈매였던 것이다. 날카로운 눈매를 보고 이것을 불에 해당하는 이괘로 보았다가, 내 목소리를 몇 번 듣더니만 우레의 뇌괘로 수정한 것이 아닌가 싶었다. 짐작이 맞았을 것이다.

이괘로 보면 택화혁(澤火革)이 된다. 택화혁이면 때려엎는 혁명가의 괘가 된다. 혁명의 '혁(革)' 자는 따지고 보면 주역의 이 택화혁 괘에서 비롯되었다. 혁명이라는 단어가 주역에서 왔다는 이야기다. 택화혁으로 보면 내가 혁명적 기질이 많은 인간이 된다. 그런데 하괘를 뇌로 변경하면 택뢰수(澤雷隨)가 된다. 택뢰수는 '때를 따른다'는 의미가 된다. 택화혁과는 다른 점괘다. 뜻풀이가 다르다. 내가 무슨 혁명가 팔자는 아니다. 세상과 조화를 이루는 것이 동양철학의 목표이기도 하다.

이 누관대 장문인은 2,000년 이상 이어져온 중국 도교의 전통을 계승한 인물이다. 공산당 정권의 혹독한 탄압에도 불구하고 그 맥을 이어오고 있다는 것은 영발이 있기 때문이다. 영발이 없으면 맥을 못 잇는다. 맥이 끊어질 듯한 위기 속에서도 중국 도교 양대 문파의 장문인을 이어오고 있는 인물이 주역의 점괘를 어떻게 뽑는가를 직접 본 경험은 여러 가지 공부가 되었다. 직관적인 영발과 눈앞에 앉아 있는 상대에 대한 관찰, 이 두 가지가 합해져서 점괘를 뽑는다는 점이었다. ▲▲▲

앞일을 미리 내다보는 능력이 탁월한 도사는
숨어야 한다. 악어처럼 다른 사람이
자기를 알아볼 수 없도록 처신해야 한다.
도사의 처신 중 하나가 거지로 분장하는 일이다.
역대급 신선들도 거지 행세를 많이 했다.

일류 도사의
둔갑술

서양의 도사는 중세의 연금술사들이다. 쇠를 금으로 만든다는 것이 연금술이다. 여기에서 금이라는 것은 광물질의 금(gold)을 지칭하지만 좀 더 깊이 들어가면 늙지 않는 불로약(不老藥)을 만든다는 의미도 내포되어 있다. 중국의 도사들도 수은과 납을 제련하여 단약(丹藥)을 만들 수 있다고 보았다. 이 단약을 복용하면 곧 신선이 된다고 믿었다. 도사는 단약을 만드는 사람이기도 했다. 서양 연금술사들, 즉 중세 서양 도사들이 가장 중시했던 동물 가죽이 하나 있는데 그것은 악어가죽이었다.

연금술을 실험하는 방에는 꼭 악어가죽을 걸어놓는 관습이 있었다고 전해진다. 왜 악어가죽인가? 핸드백 만들려고 그랬는가. 아니다. 도사는 악어처럼 처신해야 한다는 사실을 유념하기 위해서였다. 악어는 물 속에 있다. 자신은 눈을 내놓고 밖을 쳐다볼 수 있다. 그러나 외부에서 악어를 보기는 힘들다. 도사는 세상을 마음대로 쳐다보지만, 다른 사람이 그 도사를 보기는 어렵게 해야 한다는 이치이기도 하다. 즉 도사는 물 속에 눈만 내놓은 상태로 숨어 있어야 한다는 말이다.

그렇지 않고 노출되면 어떻게 되는가? 만약 햇볕을 쬐기 위해 넓은 바위 위에 올라가 배 깔고 누워 있으면 사냥꾼의 총을 맞을 수밖에 없다. 그래서 악어가죽이 귀한 것이다. 사냥꾼이 총을 쏘면 악어가 맞아야 별 수 없다. 총을 안 맞을 방법이 없다. 그러니까 밖으로 노출될 때는 방탄조끼를 구해서 입든지, 여하튼 '총을 맞을 수 있다'는 각오를 해야 한다. 도사는 무대 위로 올라갈 때, 즉 세상에 나가서 대중 앞에 노출될 때가 가장 위험하다. 어디서 날아오는지 모르는 총탄에 맞을 가능성이 아주 높다. 무대 위에 올라갈 때는 비상구가 어디에 있는지를 먼저 확인해야 한다. 여차하면 비상구로 탈출할 준비를 해놓고 있어야 한다. 비상구가 봉쇄된 무대에 올라가는 도사는 총 맞을 일만 있다. 그 예지력 때문에 말이다. 반대파의 입장에서는 그 예지력이 자기 편이면 좋지만 남의 편이면 제거해버려야 할 대상이다.

앞에서도 이야기했지만, 백운학이 그랬다. 고종이 명복 도련님 때부터 왕이 될 줄 미리 알고 줄을 댔던 백운학. 고종이 왕이 되고 대원군이 섭정할 때 대원군의 장자방을 했던 백운학. 그러나 민비가 대원군으로부터 권력을 뺏은 뒤에는 대원군의 장자방이었던 백운학을 주목했다. 결과적으로 백운학은 민비 일파로부터 살해당했다고 본다. 자신의 죽음을 예감한 백운학이 살기 위해서 담뱃대로 한쪽 눈을 스스로 지지면서까지 장님 행세를 했지만 죽음을 피해갈 수 없었다. 반대파의 모주(謀主)인 백운학 도사가 있는 한 우리 쪽 진영이 편할 리 없다. 그러니 제거해야 한다. 이쯤 되면 백운학은 산으로 튀었어야 했다.

도사는 세간에서 한몫 챙겼으면 산으로 튀는 게 정석 플레이다. 초한지 유방의 참모였던 장량은 대권을 잡은 뒤에 낌새가 이상하게 돌아가니 장가계로 튀었다. 300~500미터 바위 봉우리 수천 개가 솟아 있는 밀림 지대다. 도망가면 찾을 수 없는 지역이다. 장량은 평소에 자기 도망갈 데를 미리 봐두었던 셈이다. 백운학도 지리산으로 도망가든지, 묘향산으로 도망가든지 미리 은둔지를 물색해 두었어야만 했다. 어리바리 서울에 있다가 죽었다.

양구빈은 중국의 풍수 대가로 유명했다. 하도 풍수 실력이 유명해지니 이 유명세가 결국에는 생명의 위협으로 다가왔다. 유명해지면 돈과 명성이 들어오지만 생명의 위협도 증가한다. 반대파가 생긴다. 양구빈은 이 위험이 다가오기 전에 숨었다. 머리 깎고 승려가 되어버렸다. 산으로 숨었던 것이다. 중국 천지는 도처에 사찰이다. 깊은 심산유곡의 암자에 숨어버리면 어떻게 찾을 것인가!

돈과 명성이 올라가면 체력 소모가 심해진다. 우선 만나자는 사람이 많아진다. 사람 만나는 것도 모두 에너지 소모다. 만나자는 사람 가운데는 자기 이익을 위해 복선(伏線)을 깔고 오는 사람이 많다. 이 복선과 상대하는 것도 수명 감수에 해당한다. 소설 〈설국〉을 써서 갑자기 유명해진 일본 소설가 가와바타 야스나리는 노벨상을 받아서 일찍 죽었다는 게 정설이다. 노벨상을 받으니까 여기저기서 인터뷰도 많아지고 만나자는 사람, 식사 초대, 각종 모임 참가가 증가했다. 이런저런 치다꺼리 하다가 스트레스 받아서 빨리 죽었다. 노벨상 받는다고 다 좋은 게 아니다. 수명 재촉하는 지름길이다.

　앞일을 미리 내다보는 능력이 탁월한 도사는 숨어야 한다. 악어처럼 다른 사람이 자기를 알아볼 수 없도록 처신해야 한다. 도사의 처신 중 하나가 거지로 분장하는 일이다. 역대급 신선들도 거지 행세를 많이 했다. 내가 알고 있는 일화 하나를 소개한다.

　1984년 전주의 오거리, 코아백화점과 민중서림이 자리잡은 도로는 아주 번화가였다. 시내 중심지라서 사람들의 통행이 많았다. 이 번화가에 그해 가을부터 60대 후반으로 보이는 거지 할아버지 한 명이 나타났다. 이 거지의 특색은 지나가는 행인의 등짝을 후려갈기는 초식이었다. 번화가를 걸어가는 사람의 등짝을 손으로 세게 갈긴 다음에 '아이구 아파' 하고 신음소리를 내는 행인에게 손을 벌렸다. 동냥을 달라는 것이었다. 손을 벌릴 때 입에는 씩 하고 웃음을 지으면서 말없이 그 사람 앞에다 돈통을 들이밀었다. 행인들은 행색이 남루한 노숙자 차림새에다 노인이니까 500원짜리 동전이나 천원짜리 한 장을 돈통에 넣어주곤 했다. 이후 네댓 달 동안 행인들은 이 거지 할아버지에게 등짝을 맞지 않기 위해 천원짜리 한 장을 미리 준비하거나 그 앞을 줄달음쳐서 빨리 지나가곤 했다. 한 가지 특이한 점은 이 거지 노인이 말을 하지 않았다는 점이다. 무조건 등짝 때린 다음에 돈통을 옆에 멘 채 손을 벌렸다. 그때는 이 할아버지를 단순히 거지로 알았다. 그러다가 어느 순간에 사라졌다.

　나중에 지리산파의 도사 멤버들에게 들어보니, 그 거지 노인이 당시 한국의 사선(四仙) 가운데 한 명이었다고 한다. 80년대 당시에 4명의 신선이 있었는데, 그 중 한 명이 전주의 번화가에서 머물렀다는 것이다. 4명의 신선 가운데 다른 한 명은 계룡산에 있던 봉우 권태훈 옹이었다. 이 거지 신선은 이름이 백운(白雲)이었다. 이 거지 신선이 지나가는 사람의 등짝을 때린 이유는 귀신을 떼어주기 위한 행동이었다. 그 사람에게 붙어 있는 좋지 못한 탁기(濁氣)와 귀신을 떼어주기 위해서는 도력을 가진 사람이 장풍을 쏘거나 신체의 일부, 즉 등짝 같은 부위를 좀 세게 때려야 한다. 도인도 공밥을 먹으면 안 된다. 세상에 기여를 좀 해야 한다. 공덕을 쌓는 일이기도 하다. 한편 '내가 귀신 떼어주었으니 그 값은 주어야 하는 게 아니냐?' 해서 손을 벌렸던 것이다. 귀신 떼어준 값으로 500원, 천원을 받았던 셈이다. 세상사에 공짜는 없는 법이니까.

이걸 미리 알았으면 나도 코아백화점 앞에서 등짝을 한 대라도 맞을 걸 그랬다. 누구나 그저 떨어진 옷을 입은 거지 할아버지로 알았다. 지나고서야 알았다. 지금 생각해보니 거지로 위장하는 게 악어보다 훨씬 센 변장술이자 둔갑술이다. 신선급의 도사는 도저히 일반인들이 알아볼 수 없다. 그래서 〈삼국유사〉에도 보면 관음보살이나 문수보살이 거지 행색으로 찾아왔을 때 알아보지 못해 나중에 낭패를 당했다는 이야기가 나온다. 신선의 둔갑술은 거지 패션이다. 악어가죽, 거지 패션 없이 세상에 나가는 도사치고 일류 도사는 없다. ▲▲▲

이 세상 살다 보면 때때로 아무도 도와주는 이 없는 절망적이고 고립된 상황에 처하게 된다. 이 절망적인 상황에서 비빌 언덕이 있어야 한다. 그게 주술이다.

갈 곳 없는 막다른 골목에 부닥친 인생이 최후의 탈출구로 선택할 수 있는 수단이 주술이라고 생각한다.

주술(呪術)의
길

종교는 어떻게 정의하느냐에 따라 생각하는 입장이 각기 다르다. '신에게 손을 비비는 일'이 종교라고 생각할 수도 있다. '손을 비빈다'고 했을 때, 자기를 한없이 낮춰 신에게 헌신하는 행위의 총체를 '비빈다'고 표현할 수 있다. 아부, 아첨을 넘어서는 단계다. 진심 어린 아첨과 아부를 할 줄 알아야 된다. 그렇다면 신에게 비빌 때는 어떻게 해야 하는가? 그 방법은 주술(呪術)이다. 주문을 외우는 일이다. 시도 때도 없이 항상 입과 마음 속으로 주문을 외우는 일이 주술의 정수다.

사회학자 막스 베버는 '주술로부터의 해방'을 이야기했다. 이 해방이 인간 역사의 진보인 양 이야기했다. 그러나 이 해방은 한쪽 면만 본 것이다. 이 세상 살다 보면 때때로 아무도 도와주는 이 없는 절망적이고 고립된 상황에 처하게 된다. 이 절망적인 상황에서 비빌 언덕이 있어야 한다. 그게 주술이다. 갈 곳 없는 막다른 골목에 부닥친 인생이 최후의 탈출구로 선택할 수 있는 수단이 주술이라고 생각한다. 베버가 말하는 근대화된 사회가 이걸 도와주는가? 아니다.

인간은 기술문명이 발전할수록 더욱 외롭게 살며 꽉꽉하게 삶을 유지하는 것 같다. 베버가 당신의 삶에서 위기가 닥쳤을 때 이를 도와주는 지침을 준 것이 있는가? 없다. 사회학자 따위가 뭘 안다고 함부로 주술을 폄하하는지 모르겠다. 베버는 자신의 인생이 논리와 합리로 다 설명이 된다고 생각했겠는가. 아니라고 본다. 사회학이라는 새로운, 그렇지만 어설픈 주술을 만들려고 시도한 셈이다. 그렇지만 오늘날 전통적인 주술의 입지가 많아 좁아진 것도 현실이다. 베버한테 밀려서 그렇다.

오늘날까지 남아 있는 주술은 아프리카 태생의 부두교(voodooism)가 아닌가 싶다. 현재는 서인도제도의 아이티에서 널리 믿고 있는 주술종교다. 부두교의 중심은 로아(Loa)라고 하는 정령(精靈)과 사령(死靈)에 대한 숭배라고 한다. 정령이든 사령이든 간에 뭔가 영(靈)이 있다고 믿는 것이다. 요즘 많이 쓰는 좀비(zombie)라는 단어도 이 부두교의 사령 숭

배에서 나온 말이다. 살아 있는 시체다. 썩은 시체가 걸어다니는 게 좀비다.

근자에 대박을 터트린 드라마 '왕좌의 게임'에도 북쪽의 이 좀비 군단이 얼음 구역을 걸어서 전진하는 장면이 등장한다. 좀비 대장의 일사불란한 지휘하에 움직이는 것으로 되어 있다. 입에서 불을 뿜는 용과 싸움하는 장면이 압권이다. 그런가 하면 한국의 UFC 선수인 정찬성의 별명이 '코리안 좀비'다. 줄여서 '코좀'이라고 하는 것 같다. 별명이라는 게 꼭 품위 있고 점잖은 표현을 쓴다고 좋은 것은 아니지만 좀비라는 별명은 좀 그렇다. 서양 애들의 시각에서 볼 때 정찬성의 얼굴은 좀비 과에 속한다고 본 것이다. 인종적인 멸시가 담긴 별명이 아닌가 싶다. UFC 무대가 서양 중심의 무대이기 때문에 별명을 붙이는 권력이 그쪽에 있다. 우리 쪽은 약자라서 수동태로 당하는 위치에 있으니 당분간 어쩔 수 없다. 어찌 되었거나 간에 근자에 좀비가 판타지 영화나 드라마에 단골 소재로 등장한다. 좀비의 등장은 막스 베버의 합리성에 대한 반격으로도 보인다.

우리나라 주술의 계보를 추적해 들어가면 앞에서 이야기한 옥추경이 나온다. 주된 신격은 '뇌성보화천존'이다. 뇌성벽력 신이다. 여기에다 빌면 뇌성벽력 신의 힘이 강림한다. 이 주문을 외우면 처음에는 귀에서 벌이 웅웅거리는 소리가 들리다가 그 다음에는 매미가 우는 소리가 들린다. 소리가 점점 크게 들리는 것이다. 그 단계를 거치면 소리가 점점 더 커져서 천둥소리가 들리는 단계까지 진입한다. 이게 결정적 단계다. 이 천둥소리와 함께 화면이 등장한다. 바로 킹콩 같은 거대한 괴수가 보이는 단계다. 몇 억 년 전에 이 지구상에 살았던 생물인 공룡 모습의 동물이 등장해서 주문을 외우는 자신을 내려다보는 장면이 나타난다. 여기가 고비다. 심장 약한 사람은 이 단계에서 공포에 휩싸인다. 심하면 정신줄을 놓기도 한다. 버텨야 하는데 정신줄을 놓아버리면 주문에 실패한 셈이다.

주문의 세계도 높은 단계에 들어가려면 담력과 깡이 있어야 한다. 이 무서운 장면과 소리를 담담히 지켜보면서 바라보아야 주문발이 먹힌다. 주문발이 먹히면 여러 가지 초

능력을 얻는다. 물론 이 초능력은 뇌성보화천존으로부터 오는 능력이다. 주문도 근기가 있어야 깊이 들어간다는 이치를 알 수 있다. 옥추경은 원래 도교의 도사들 사이에서 유통되던 주문경전이었지만 조선시대 같은 경우에는 민간 무당들 사이에서 유행한다. 여자 무당보다는 남자 무당, 대개 박수무당이라고 표현한다. 이 박수들 사이에서 단골로 외우던 주문이 옥추경에 나오는 몇 가지 주문들이다. 일명 '삭사경(爍邪經)'이라고도 불린다. 녹일 삭(爍)이다. 삿된 기운을 녹여버리는 힘을 가진 경전이란 뜻이다.

불가 쪽 계통에서 내려오는 주문은 '옴 마니 반메 홈'이 유명하다. 인도의 산스크리트에서 유래한 주문이다. 이 주문을 많이 외우다 보면 자기를 방어해주는 어떤 힘이 주변을 맴돈다는 느낌을 받는다. 예를 들면 꿈에서 사악한 마귀가 자기를 덮치려고 하면 꿈 속에서 자기도 모르게 입에서 '옴 마니 반메 홈'이 나온다. 이 주문을 외우면 그 마귀가 도망가거나 꼼짝 못한다. 주역을 많이 한 사람을 보면 얼굴이 약간 불그스름한 기운이 감돈다. 그 주문에 해당하는 정신세계에서 보내주는 텔레파시를 수신하고 있다는 증거이기도 하다. 그리고 그 주문이 가지는 힘이 그 사람을 둘러싼다. 실드를 쳐주는 효과라고나 할까.

실드가 쳐져 있는 사람은 보호를 받는다. 천지팔양경(天地八陽經)도 있다. 이것도 역시 귀신을 쫓는 벽사(辟邪)의 주문으로 유명하다. 체험담에 의하면 비몽사몽간에 시커먼 먹구름이 자기를 향해 몰려오는데, 그 먹구름 속에 커다란 눈이 하나 있는 장면을 보기도 한다. 그 시커먼 먹구름 속의 눈이 자기를 향해 다가올 때 그 공포감도 대단히 크다. 이 공포감을 버텨낼 때 주문의 힘을 얻는다. '날 잡아 잡숴라'는 배짱이나 포기가 필요하다. 또 어떤 경우에는 머리에 뿔이 난 도깨비 같은 거인들이 여러 명 나타나서 삼지창을 들고 자기를 찌르는 꿈을 꾸기도 한다. 역시 식은땀이 나는 꿈이다.

필자의 체험에 의하면 황소가 뿔로 들이받는 꿈을 꾼 적이 있다. 광주 무등산을 올라가다 보면 사인봉이 있고, 그 사인봉의 에너지가 직접적으로 전해지는 약사암이 있다.

이 약사암에서 30대 초반에 주문을 외운 적이 있었다. 어느 날 꿈을 꾸는데 커다란 황소가 나타났다. 뿔도 아주 큰 황소였다. 이 황소가 커다란 뿔로 나를 공격하는 꿈이었다. 꿈 같지가 않고 아주 생생한 꿈이었다. 그때 당황해서 그 황소를 피해 다녔는데, 지나고 보니 그 황소 뿔을 두 손으로 뽑아버려야 주문의 경지에 들어갈 수 있는 것이었다. 담력 부족으로 황소를 피해 다녔으니 주문의 효과를 보지 못한 셈이다.

주문을 외우다 보면 공통적으로 공포스러운 장면이 나타나기 마련이다. 이게 입학시험이 아닌가 싶다. 이 공포를 극복해야만 입학이 된다. 못하면 탈락이다. 다른 세계로 진입할 때는 입학시험이 있다. 이게 시련이라면 시련이고 난관이라면 난관이다. 이 시련을 극복해야 하는 것이다. 이것이 고생이고, 단련하면 내공이 되는 것이다. 내공은 시험을 통과할 때 쌓이기 마련이다. 주문은 결국 신을 설득하는 소리다. 한번 설득해서 신이 들어주지 않으면 계속해서 설득한다. 반복이 필요하다. 그리고 각각의 주문에는 그 주문에 상응하는 신격이 존재한다. 그 주문에 상응하는 정신세계가 각기 존재한다는 말이기도 하다. 그러나 일반 사람은 그 주문에 상응하는 정신세계가 이 4차원 공간 어딘가에 존재한다는 사실을 믿기 힘들어한다. ⋀⋀⋀

도사가 되려는 사람이 산신령에게 인사도
드리지 않고 도 닦으려고 시도한다는 것은
지혜가 없는 행동이 아닐 수 없다.
도 닦는다는 일이 산에서 머무르며 기도하고
공부하는 일이기 때문이다. 그래서 한반도에서
도 닦으려고 시도했던 수많은 선배들은
전국을 돌아다니면서 명산의 산신령들에게
꼭 인사를 드리는 전통이 있었다.

명산의 산풍과
산신령의 개성

도사가 되려면 절차가 필요하다. 무대뽀로 되는 게 아니다. 인간사도 그렇지만 정신세계의 입문도 절차와 단계가 필요하다. 그 절차는 전국 명산의 산신령을 방문하면서 인사를 드리는 일이다. 명산뿐만 아니라 어지간한 산에도 산주(山主), 즉 산신령이 존재한다고 믿어왔던 것이 한민족의 오래된 전통이었다.

도사가 되려면 먼저 산신령의 결재를 받아야 하는 것이다. 그러려면 '후배 아무개가 공부를 하려고 왔습니다. 이 산의 산신령님이 허가를 해주십시오!'라고 인사를 드리는 일이다. 산신령이 결재를 해주지 않고 틀어버리면 되는 일이 없다. 불교 사찰에서 법당을 짓거나 건축을 할 때도 먼저 산신령에게 통고하고 허가를 받는 전통이 내려온다. '산신령이 어디에 있어!' 하고 무시하는 태도를 가지고 무대뽀로 사찰의 불사를 밀어붙이다가 낭패를 겪은 스님들도 많다.

불교도 그러하거늘 도사가 되려는 사람이 산신령에게 인사도 드리지 않고 도 닦으려고 시도한다는 것은 지혜가 없는 행동이 아닐 수 없다. 도 닦는다는 일이 산에서 머무르며 기도하고 공부하는 일이기 때문이다. 그래서 한반도에서 도 닦으려고 시도했던 수많은 선배들은 전국을 돌아다니면서 명산의 산신령들에게 꼭 인사를 드리는 전통이 있었다. 지금은 등산 애호가들이 등산화와 스틱을 짚고 전국의 100대 명산, 200대 명산을 거론하면서 등산을 한다. 등산객들은 운동하러 다니는 개념이니 산신령 인사가 빠져 있지만 과거에는 산신령 인사가 등산의 핵심이었다. 산신령을 만나보지 못한 등산은 앙꼬 없는 찐빵만 실컷 먹은 셈이다. 그렇다면 전국의 산신령은 어떤 개성을 지니고 있는 것일까? 산마다 산풍(山風)이 다르고 주 전공이 약간씩 다르다.

먼저 지리산이다. 지리산은 보통 산을 10개쯤 합쳐 놓은 거대한 규모다. 봉우리마다 기운이 다르다. 봉우리마다 각기 산신령이 있는 셈이다. 영신봉(靈神峰)은 글자 그대로 신령한 신기가 솟는 봉이다. 꼭대기는 바위로 되어 있어 기운이 쩌렁쩌렁하게 흐르고 있다.

여기에서 기도를 하면 1주일 내로 응답이 오는 수가 많다. 영신봉 옆에는 좌고대(座高臺)가 있다. 역시 바위다. 함양 마천 쪽에서 이 좌고대 바위가 보이는데, 멀리서 보면 톱니바퀴처럼 보이기도 한다. 나는 좌고대를 볼 때마다 지리산의 산신령이 앉는 의자라고 생각한다. 이 돌의자에 앉아 지리산 1천 미터급 영봉 40개를 둘러보는 것이다.

지리산의 가풍은 은둔과 불로장수다. 세상에 나가지 않아도 행복한 산이 지리산이다. 독립불구(獨立不懼)하고 둔세무민(遁世無悶)할 수 있는 산이다. 홀로 있어도 두렵지 않고 세상에 나가지 않고 산 속에 숨어 있어도 별다른 근심이 없는 산이다. 대개는 홀로 있으면 불안하고, 세상에 나가서 인정을 받지 못하면 '인생 헛살았다'며 고민하고 번민하다가 좋은 세월 놓쳐버리는 게 범부의 인생이다. 그놈의 인정욕구가 참으로 질긴 욕구다. 다른 사람들로부터의 인정, 이걸 위해서 피 터지게 싸운다. 사회로부터 받는 인정욕구 하나만 끊어버려도 그 사람은 도사라고 불러야 한다. 지리산은 이 인정욕구를 끊어버리고 자족할 수 있는 에너지를 제공하는 산이다. 좌고대 바위에 올라가서 지리산을 내려다보면 그 기분을 느낄 것이다.

지리산은 반야봉 산신령도 힘이 세다. 반야봉 주변에 기운 좋은 암자들과 대(臺)가 많다. 종석대, 무착대, 우번대, 묘향대 등은 바위 절벽 위에 자리잡은 뷰 포인트다. 여러 개의 대(臺)를 발로 밟아보면서 산신령에게 인사를 드리는 것이 필요하다.

기운이 가장 거칠고 세기로는 지리산 서쪽의 노고단이다. 이 노고단 자락에서 내려오는 기운을 받아보면 원시자연 그대로의 기운이다. 이런 기운에 노출되면 주먹에 힘이 들어온다. 펀치를 한방 날리고 싶은 에너지가 펄떡거린다. 지혜가 없고 마음이 단련되지 않은 사람이 이렇게 거칠고 강한 에너지에 노출되면 사고가 난다. 폭력 사고에서부터 시작하여 다른 사람과의 끊임 없는 마찰이 이어질 수 있다. 컨트롤할 수 없는 에너지가 들어오면 소송과 마찰이 따라온다. 심하면 살인사건도 날 수 있다. 그래서 예로부터 노고단 밑에 있는 화엄사에서 주먹이 강한 승려들이 많이 배출되었고, 정유재란 때는 왜군들과 맞붙는 의승군들이 배출되었던 것이다.

　지리산과는 다른 산이 금강산이다. 지금은 이북에 있어 쉽게 갈 수 없는 산이 되었다. 나는 금강산 관광이 열렸을 때 두 번 가보면서 많은 생각을 한 적이 있다. 금강산은 조선의 골산(骨山)을 대표한다. 육산(肉山)이 지리산이라면 바위산은 금강산이다. 개골산(皆骨山)이라고도 부르지 않던가! 살은 없고 뼈만 있는 산이다. 서산 대사는 금강산을 가리켜 '수이부장(秀而不壯)'이라고 품평한 바 있다. 빼어나지만 지리산처럼 장엄한 맛은 좀 부족하다! 이러한 품평은 서산 대사가 지리산에서 머리 깎고 오래 생활을 해보았기 때문에 금강산을 평가할 수 있었다고 본다. 지리산과의 비교가 가능했다고나 할까. 여기에서 빼어나다는 것은 구체적으로 무엇일까? 바위맛이라고 생각한다. 바위에서 뿜어져나오는 기운은 골수에 영양분을 제공한다.

　골수를 강하게 해주는 산이 금강산의 산풍이자 금강산 산신령의 주특기에 해당한다. 사람이 색을 밝혀서 정액을 낭비하면 골수가 약해진다. 골수가 약해지면 결단력이 떨어지고 판단력이 흐려진다. 주색 좋아하다가 총 맞는 수가 있다. 일본 사무라이들도 술 마시고 취한 상태에서 반대파 자객의 칼을 맞고 죽는 수가 많았다. 술을 마시면 칼에 찔릴 확률이 높다. 골수가 빠지는 것이다. 이 골수를 보충해주는 산이 금강산이고 금강산 산신령의 신통력이 된다.

　역대로 금강산파는 밀리터리(military) 주특기를 가진 도사가 많이 배출되었다. 밀리터리가 뭘까? 차력(借力)과 축지(縮地), 그리고 둔갑장신술(遁甲藏身術)이다. 차력은 힘을 쓰는 일이다. 차력에도 대차(大借)가 있고, 중차(中借), 소차(小借)가 있다. 소차의 단계는 80킬로그램짜리 쌀 2가마를 들어올릴 수 있는 힘을 가리킨다. 중차의 단계는 황소가 쓰는 힘 정도의 파워를 얻게 된다. 대차는 황소 3마리가 쓰는 힘을 얻는 단계다. 장정의 힘으로 따지면 장정 15명 정도의 힘을 쓰는 게 대차의 경지라고 한다. 기독교 성경에 보면 삼손이 쓰는 괴력이 나온다. 쇠사슬에 묶인 채로 신전의 돌기둥을 잡아채서 쓰러뜨려버리는 힘이 영화에 나오는데, 삼손이 쓰는 힘 정도가 대차에 해당하지 않나 싶다. 축지법도 있다. 시속 250킬로미터 정도의 속도를 내서 산길을 갈 수 있는 신통력이 축지법이다. 이 정도의 속도라면 추적군이 아무리 잡으려고 해도 잡을 수가 없다.

〈조선왕조실록〉에 보면 금강산 당취(黨聚)의 대장승려 운부(雲浮)가 언급되고 있다. 소설 〈장길산〉에도 등장한 바 있다. 구전에 의하면 이 운부가 축지법의 대가였다고 전해진다. 반체제 승려 조직인 당취 중에서도 금강산 당취와 지리산 당취가 있는데, 금강산 당취가 훨씬 과격한 세력이었다고 한다. 조선체제에 대한 반감이 지리산 당취보다 훨씬 컸던 것이다. 조선왕조가 들어서면서 불교를 탄압하기 시작하자 곧바로 불만을 품고 산으로 들어간 승려들이 금강산 당취다. 조선 초기에 금강산에 들어가서 조선왕조에 대한 반감을 품은 세력이 금강산파다. 지리산은 좀 있다가 형성된 당취다. 서산 대사가 지리산 당취의 리더였다. 지리산 당취가 금강산으로 들어가서 운부로 상징되는 과격파 당취들을 설득하고 통합한 인물이 서산 대사가 아닌가 싶다. 하여튼 금강산 산신령은 군사적 재능, 즉 밀리터리 병과에 속한 능력을 주는 산신령이다. 골수를 채워주면 특출한 차력과 축지법에 능통하게 된다. ▲▲▲

계룡산파에 속하는 사람들은 몇 년간
계룡산에 진득하게 붙어서 산의 정기를
충분히 소화하고 발효시키는 사람들이다.
무당과 도사는 이 지점에서 갈린다.
무당은 영업이 우선이고 도사는 자기 수행이
먼저다. '돈이냐? 해탈이냐?'
헷갈리는 문제다. 계룡산에서도 가장
엑기스가 뭉쳐 있는 지점을 꼽는다면
수정봉 밑의 신흥암을 꼽고 싶다.

무당파의 본산,
계룡산의 강하고 맑은 기운

계룡산은 800미터급이다. 높은 산은 아니지만 낮은 산도 아니다. 그러나 기(氣)는 아주 세다. 산 전체가 통바위로 되어 있기 때문이다. 조각바위는 기가 흩어지는 반면, 통바위는 하나로 기운이 뭉쳐 있다. 그래서 계룡산파가 존재하는 것이다. 돌도 다르다. 아주 단단한 청돌이다. 화강암도 단단하지만 이보다 한 수 더 뜨는 돌이 청돌이다. 계룡산 수정봉 밑에 있는 신흥암으로 올라가는 길에 뒹구는 작은 돌들이 이런 청돌이다. 단단할수록 기운도 더 강하다. 이런 돌에서 나오는 기운은 뼛속까지 들어온다. 골수에 사무치는 기운이 들어오는 것이다.

이런 강하고 맑은 기운을 제일 먼저 알아차리는 집단이 무당들이다. 무당들 말에 의하면 '다른 산에 가서 1달간 기도해야 얻을 수 있는 에너지를 계룡산에서 기도하면 3일만에 보충할 수 있다'고 한다. 그래서 방전되면 계룡산에 얼른 와서 배터리를 보충한 다음에 또 얼른 떠난다. 보충한 에너지로 영업을 해야 하기 때문이다. 계룡산파에 속하는 사람들은 몇 년간 계룡산에 진득하게 붙어서 산의 정기를 충분히 소화하고 발효시키는 사람들이다. 무당과 도사는 이 지점에서 갈린다. 무당은 영업이 우선이고 도사는 자기 수행이 먼저다. '돈이냐? 해탈이냐?' 헷갈리는 문제다. 계룡산에서도 가장 엑기스가 뭉쳐 있는 지점을 꼽는다면 수정봉 밑의 신흥암을 꼽고 싶다. 역대 계룡산파에서 동의하는 부분이기도 하다.

우선 수정봉(水晶峯)이라는 이름이 예사롭지 않다. 이름 그대로 수정 같은 기운이 나온다는 것이다. 불교에서는 수정 기운을 비로자나 법신의 기운으로 생각한다. 맑고 투명하면서도 강하다. 대개 강하면 탁해지기 쉽다. 강하면서도 맑기가 어렵다. 수정봉은 투명하면서도 강한 에너지를 발산한다. 그 증거가 천진보탑이다. 수정봉이 내려와 신흥암을 우백호로 감싸 안으면서 맺힌 지점이다. 이 천진보탑은 부처님 진신사리가 묻혀 있다고 소문난 곳이다. 그래서 가끔 방광(放光)을 한다. 천진보탑에서 빛을 발사한다. 밤에 이 방광 장면을 보면 불이 난 것처럼 보인다. 이 방광 장면은 카메라에 찍혀서 여러 번 대중에게 공개되기도 했다. 방광 사진을 보면 참 신기하다. 어떻게 자연 봉우리에서 이런 빛이 나올까? 진짜 부처님 진시사리가 묻혀서 나오는 것일까? 아니면 봉우리 자체에 수정이 묻혀서 그런 것일까?

미국의 애리조나 주에 기운이 세기로 유명한 세도나(Sedona)가 있다. 세도나에는 벨락(Bell Rock)이라는 바위산이 있는데, 치료 효과가 뛰어난 산으로 알려져 있다. 혹자는 인디언 대추장들이 이 산에서 기도하던 인디언 성지라고 한다. 필자가 이 산을 올라갔을 때 백인 가이드가 "여기는 독수리 영혼이 존재한다. 독수리 영혼이 당신에게 접신되면 당신은 독수리처럼 공중에서 아래를 투시하는 초능력을 얻을 수도 있다."고 농반진반으로 이야기했던 기억이 난다. 문제는 이 산의 바위가 어떤 종류의 바위인가였다.

"벨락에는 어떤 바위가 주종을 이루느냐?"

"수정이 많이 묻혀 있다. 그래서 이 산에 오면 발이 둥둥 뜨는 느낌을 받는 사람도 있다. 발이 미끄러지지 않도록 조심해라!"

수정이 많이 묻혀 있다는 대목이 뇌리에 깊이 박혔다. 계룡산 수정봉도 실제로 수정이 많이 묻혀 있는 게 아닐까. 수정봉은 스위스의 마테호른처럼 우뚝 솟은 험악한 바위 봉우리다. 그 모양을 바라보면 닭의 대가리 모습 같기도 하다. 계룡산의 닭 대가리는 이 수정봉으로 생각할 수도 있다. 계룡산 한복판에 있는 닭머리인 셈이다.

이 수정봉에 있는 황진경 스님을 만났다. 80대 중반의 고령이다. 몇 년 전에 만났을 때는 불도 안 들어오는 차디찬 방바닥에 텐트를 치고 그 안에서 기거하고 있었다.

"신흥암은 어떤 암자입니까?"

"속가의 아버지도 이 신흥암에서 도를 닦았어요. 그래서 나도 이 신흥암에서 죽을 때까지 머물다가 이승을 떠나려고 합니다. 비로자나 법신의 기운이 뭉쳐 있는 곳이죠. 기운이 아주 쟁쟁해요."

"속가의 아버지는 어떤 분이었길래 신흥암에서 도를 닦았단 말입니까?"

"선친은 해방 이후 사회 혼란을 보면서 인생의 무상을 깊이 느꼈습니다. 그래서 명산을 다니면서 기도를 하고 마음을 밝히는 데 전력을 다했습니다. 내가 중년에 마곡사 주지를 했는데, 이때 주지를 하는 아들을 찾아와서 꾸짖었습니다. '이놈아! 네가 출가한 것은 죽기 살기로 도 닦아서 큰 도인 되려고 출가한 것이지, 이런 주지 자리에나 앉아 있으려고 출가했느냐? 너는 아무래도 안 되겠다. 너는 이제부터 나하고 부모 자식 인연 다 끊자. 서글픈 일이다. 이놈아!' 하고 나무랐어요. 서릿발같이 저를 혼내셨죠. 선친은 전국의 명산 도량에서 기도를 하면 '여기에 신장(神將)이 몇 명 있고 어떤 주특기의 신장들이 있다'는 것 정도는 다 알고 계셨죠. 죽기 살기로 열심히 하면 반드시 결과가 있다고 강조하셨습니다."

황진경의 윗대에 임철호(任澈鎬)라는 도인이 있었다고 한다. 임철호의 어머니가 황진경 할아버지의 고모가 되는 관계였다. 구한말 때의 인물이다. 고종 때 민영환을 가르친 선생이라고 전해진다. 천문, 지리, 사서, 오경, 통감, 사략에 통달했던 학자요 도인이었다. 당시 전국에 72명사(明師)가 있었는데, 임철호는 73번째 명사라는 평가가 있었다. 임철호는 어느 날 7~8세 되는 황진경에게 물었다. 저녁 무렵이었다.

"별이 보이느냐?"

"어떤 별이요?"

"남극 노인성이다. 지금은 저 지평선 무렵에서 살짝 보인다. 저 별이 다섯 뼘쯤 더 올라오면 인간 수명이 100세를 넘어간다."

해방 직후에는 이 노인성이 조금 더 올라와 있었다. 임철호는 당진의 구절산(九節山)에 묘를 썼다. 봉우리 9개가 꾸불꾸불 꿈틀거리는 모양의 산이라서 구절산이라고 이름 붙였다. 임철호는 이 구절산에서 '구절비룡(九節飛龍)'의 명당을 찾았다고 한다. 개심사의 백

운 스님이 구절비룡이 있다고 알려줬다. 알려줘도 정확한 지점을 찾는 것은 실력이 또 있어야 한다. 아마도 용의 대가리 위나 용의 혓바닥 부위, 그러니까 용이 여의주를 물고 있는 부위쯤에 묘를 쓰지 않았나 싶다. 3대가 지나서 9대 입각을 한다고 예언했다. 산추수법(山推數法)으로 이를 예측할 수 있었다고 한다. 명당 자리마다 그곳과 궁합이 맞는 성씨가 있고, 이 성씨가 어떤 성씨인가를 알아맞추는 게 산추수법이다. 그리고 임철호는 자신의 손자를 어린 황진경에게 부탁했다.

"앞으로 네가 꼭 내 손자를 잘 돌보아주거라!"

황진경은 이 약속을 끝까지 지켰다. 어떤 사람을 끝까지 봐준다는 게 쉬운 일인가. 50년 동안 그 약속을 지키느라고 주변에서 욕도 얻어먹었지만 말이다. 집안에 임철호 같은 도인이 있었으니 황진경의 부친도 도에 관심이 있었던 것이다. 황진경이 10대 중반에는 이재옥 선생이라는 도가의 선생이 있었다. 아버지가 아들을 도인 만들기 위해 이재옥 선생에게 맡긴 것이다.

14~15세 된 황진경에게 이재옥이 훈련시킨 방법은 밤 9~10시쯤 가야산 꼭대기의 문수봉에 올라갔다 오라는 훈련이었다. 10대 중반 소년이 컴컴한 밤에 산 정상까지 올라가려면 당연히 무섭다. 귀신도 나올 수 있고 야생 동물을 만날 수도 있다. 도를 닦으려면 담력이 있어야 하는 게 필수적이다. 도는 용기와 담력이 없으면 못 닦는다. 저녁마다 황진경을 산꼭대기로 올려보냈다. 그 과정을 1년쯤 하고 나니 새를 한 마리 잡아왔다. 살아 있는 딱따구리였다. 이재옥이 황진경에게 명을 내렸다.

"네가 이 새의 목을 잘라서 그 피를 마시거라."

그러나 어린 황진경은 도저히 새의 목을 자를 수 없었다.

"살아 있는 새의 목을 자른다는 것은 저로서는 도저히 할 수 없는 일입니다. 저는 도저히 못하겠습니다."

"그렇다면 할 수 없구나. 내가 마셔야 되겠다."

그러고 나서 이재옥 본인이 그 새의 피를 마셨다. 피를 못 마셨기 때문에 여기서 도사 수업은 중단되었다. 아마도 그 새의 피를 마셨으면 주문수행의 단계로 넘어갔을 것이다. 주문수행은 둔갑장신술(遁甲藏身術)을 익히는 일이다. 둔갑술을 익히려면 주문을 외워야 하고, 주문을 외우기 위해서는 몇 가지 절차가 있었던 모양이다. 그 이재옥 선생의 거처도 예사롭지 않았다. 충남 서산에 마애삼존불이 새겨진 암벽이 있고, 그 암벽 위에 집이 2가구 있었다. 그 한 가구가 이재옥 선생의 집이었다. 흔히 백제의 미소라고 알려진 서산 마애삼존불 자리가 기운이 뭉쳐 있는 자리였던 모양이다. 그냥 예사로운 자리가 아니었던 것이다. 영험한 자리니까 백제 때부터 삼존불도 새겨놓고, 역대 도사들이 그 부근에서 기도하고 도를 닦았던 것이다. ▲▲▲

탄수는 후일 비결문에서 이 과정을 이사일생(二死一生)이라고 표현했다. 두 번이나 죽을 상황에서 살아났다는 이야기다. 탄수는 8.15해방 일자와 해방 이후 지리산에서 빨치산 전투가 벌어져 많은 피를 흘리게 된다는 사실을 예언했다. 또한 지리산이 팔도 사람이 모이는 관광 명소가 된다는 점, 그리고 금계(金鷄)마을에 있으면 6.25전쟁 때 사람이 안 죽는다는 부분도 예언했다.

탄수 도사의
이사일생(二死一生)

탄수(灘叟) 이종식(李鍾植, 1871~1945). 구한말에 지리산에서 태어나 일제 36년이라는 암흑기를 살다간 인물이다. 어떤 시대에 태어나느냐도 굉장히 중요하다. 맘에 맞는 시대에 태어난다는 게 마음대로 안 된다. 중국에서 19세기에 태어났던 허운(虛雲) 대사도 굉장히 도력이 높았다. 근자에 대만의 국사를 지내다가 작고한 남회근 선생의 할아버지 선생에 해당하는 인물이다. 이 양반이 공산당의 모택동 정권이 들어서자 "이 시대는 나하고 안 맞는다"고 하면서 좀 일찍 세상을 떠버렸다. 자연 수명은 더 살 수 있었음에도 불구하고 미리 당겨서 세상을 떠버렸다고 이 분야 선수들 사이에서 회자되는 이야기다.

탄수도 국운이 안 좋을 때 태어났다. 좋을 때 태어났더라면 좀 더 드라마틱한 활동을 했을 것이다. 그러나 인생사에는 동전의 양면이 존재하기 마련이다. 안 좋은 시대에 태어났으니까 도를 닦게 된 것이다. 잘 나가는 시대라면 도 안 닦는다.

탄수가 지리산의 금대암(金臺庵)에 들어가 10년 넘게 도를 닦게 된 계기는 일제의 탄압에서 비롯된다. 탄수의 아버지인 죽포(竹圃)가 1907년의 의병활동에 총과 군자금을 지원했기 때문이다. 당시 구례의 지리산 연곡사(燕谷寺)에서 녹천 고광순 대장의 지휘하에 모였던 조선 의병들이 일본군의 기습 공격을 받아 크게 타격을 받았다. 의병의 상당수가 죽었지만 소수는 살아남았다. 살아남은 의병들은 지리산의 험준한 계곡인 칠선계곡으로 들어갔고, 이 칠선계곡 깊은 곳에 있었던 상원사(上源寺)에 진을 쳤다.

해발 1,200미터 지점의 깊은 계곡에 위치한 상원사는 옛날부터 일종의 요새지형으로 꼽아왔던 곳이다. 1907년 당시 조선 의병들은 이 칠선계곡과 백무동을 중심으로 각각의 대오를 형성하고 있었다. 추성의진(樞星義陣)과 백무의진(百巫義陣)이 그것이다.

칠선계곡 상원사 근방의 추성의진을 이끌던 대장은 이 지역 인물이었던 석상용 대장이었다. 이 동네 토박이였다. 자식들 혼사도 이 근방 사람과 하기 마련이었다. 탄수의 아버지였던 죽포와 석상용은 서로 사돈 간이었다. 사돈이 의병대장으로 나서니 밥 먹고 사는 부자였던 죽포는 당연히 총과 돈을 대줄 수밖에 없었다. 지리산 산골짜기에서 당시 3천 석 정도의 부자라면 대단한 부자였다.

총은 어디에서 났을까? 총은 비싼 귀물이었다. 당시 전국의 포수들에게 화승총(火繩銃)의 소유가 허락되었고, 포수들 사이에서 15만에서 20만 자루 가량의 화승총이 유통되었다고 한다. 이 포수들 총을 죽포 집안에서 사들여 석상용에게 지원했던 것이다. 지리산 동북쪽 계곡의 추성의진과 백무의진의 의병들은 당시 일본군 토벌대 본부가 있던 실상사를 공격하기로 했다. 하지만 이 공격이 실패로 돌아가면서 오히려 일본 토벌군에게 사살되거나 사로잡히게 되었다. 문제는 총이었다. "너희들, 이 총 어디에서 났느냐?" 잔혹한 고문에 못 이겼다. "죽포 선생이 준 것이다."

일본군 헌병대가 죽포를 체포하러 왔다. 그러나 당시 죽포 이규현(李圭鉉, 1848~1935)은 노인이었던 것이다. 1907년 당시 우리 나이로 62세, 환갑 넘은 노인을 잡아갈 수는 없었다. 죽포의 장남이었던 이종순(李鐘純, 1866~1913)이 실제로 군자금과 총을 대었던 인물이었다. 그러나 당사자 이종순은 일제가 잡으러 올 줄 미리 알고 다른 곳으로 피신해 있었던 상황이었다. 일본 헌병대는 죽포의 집을 찾아와 으름장을 놓았다. "장남이 도망갔으니 너희 집안에서 누구든 한 명은 책임을 지고 대신해서 죽어야 한다."

죽포가 살았던 동네는 지금 의중(義仲)마을로 되어 있다. 지리산 천왕봉에서 내려온 맥이 벽송사를 거쳐 이 의중마을로 뭉쳤다. 인월 쪽에서 흘러온 냇물이 이 의중마을을 감아돌아 흘러나간다. 의중마을 앞에서 백무동과 한신계곡의 물도 합쳐진다. 이 물이 다시 칠선계곡에서 내려온 물과 합쳐지고 의중마을을 감아돌아 어루만지면서 휴천 쪽으로 내려가는 것이다. 의중마을은 천왕봉의 끝자락 맥과 냇물이 서로 껴안듯이 감싸고 있는 형국이라 한눈에 봐도 기운이 뭉친 명당이다. 기운이 뭉친 마을이니 변강쇠와 옹녀의 전설도 만들어졌다. 정력의 상징이 변강쇠 아니던가. 이 변강쇠 전설의 고향이 벽송사와 의중

積善之家

必有餘慶

마을이다. 물산도 풍부했다는 이야기다. 먹고 살 것 없는 가난한 마을에서는 이런 전설이 만들어질 수 없다.

집안에서 누군가 한 명은 실상사에 주둔한 일본 헌병대에 출두해서 대신 죽어야 하는 상황이었다. 할 수 없이 3남인 탄수가 자원했다. "제가 대신 가서 죽겠습니다." 의중마을에서는 탄수가 실상사에 가기 전 1주일 동안 잔치를 열어주었다. 죽으러 가는 탄수에게 맛있는 음식이나 실컷 먹이자는 의도에서였다.

절처봉생(絶處逢生)이라는 말이 있다. '끊어진 절벽 같은 곳에서 다시 살아날 방도가 생겨난다'는 뜻이다. 한마디로 사지 탈출이기도 하다. 당시 실상사에는 조선인 건달들이 있었다. 일본 헌병대가 부리고 있던 심부름꾼이자 가이드였다. 지리산 지리를 잘 몰랐던 일본군은 산골짜기 길들을 잘 알고 있는 세르파(sherpa) 겸 포터(porter)가 필요했다. 평소 동네에서 건들건들하던 건달들이 이 역할을 맡고 있었다고 한다. 이 건달 몇이 실상사에 나타난 탄수를 알아보았다.

"아니, 탄수 형님 여기는 왜 왔어요?"

"집안에서 한 명은 죽어야 하니까 죽으러 왔다."

"형님이 왜 죽어요? 죽으면 안 되죠."

이 건달들은 평소에 탄수에게 신세를 많이 진 사람들이었다고 한다. 탄수가 이들에게 막걸리를 많이 사주었다는 것이다. 동네 지나다가 이 건달들 만나면 "자네들 이리와! 내가 술이나 한 사발 살게!" 하면서 술과 밥을 많이 사주었다. 사람은 얻어먹다 보면 신세 갚을 생각을 하기 마련이다. 이 세상에 공밥은 없는 것이다. 이 건달들이 일본 헌병들과 책임자에게 의견을 전달했다.

"저 사람은 죽이면 안 됩니다. 동네에서 인심을 얻은 사람입니다. 만약 죽이면 동네 인심이 험악해집니다. 살려놓으면 일본 헌병에 대한 여론이 우호적으로 변할 것입니다."

이런 식으로 건달들이 일본군에게 마사지를 했다. 적선지가(積善之家)에 필유여경(必有餘慶)이라고, 평소에 뿌려놓은 술밥이 결정적인 순간에 자신의 목숨을 보호하는 방탄조끼로 작용한 셈이다.

이렇게 해서 탄수는 기적적으로 죽음의 형장에서 벗어났다. 그리고는 동네 근처에 있는 영험한 암자인 금대(金臺)로 들어갔다. 일본 헌병대의 감시를 받으면서 정상적인 생활을 영위하기가 어려웠던 것으로 보인다. 금대는 명당이다. 지리산 제일 명당으로 금대를 꼽는다. 왜 명당인가? 지리산의 1,500미터급 영봉들 10여 개 이상이 전부 도열한 것처럼 보이는 포인트이기 때문이다. 천왕봉을 비롯해서 중봉, 하봉, 영랑대, 형제봉 등 지리산 봉우리들이 마치 병풍처럼 도열해 있다. 지리산을 감상하는 가장 좋은 포인트는 금대자리다. 그래서 예로부터 지리산에서 꼽는 제일 수도터는 금대였다.

탄수는 이런 상황에서 금대로 은둔할 수밖에 없었다. 10년간의 은둔, 탄수는 금대에서 10년 동안 머무르며 영대(靈臺)가 열리게 되었다. 영대는 하늘의 별자리 이름이기도 하지만, 통상적으로 인간 내면에 숨어 있는 영안(靈眼)을 가리킨다. 영대가 열렸다는 것은 영안이 열렸다는 뜻이다. 영안이 열리면 어떻게 되는가? 미래를 내다보는 능력을 얻게 된다. 금대 생활 10년 동안 탄수는 도사가 된 것이다. 물론 이 10년 동안 탄수는 신병(神病)에 걸려서 죽을 고비를 겪기도 한다. 죽음의 문턱까지 오락가락하는 고통을 겪고 나서 앞일을 훤히 내다보는 능력을 갖추게 된다.

탄수는 후일 비결문에서 이 과정을 이사일생(二死一生)이라고 표현했다. 두 번이나 죽을 상황에서 살아났다는 이야기다. 탄수는 8.15해방 일자와 해방 이후 지리산에서 빨치산 전투가 벌어져 많은 피를 흘리게 된다는 사실을 예언했다. 또한 지리산이 팔도 사람이 모이는 관광 명소가 된다는 점, 그리고 금계(金鷄)마을에 있으면 6.25전쟁 때 사람이 안 죽는다는 부분도 예언했다. ▲▲▲

금대암에서 영봉들을 바라본다는 의미는
그 봉우리들로부터 뿜어져나오는 에너지를
모두 받아들일 수 있다는 의미다.
이러한 에너지를 받아야 정신세계에 입문한다.
정신세계 입문도 산천의 정기를 받아야
가능하다. 금대산의 금대암이야말로 이러한
종합 선물세트 에너지를 받기에는 최적의 장소다.
그래서 옛날 도인들이 지리산 제1명당을
금대로 꼽았던 것이다.

지리산 제1명당,
금대(金臺)의 비밀

지리산 도사 탄수(灘叟)는 왜정시대에 아들들을 학교에 보내지 않았다. 일본사람 머슴이 된다고 보았기 때문이다. "일본 놈들이 세운 학교에 다닐 필요 없다." 그러나 셋째 아들은 학교에 보냈다.

"왜 셋째는 학교에 보냅니까?"

"개가 졸업할 때가 되면 일본 세상은 끝나 있을 것이다!"

셋째 아들은 왜정 때 학교를 다녔다. 졸업을 했으나 일본의 강제 징용에 끌려가게 되었다. 그 시점이 1945년 8월 14일이었다고 한다. '아니, 일본 세상은 끝난다고 했는데 저 아들은 왜 징용으로 끌려가게 되는 거지?' 그동안 탄수의 몇 가지 예언이 모두 맞는 것을 지켜본 주변 사람들은 당연히 의문을 가졌다. '이건 안 맞나?'

함양군 마천면에서 8월 14일 징용으로 끌려간 셋째 아들은 다음날 함양읍에서 다음 장소로 이동하기 위해 대기하고 있었다. 다음날이 바로 8월 15일이었다. 셋째 아들은 함양읍에서 대기하고 있다가 해방을 맞았던 것이다. '과연 그렇구나!'

탄수의 예언 가운데 특기할 만한 사례가 바로 금계(金鷄)마을의 창립이다. 금대산(金臺山) 자락을 '금닭'이라는 뜻의 '금계'라고 명명하고, 여기에 동네 사람들이 살아야 안전하다고 예언했다. 그 전까지 동네 사람들은 동네 앞을 세차게 흘러가는 냇물인 의탄(義灘) 건너편의 의중(義仲)마을에 주로 살고 있었다. 남원 실상사 쪽에서 내려오는 계곡물이 한신계곡과 백무동계곡의 물과 합해져서 내려오다가 다시 칠선계곡에서 내려오는 물과 합해지는 동네 지점이 '의탄'이라는 냇물이다. 의탄 건너편에는 의중마을이 있고, 의중마을에서 보자면 의탄 건너편에 탄수에 의해서 금계마을이 새로 생겼다. 탄수는 해방 되던 해인 1945년에 죽었다. 그는 죽기 전에 '의중보다는 금계로 옮겨 살아야 안전하다'는 예언을 남긴 바 있다. 그리고 탄수는 가족들을 데리고 새로운 터인 금계로 옮겨가 살았다. 이 예언은 5년 후인 1950년, 빨치산이 활동하면서 맞아떨어졌다.

의중 쪽은 빨치산의 활동무대와 겹쳤다. 의중마을 위쪽으로 변강쇠 전설로 유명한 벽송사(碧松寺)가 있었고, 벽송사는 빨치산의 야전병원 역할을 했다. 말하자면 빨치산 소굴이 된 것이다. 그러다 보니 벽송사와 지근거리에 있는 의중마을도 군경과 빨치산에 시달리는 동네가 된 셈이다. 그러나 의탄이라는 냇물 건너편의 금계는 빨치산의 통제권 건너편에 자리 잡은 동네였다. 냇물이 하나의 자연 장벽으로 역할했다. 금계에 있으면 안전했다. 자연스럽게 여러 가구가 금계로 옮겨와 살게 되었다. 탄수의 예언이 들어맞게 된 것이다.

　　여기서 한 가지 흥미로운 점은 왜 동네 지명을 금계로 지었는가 하는 점이다. 네이밍은 아무나 하는 게 아니다. 그 터의 기운과 역사, 배출 인물, 그리고 미래를 내다보는 안목이 모두 종합되어 동네 작명을 하는 법이다. 멋모르는 사람들이 함부로 작명하는 게 아니다. 따라서 후학들이 그 동네 이름을 보다 보면 여러 가지 사실을 유추해볼 수 있다. 금계는 일단 그 동네 뒷산이 금대산이라는 점을 주목해야 한다.

　　금대산은 600~700미터급으로서 높은 산은 아니지만 지리산 제일 명당으로 꼽는 금대(金臺)가 위치해 있는 산이다. 지리산 천왕봉의 산신은 천왕모(天王母)라고 하는 여신(女神)이다. 이 근방의 백무동(百巫洞)이라는 이름도 지리산 최고봉인 천왕봉의 여산신에게 제사를 올리기 위해 100명의 무당이 모여 있다는 뜻이다. 천왕봉의 여산신을 맞아주는 남자 산신이 바로 금대산의 산신이라고 한다. 그러니까 금대산은 지리산 천왕봉과 맞다이를 놓는 산인 셈이다. 산은 높다고 장땡이 아니다. 낮아도 파워가 있으면 장땡이다.

　　이 금대산에 대해서 고래로부터 많은 전설이 이어져왔다. 우선 금대암에 올라가면 지리산 주 능선의 1천미터급 봉우리 10여 개가 바라보인다. 지리산 영봉(靈峯)들을 조망하기에는 금대암 자리가 최적이다. 이러한 뷰포인트가 없다. 금대암에서 영봉들을 바라본다는 의미는 그 봉우리들로부터 뿜어져나오는 에너지를 모두 받아들일 수 있다는 의미다. 10여 개 이상의 봉우리로부터 레이저가 쏟아져나오면 이 또한 대단한 영적 자원에 해당한다. 이러한 에너지를 받아야 정신세계에 입문한다. 로켓만 발사장치가 필요한 게 아니다. 정신세계 입문도 산천의 정기를 받아야 가능하다. 금대산의 금대암이야말로 이러한 종합 선물세트 에너지를 받기에는 최적의 장소다. 그래서 옛날 도인들이 지리산 제1명당을 금대로 꼽았던 것이다.

또 하나의 포인트는 이 금대산이 멀리서 보면 말의 안장처럼 가운데가 오목하게 들어간 형태로 보인다는 점이다. 산의 가운데가 약간 들어가거나, 또는 작은 봉우리가 있고 그 바로 옆으로 조금 더 높은 봉우리가 있으면 이를 말 안장으로 본다. 풍수에서는 마체(馬體)라고 판정한다. 마체가 동네 앞에 있거나 집터 앞에 있으면 귀인이 나온다고 믿는다. 귀인은 반드시 말을 타고 온다. 말 안장을 걸친 말이 앞에 있으면 그 터에서는 귀인이 출현한다고 여겼다. 금대산이 하나의 거대한 말 안장으로 보이는 지점이 있다. 바로 마적대(馬跡臺)다.

휴천면 쪽에 있는 마적대는 옛날에 마적 도사가 도를 닦던 터라고 한다. 이 마적대에서 금대를 바라보면 마체로 보인다. 마적대라는 이름도 이 마체로부터 에너지를 직통으로 받는 지점에 해당하기 때문에 붙여진 이름 같다. 마적대 밑으로는 계곡 물소리가 은은하게 들리고, 바닥은 바위 암반이며, 옆에는 5백 년은 되어 보이는 소나무가 서 있다. 왜 이름이 마적(馬跡)인가? 말의 자취? 정면에 보이는 금대산이 말 안장으로 보이기 때문이다. 금대의 에너지를 가장 많이 받는 지점이라서 마적대라 이름했다. 아마도 마적 도사는 이 금대산을 보면서 수도했을 것이다. 마적대에 앉아 있으면 금대산의 에너지가 들어온다.

마천면의 마천(馬川)이라는 이름도 이 거대한 말이 물을 먹는다는 뜻에서 '말 마(馬)' 자를 써서 이름을 짓지 않았는가 싶다. 금마음수(金馬飮水)의 형국인 것이다. 고대에 말은 가장 중요한 군사적 무기이자 전략 자산이었다. 말을 탄 기마병은 그 스피드와 파괴력에서 보병을 압도하기 마련이다. 말이 있으면 전쟁에서 이기는 것이다. 그 말 중의 최고의 말이 바로 '황금 말', '금마(金馬)'인 셈이다. 금마는 왕이 타는 말이기도 하다. 그 왕은 아마도 가야의 마지막 왕이었던 구형왕이 아니었나 싶다. 신라에 쫓긴 가야는 마지막에 지리산에 성터를 짓고 머물렀다. 지금의 마천면 일대다. 벽송사 뒤로 올라가면 추성(樞城)이 있다. '추(樞)'는 북두칠성의 제1번 별이다. 추기경(樞機卿)이라고 할 때도 이 '추' 자를 쓴다. 한마디로 하늘의 중심이라는 의미다.

마지막 가야의 왕과 그 신하들은 이 깊은 산골짜기 봉우리에 성을 쌓고, 그 이름만큼은 북두칠성의 '추' 자를 붙여 추성이라고 이름했다. 이름이라도 추성이라고 붙여야만 자신들의 비참한 처지를 달랠 수 있었을 것이다. 그런데 이 추성에서 금대산을 바라보면 그 모습이 또 다르다. 산은 보는 각도에 따라서 모습을 바꾼다. 이때의 금대산은 커다란 범종(梵鍾) 또는 바가지를 엎어놓은 것처럼 보인다. 풍수가에서는 종처럼 생긴 산을 가리켜 금체(金體)라고 부르며, 삼각형처럼 뾰쪽하면 목체(木體)라고 간주한다. 수화목금토(水火木金土) 오행 가운데 철모, 바가지, 종 모양을 금에 해당한다고 보는 것이다. 따라서 금대산 이름에 '금' 자가 붙은 배경에는 추성에서 바라본 산 모습이 금이었기 때문에 붙여진 이름이 아니었을까 짐작해본다.

이 금대는 지리산의 도솔대(兜率臺), 무주대(無住臺), 마적대와 함께 함양 일대의 명당으로 존중받아왔다. 탄수 도사가 10년간 틀어박혀 도를 닦은 금대산의 금대암은 그 터가 범상치 않았다는 이야기다. ▲▲▲

4장

전생을 알면
현생이 이해되고
미래가 보인다

"수행이라는 게 욕망을 끊고
절제하는 데 있다고 보는데요.
차를 이렇게 많이 마시는 것은
계율 위반 아닌가요?"
"다른 것은 끊다시피 절제하는데
이 차는 집착이 좀 남아 있습니다.
제가 전생에 차를 다루는 차업(茶業)에
종사했기 때문이라고 봅니다.
차 장사를 한 것이죠.
그러다 보니 금생에도 그 업보와
취향이 이어지고 있습니다."

현생에 이어지는
전생의 습관

전생론자의 입장에서 보면 현생에서 지니는 취향, 성격, 인간관계 등이 숙생의 업보다. 우연 같지만 우연이 아니라는 이야기다. 다 이유가 있다. 단지 인간이 그 이유를 모를 뿐이다. 모르는 상태에서는 모든 것을 신의 섭리로 돌리는 게 속 편하다. 신의 섭리로 돌리지 않고 그 이유를 캐물으려면 머리 빠개진다.

화경 선생은 차(茶)를 좋아한다. 중년 남자가 차를 좋아한다는 것은 한국 사람의 평균적인 기준에서 보면 흔한 취향은 아니다. 차를 어느 정도 좋아하는가 하면 하루에 3~4리터 정도 마신다. 생수통 큰 것으로 두 병 꼴이다. 거의 매일 마시는 양의 평균이 이렇다. 보통 사람이 매일 이 정도를 끊임없이 마신다면 몸에 이상이 온다. 칼슘이 너무 빠져나가서 치아가 약해질 수도 있다. 그러나 기경팔맥이 통한 도사의 몸은 이걸 커버한다. 화경 선생은 50대 중반까지만 하더라도 식사량이 엄청났다. 약간 과장해서 양동이로 반절 정도를 먹었다. 호텔 뷔페식당에 가면 본전을 뽑는다. 3~4인분의 식사량이다. 이렇게 먹고도 차를 마시니까 차의 부작용에서 벗어난 게 아닌가 싶다. 일반 사람은 위장이 작고 소화력이 떨어져서 이렇게 먹다가는 골로 간다. 음식이 이만큼 입으로 들어가지도 않는다.

"수행이라는 게 욕망을 끊고 절제하는 데 있다고 보는데요. 차를 이렇게 많이 마시는 것은 계율 위반 아닌가요?"

"다른 것은 끊다시피 절제하는데 이 차는 집착이 좀 남아 있습니다. 제가 전생에 차를 다루는 차업(茶業)에 종사했기 때문이라고 봅니다. 차 장사를 한 것이죠. 그러다 보니 금생에도 그 업보와 취향이 이어지고 있습니다."

"전생에 차 장사를 하던 장면도 생각납니까?"

"납니다. 히말라야에서 중국 차를 좋아해서 중국으로 넘어왔지만, 요기(Yogi)도 밥은 먹어야 할 것 아닙니까. 더군다나 요기는 머리도 기르고 복장도 일반인과 똑같습니다. 성직자 대접을 받을 수 없다는 말입니다. 신도들이 먹을 것을 가져다주는 상황도 아닙니다.

자기 먹을 것은 스스로 벌어서 조달해야 합니다. 요기의 생계 수단으로 차를 택한 것이죠. 요녕성에 차 가게가 있었고, 차가 떨어지면 북경의 도매점으로 차를 구입하러 가기도 했습니다. 차를 팔다가 손님이 없고 한가하면 가게의 조그만 마당에서 요가 자세를 수련했던 장면들도 생각납니다."

나는 화경 선생과 정신세계의 이런저런 주제를 이야기할 때마다 선생이 따라주는 차를 마시곤 했다. 인도 〈우파니사드(Upanisad)〉의 원래 의미는 '선생과 제자가 무릎을 가까이 대고 나누는 도담(道談)'을 가리키는 것이라고 한다. 그 도담의 내용을 적은 것이 우파니사드라는 경전이 된 것이다. 처음에는 이야기를 나누는 보조 수단으로서 차가 필요했지만, 어느 정도 시간이 흐르면서부터는 차를 마시는 게 '메인 디쉬(main dish)'가 되었다. 평화로운 상태에서 같이 차를 마시는 게 하나의 우파니사드가 되었다고나 할까. 말은 점차 줄어들고 차를 마시는 그 행위 자체가 선정(禪定)이었다고 하면 과장일까.

'다선일미(茶禪一味)'라는 말도 그냥 나온 말이 아니라는 사실을 깨달았다. 침묵의 상태에서 찻물을 끓이고 찻잔에 차를 따르고 차 한 모금이 목젖을 넘어갈 때 '꼴깍' 하는 미세한 소리와 느낌. 대개의 인간적인 대면의 자리에서 침묵이 10분 이상 이어지면 어색하다. 어떨 때는 그 침묵이 천근의 무게처럼 짓누를 때도 있다. 아무 말도 안 하는 것이 엄청난 법문으로 다가올 때도 있다. 그런데 침묵이 이어지면서도 어떤 어색함과 부담도 없으며, 평화로운 기분이 드는 상황. 이런 상태가 바로 다선일미였다. 30년 정도 숙성된 보이차를 목젖으로 넘기고 나면, 그 차의 향기가 코에 달라붙어 있고 미세한 단맛이 혀끝에 남아 있다. 말은 없는 상태이지만 그 차의 향기와 단맛이 나에게 말을 걸고 있다. '도미(道味)가 바로 이런 것이다!'라고.

보통의 중년 남자들은 차 맛을 알기가 어렵다. 가장 큰 이유는 마음이 바쁘기 때문이다. 머릿속에 끊임없이 해야 될 일과 해결하기 어려운 걱정거리 또는 회삿일과 집안일을 걱정하고 있다. 마음이 바쁘면 차 맛을 음미하기 어렵다. 온 신경이 머리에 집중되어 있다. 그러면 말초 신경의 촉감이 약화되기 마련이다. 혓바닥에 붙어있는 말초 신경인 미각 세포도 약화된다. 그래서 차 맛을 음미하려면 마음이 한가하고 걱정거리가 없어야 된다. 이 세상에 중년 남자가 이렇게 한가한 사람이 얼마나 되는가! 바쁜 사람은 차 맛을 모르게 되어 있다. 바쁜 사람에게는 커피가 맞는다. 후다닥 한잔 마셔도 맛이 남는다. 반대로 마음이 한가한 사람은 돈이 없다는 문제가 있다. 마음이 한가하면 이상하게도 돈이 붙지 않는다. 돈이 있어야 차를 마실 거 아닌가. 차는 비싼 차도 많다. 돈이 없으면 못 마신다. 싸구려 차를 마시고는 차 맛의 깊이에 도달하기 힘들다.

"노차(老茶)를 마시면 뭐가 그리 좋습니까?"

"차를 마시면 일단 기운이 아래로 하강합니다. 머리 쪽에 올라가 있던 상기된 기운이 내려가는 것이죠. 기운이 아래로 내려가면서 드는 느낌은 평화입니다. 마음이 착 가라앉고 안정된 느낌이 들죠, 이걸 평화라고 해도 됩니다."

"차를 마시면 기운이 내려가기만 하고 올라가지는 않습니까?"

"올라가기도 합니다. 내리막이 있으면 오르막이 있죠. 올라갈 때는 '영광'의 느낌이 옵니다. 올라간다는 것은 비상(飛翔)입니다. 하늘로 비상할 때는 영광스러운 느낌이 들죠. 하늘나라에 올라간다는 뜻도 내포되니까요."

오래된 보이차를 한잔 마시면서 '평화'와 '영광'이 교차한다. 이는 몸의 경락이 열려 있기 때문에 와닿는 느낌이다. 경락이 닫혀 있으면 이런 느낌이 없다.

요가의 설명방식에 의하면 차크라가 열려 있는 덕택이다.

"좋은 차를 마시면 차의 기운이 몸 밖으로 30cm 정도 방사되어 있는 것처럼 느껴집니다."

일종의 아우라가 몸 전체를 감싸고 있는 셈이다. 그 아우라는 차에서 나오는 차기(茶

氣)라고 해야 할 것이다. 몸 밖으로 차기가 뿜어져나와 몸 전체를 감싸안고 있는 느낌은 어떤 것일까. 겪어보지 않은 사람은 알 수 없다. 이렇게 아우라가 몸 밖으로 퍼져 있는 인물은 보통 사람이 범접할 수 없는 어떤 카리스마가 느껴진다. 흔히 성화(聖畵)를 그릴 때 성인(聖人)의 머리 뒤쪽으로 황금색 둥그런 원이 그려진다. '골든 보울(golden bowl)'이라고도 한다. 이게 아우라의 대표적인 형태다. 그러나 더 따지고 들어가 보면 몸 전체로 아우라는 방사된다고 해야 맞다. 단지 일반 사람의 범안(凡眼)으로는 잘 보질 못한다. 왠지 막연한 느낌만 갖는다. 일반 사람도 잘 나갈 때는 사람이 훤해 보인다. 이를 '신수가 훤하다'로 표현한다. 일반 사람의 상승운세는 신수가 훤한 형태로 나타난다.

나는 화경 선생과 18년 동안 요가와 인도철학, 그리고 정신세계에 대한 수많은 법담을 나누었다. 그리고 그 자리에는 항상 차가 있었다. 선생이 항상 차를 손수 끓여주었다. 그러다 보니 요가를 배우기보다는 서서히 차를 배우게 되었다.

"저 같은 경우는 온 신경이 머리로 가 있어 감각이 예민하지 못합니다. 그래서 차 맛을 민감하게 느끼지 못하는 병폐가 있네요. 지금 찻잔에 따라 주는 차 맛도 정확하게 무슨 차의 맛인지 잘 모르겠습니다."

"전생에도 지금처럼 제가 차를 따라주었습니다. 그때도 차의 이름은 말하지 않고 그냥 따라 주었을 뿐입니다. 지금처럼 이름도 모르고 무심코 마셨기 때문에 그럴 것입니다."

전생부터 이월된 습관이 차이고, 그 차를 매개로 한 인연이 현생에도 이어진다. ▲▲▲

전생을 아는 것도 진리를 아는 것에 해당한다.
그렇지만 전생을 안다고 꼭 해피한 것만은 아니다.
진리를 알면 행동반경이 좁아진다.
행동이 곧 원인이고, 이 원인이 어떤 결과를
수반할지 미리 알게 되면 매사에
조심스러울 수밖에 없다.

전생을 안다는
일의 고단함

"진리가 너희를 자유롭게 하리라"는 말이 있다. 맞는 말이다. 주관적인 도그마에 갇혀 사는 게 인생이다. 어떤 사건이 닥쳤을 때 당시에는 무슨 큰일이 난 줄 알았는데, 시간이 지난 후에 보면 별일도 아닌 경우를 누구나 체험해봤을 것이다. 주관적 도그마에서 벗어나 높은 시각에서 보게 된 효과다. 이처럼 진리를 알게 되면 사람이 편해지고 여유가 있게 된다. 그러나 그 반대의 경우도 있다. 일반 사람이 보지 못하는 앞일을 내다보거나 전생을 본다거나 하면 자유가 구속되는 일이 생긴다. 몰라야 자유가 있다고나 할까. 알면 제약을 받는다. 왜 알면 제약을 받는가? 어떤 행동을 했을 때 어떤 결과가 온다는 것을 알면, 행동을 함부로 할 수가 없다. 진리가 사람을 구속하는 측면도 있다는 이야기다.

그렇다면 어떤 진리가 사람을 구속한단 말인가? 숙명통(宿命通)이다. 그 사람의 전생을 아는 신통력이다. 숙명통을 한 화경 선생은 인도에서 주유천하를 하며 여러 도사를 만났다. 90년대 초반, 인도 뿌나에 위치한 라즈니쉬 아쉬람(명상 공동체)에는 독특한 문화가 만발했다. 천하의 도사들이 이 아쉬람에 모였던 것이다. 유럽에서 온 집시 도사를 비롯해 이슬람권의 도사, 티벳과 히말라야에서 온 도사들이 모여 있었다. 여러 문명권에서 수천 년간 축적되어온 각종 문파들의 주특기가 발현되었다. 서로 주특기를 교환하기도 했다.

나도 그곳에 갔다. 라즈니쉬가 죽고 나서 몇 년 뒤였는데, 그 시기는 교주의 죽음 이후 약간 김이 빠져 있는 상태였다. 특이했던 것은 아쉬람에 들어가는 출입증을 끊어줄 때 에이즈 검사를 하는 일이었다. 피를 뽑더니만 8시간 후에 오라는 것이었다. 8시간 후에 다시 가니까 출입증을 발급해줬다. 물론 에이즈 검사는 음성이었다. 에이즈 검사를 하는 이유는 아쉬람 내에서 프리 섹스를 하는 전통이 있었기 때문이다. 아시아에서 온 여성 명상가들은 백인 남자들의 대시를 많이 받지만 아시아 남자는 전혀 인기가 없었다.

"아시아 여자들에게 어떤 매력이 있나?"

"찢어진 눈이 매력적이다. 유럽 여자들에게는 없는 눈매다."

그러나 슬프게도 백인 여자들은 아시아 남자에게 눈길도 주지 않는다는 점이 상처로 남는다. 또 하나는 아쉬람 내 수영장이 있는데, 남녀가 옷을 걸치지 않은 누드 상태로 수영을 한다는 점도 문화적 충격이었다. 화장실도 물론 남녀 구분이 없었다.

'인카운터 클럽(Encounter Club)'이라는 매우 스페셜한 스터디 모임도 있었다. 남녀 5쌍 정도가 교실 같은 한 공간에서 1달간 옷을 벗고 생활하는 코스였다. 라즈니쉬 생전에 시도했던 프로그램이었다. 자신과 동행한 여성(또는 남성)이 다른 이성과 섹스하는 장면을 옆에서 지켜보게 하는 실험이었다. 이 장면을 목격하고도 마음 속에서 분노심이 일어나지 않아야 한다. 분노심이 일어나면 이건 아직 공부가 덜 되었다는 징표라고 판정했다. 그런데 이 클럽에 가입하는 데 자격조건을 따졌다. 아시아인은 퇴짜였다. 유럽의 백인들끼리만 가입을 허용하고 프로그램을 진행했다. 언젠가 일본인 커플을 이 프로그램에 합류시켰더니 대판 싸움이 일어났기 때문이다. 아시아인은 성적인 소유욕에서 유럽 백인만큼 자유롭지 못하다는 인종적 편견을 심어주는 사건이었다고 한다. 그 뒤로 아시아인 참가자는 알게 모르게 제한을 두었다.

어쨌거나 라즈니쉬 아쉬람에서 몇 달 생활하다 보면 자기 문화권에서 갖는 금기나 도그마가 많이 깨지는 경험을 하게 된다. 그야말로 글로벌한 시야를 갖게 되는 셈이다. 화경 선생은 이 아쉬람 내에서도 단연 독보적인 존재였다. 요가 아사나의 가장 난이도가 높은 '라자카포타 아사나(왕비둘기 자세)'를 자유자재로 취할 수 있는 내공의 소유자였기 때문이다. 바닥에 엎드린 채 두 다리를 뒤로 들어올려 발끝이 자기 이마에 닿도록 하는 요가 자세다. 흔히 서커스 공연에서 몸이 아주 부드러운 여자가 나와 보여주는 자세이기도 하다. 이 자세를 10대 중반의 소녀가 아니라, 30세가 넘은 근육질의 남자가 취한다는 것은 매우 어렵고 드물다. 요가 아사나는 말로 하는 토론이 아니고 몸으로 하는 동작이므로 누구나 눈으로 볼 수 있다. 속일 수 없는 영역이다. 이 아사나가 완성되면 세상의 욕망으로부터 자유롭다. 인간 속세로부터 해방되었음을 암시하는 자세다. 세상을 정복한 아사나라고 말하기도 한다. 세상을 정복했다는 것은 인간 세상의 욕망에 얽매이지 않는다는 말이다.

인도에서 주유천하를 하고 7년 만에 한국에 돌아온 화경은 요가 도장을 차렸다. 아무리 라자카포타 아사나를 완성한 도사도 풀잎에 이슬만 먹고 살 수는 없다. 이것이 인생이다. 밥도 먹고 치즈도 먹고 생선찌개도 먹고 때로는 맥주도 한 잔 해야 한다. 요가를 알려주고 레슨비를 받는 것은 공돈 받는 것이 아니다. 노동의 대가다. 조그만 방을 하나 전세로 얻어 요가 도장을 열어놓고, 어떤 사람이 배우러 오는지 지켜보고 있었다. 20대 중반의 젊은 아가씨가 도장 문을 열고 들어왔다. 그 아가씨가 문을 열고 들어오는데 전생이 보였다.

화경 선생의 어머니였다. 화경은 8세 때 어머니가 돌아가셨다. 화경이 도장을 오픈했을 때는 34~35세 무렵이었다. 죽은 어머니가 이 아가씨로 환생해, 전생의 아들이 요가 선생으로 있는 도장에 막 문을 열고 들어오는 것이었다. 그 아가씨의 얼굴이 생전 어머니의 얼굴로 오버랩되는 것이 아닌가! 이 아가씨는 요가 도장에 들어오자마자 화경에게 들러붙었다. 특별한 호감을 표시한 것이다. 요가 레슨이 끝나도 집에 가려고 하지 않았다. '선생님, 저 차 좀 한 잔 끓여 주세요.', '저는 반다(호흡을 일시적으로 멈추는 동작)가 잘 안 되는데 어떻게 하면 잘 될까요?' 등 질문을 퍼부어대는가 하면, 빵이나 떡과 같은 간식을 부지런히 가져와 나르기도 했다. 여자 제자들이 선생을 좋아하면 하는 행동들이 있다. 그러한 행동들을 하면서 화경 주변에 붙어 있으려고만 했다.

그럴 때마다 화경은 생각했다. '죽은 어머니가 환생해서 전생 아들을 보니까 얼마나 좋겠는가! 자식에 대한 사랑을 충분히 주지도 못하고 저승에 가면서 얼마나 한이 맺혔겠는가! 그 한이 이런 식으로 표출되는구나!' 이 아가씨는 전생에 자기 아들을 만났으니까 왠지 모르게 자꾸 자석 끌리듯이 끌리는 것이다. 우리가 살면서 뚜렷한 이유 없이 밉거나 끌리는 경우는 대개 전생 업보와 인연의 소산이다. 전생은 눈에 안 보이기 때문에 긴가민가하다. 하지만 화경 선생의 이 사례를 듣고 전생의 업보가 얼마나 자전거 체인처럼 이어지고 있는지를 확신하게 되었다. 화경은 이 아가씨를 대할 때마다 어머니로 대했다. '죽은 어머니가 이렇게 와서 아들과 재회하는구나. 어머니가 너무 일찍 세상을 떠나서 아쉬웠는데 이렇게 만나는구나!' 그런 마음이었기에 이 아가씨가 이성으로는 생각되지 않았다.

어머니임을 확실하게 아는데 어떻게 이성으로 보이겠는가. 이것이 '알면 골치 아프다'는 경우다. 죽은 어머니라는 사실을 아니까 말이다. 화경에게 이유 없이 달라붙는 이 아가씨를 잘 달래는 수밖에 없었다. 아무리 달라붙더라도 적당한 거리를 유지하면서 다른 동네의 쓸 만한 젊은 남자에게 시집을 가도록 잘 인도했다. 전생을 아는 것도 진리를 아는 것에 해당한다. 그렇지만 전생을 안다고 꼭 해피한 것만은 아니다. 진리를 알면 행동 반경이 좁아진다. 행동이 곧 원인이고, 이 원인이 어떤 결과를 수반할지 미리 알게 되면 매사에 조심스러울 수밖에 없다. ᘓ

7천 년 전부터 인도의 요기들은 현생의 죽음을
카일라스 위의 우주적 자궁으로 돌아가는
것이라고 믿었다. 그 자궁에 들어가서 하는 일이
무엇이냐? 업장을 풀어내는 일이다.
원한, 미움, 필생의 목표, 애욕, 이런 것들이
칭칭 감겨 있다. 이걸 풀어내야 한다.

삶과 죽음,
그리고 업장(業障)

박원순의 갑작스런 죽음은 충격이었다. '인생 이렇게 가고 말 것을 뭘 그리 아등바등했던 말인가!' 십사오 년 전, '피스&그린 보트'를 타고 일본의 북해도를 거쳐 캄차카 반도, 사할린을 지나가면서 그와 나눴던 여러 가지 이야기들이 기억에 남는다. 박원순은 유럽 여행을 다니면서 많은 사진을 찍어놓았는데, 그 사진들이 참 인상적이었다. 주로 유럽의 합리적인 사회시설물들 사진들이었다. 디자인이 잘 된 건물, 다리의 모양, 교차로 모습, 공원의 벤치 등등이었다. '이 사람 참 부지런하구나' 하는 생각이 들었다. 한국에 적용하려고 찍어놓은 사진들이었다.

배를 타고 다니면 이야기를 집중적으로 많이 할 수 있어 좋다. 밖으로 나가면 바다다. 어디 다른 데로 나갈 수 없다. 집중적으로 이야기할 수 있다는 장점은 그 사람의 사주팔자를 볼 수 있다는 점도 포함된다. 그러나 이성적인 판단을 중시하는 박원순은 사주팔자 같은 것에 그다지 관심을 보이지 않았던 것으로 기억된다.

당사자는 관심을 보이지 않았지만 사주명리학 연구자는 상대방의 무관심한 표정을 보면서도 사례 수집을 해야 하는 적극성이 필요하다. 그때 내가 한 말은 이런 내용이었던 것 같다.

"이 사주는 종교인 사주요. 만약 머리 깎고 출가했다면 해인사 주지 같은 게 어울릴 것 같습니다. 또 하나는 고아원 원장이요. 재물 욕심이 적고 뭘 주는 것을 좋아하니, 고아들에게 공책도 사주고 연필도 사주는 원장 말입니다. 그러나 인생에서 초이스는 한 가지가 아니라 여러 가지가 있다고 봅니다."

나의 사주풀이 내용에 박원순은 약간 떨떠름한 표정이었던 것으로 기억된다. 당시 유한킴벌리 문국현 사장, 환경운동의 최열과 함께 한국의 시민운동계를 대표하던 3인방 가운데 한 사람인 자신을 그런 시각의 사주풀이로 설명한다는 게 기분 좋았을 리는 없다. 그러나 살다 보면 때때로 다른 동네에서 놀았던 이질적인 인간을 만나 평소 안 들어본 이야기도 한 번쯤 들어볼 필요는 있다. 피스&그린 보트에 문국현과 최열도 같이 타고 있었지만 나는 이상하게도 박원순 사주만 물어봤던 것 같다. 왜 그랬을까? 그 뒤로 시간이 흘러서 박원순은 승승장구했다. 서울시장이 되었고, 시장도 한 번만 하는 게 아니라 재선, 삼선까지 하는 모습을 지켜보았다.

박근혜와 문재인이 붙었던 대선이 2012년이었던가. 그 무렵 모 월간지의 부탁을 받고 야당 쪽의 대선 주자 중 한 명이었던 박 시장을 인터뷰하기 위해 서울시장실에서 만난 적이 있다. 서울시장실은 다른 단체장들 사무실이나 기업 오너들의 집무실과 분위기가 아주 달랐다. 서류 파일들이 시장실 사방 벽을 돌아가면서 수백 개쯤 빼곡하게 차 있었다. 약간 갈색이면서도 노란색이 섞인 서류 파일들이 빼곡하게 꽂혀 있는 모습은 시장실에 들어선 나를 숨막히게 압박했다. '이렇게나 들여다볼 서류가 많단 말인가!' 탁자 위에 덩그러니 난(蘭)이나 하나 놓여 있고, 여유 있게 커피나 한 잔 하는 분위기가 아니었던 것이다. '나 같은 건달 한량은 서울시장 시켜줘도 못하겠구나!'

이런저런 이야기를 10분쯤 하다가 갑자기 박 시장이 한마디 툭 던졌다.

"조 선생! 그때 나에게 큰절 주지나 고아원 원장이 맞는 사주라고 하지 않았어요?"

피스&그린 보트에서 내가 했던 말을 7~8년이 지난 후였지만 기억하고 있었다.

"그러니까요. 사주를 엉터리로 잘못 본 것 같네요."

이생에서 만나 큰 배를 보름이나 같이 타고 대양을 가로지르는 여행을 하며, 이국의 풍광을 논하기도 하고 사주팔자도 보고 했던 박원순이 갑자기 사라졌다. 갑자기 어디로 사라졌단 말인가? 자살한 정치인 노회찬도 생각나고 정두언도 생각난다. 인간은 누구나 죽는다. 메멘토 모리(memento mori, 죽음을 기억하라)! 부처도 죽고 예수도 죽고 공자도 죽었으니까 누구나 죽는 것을 억울해할 필요는 없다. 그러나 잘 나가던 정치인의 갑작스런 자살은 '인생이 도대체 무엇인가'라는 큰 의문을 던진다.

언젠가 화경 선생과 제주의 어느 요가 회원 집에 갖춰진 아늑한 다실에서 숙성된 보이차 7542를 마시다가 나눴던 이야기가 생각난다.

"인도의 토착 요기들은 죽음을 어떻게 봅니까?"

"카일라스 산(수미산)의 위 허공에 거대한 우주의 자궁이 있다고 믿어요. 카일라스 산을 하나의 거대한 남근(男根)으로 보는 겁니다. 우리의 생명이 여기에서 출발했다고 보는 것이죠. 지금도 힌두교에서는 남근과 여근이 합해진 심벌이나 맷돌을 만들어놓고, 남근 위에 우유나 성수를 바가지로 붓는 의식이 있습니다. 생명의 창조와 탄생을 경외롭게 리마인드시키는 것이죠."

"이 세상에 남근이 있으면 여근(女根)도 있기 마련이죠. 카일라스 산 바로 위의 허공에 여근이 있다고 믿죠. 이때의 여근이란 거대한 우주의 자궁을 가리킵니다. 사람이 죽으면 이 우주의 자궁, 즉 카일라스 산 위의 허공으로 들어간다고 봅니다. 우주의 자궁으로 들어가면 그 사람이 생전에 이승에서 쌓았던 카르마(업장)가 있습니다. 그곳에서 이 업장을 풀어내는 작업이 이루어진다고 봅니다. 인간의 카르마에는 7단계가 있습니다. 7개 차원마다 업장이 쌓여 있습니다. 인체의 차크라가 7개이기 때문입니다. 그리고 1개의 차크라에 쌓인 업장을 풀어내기 위해서는 7바퀴를 돌아야 한다고 봅니다. 인간이 살면서 쌓은 업장은 마치 시계태엽처럼 감겨 있습니다. 바짝 쪼여 있는 것이죠. 이 감겨 있는 태엽을 반대 위치로 돌려서 풀어내는 작업이 우주의 자궁에 들어가서 이루어지는 일입니다. 풀어내려면 각 차크라마다 7바퀴를 돌려야 합니다."

나는 화경으로부터 이러한 우주적 스케일의 생사관을 듣고 감동이 왔다. 죽음을 이런 식으로 설명할 수 있구나! 이는 대략 7천 년의 역사를 가진 인도의 생사관이라고 한다. 7천 년 전부터 인도의 요기들은 현생의 죽음을 카일라스 위의 우주적 자궁으로 돌아가는 것이라고 믿었다. 그 자궁에 들어가서 하는 일이 무엇이냐? 업장을 풀어내는 일이다. 원한, 미움, 필생의 목표, 애욕, 이런 것들이 칭칭 감겨 있다. 이걸 풀어내야 한다. 어떻게 푼단 말이냐? 카르마를 푸는 데 7바퀴를 돌려야 한다는 생각은 어떻게 하게 되었을까?

불교에서 사람이 죽으면 지내는 천도재도 49일이 걸린다. 7주를 지내는 것이다. 불교의 49일 천도재도 카일라스의 요기들이 생각했던 주기와 일치한다. 7이라는 숫자가 요가에서는 인체의 7개 차크라에서 왔지만, 한국 토종 도사들이 생각했던 근거는 북두칠성이었다. 모든 생명은 북두칠성에서 왔으므로 죽어서 돌아갈 때도 칠성으로 돌아간다고 믿었다. 군대에서도 병사들이 사고로 죽으면 시체를 칠성판(七星板)에 얹어놓는다. 이때의 칠성판은 죽음의 판이다. 생명이 왔던 곳, 북두칠성으로 다시 돌아간다는 의미가 내포되어 있다. 흥미로운 부분은 7개 차크라와 칠성의 숫자가 공교롭게도 모두 7개라는 점이다.

카일라스 산 위의 우주 자궁에서 태엽을 다 풀면 다시 인간계로 태어난다. 여성의 자궁으로 탁태(托胎) 되는 것이다. 사람이 죽으면 우주의 자궁으로 갔다가, 고장난 부분을 수리해 다시 인간의 자궁을 통해 인간계로 돌려보내는 셈이다. 그러니까 생과 사는 우주적 자궁과 인간의 자궁을 왕복 셔틀로 왔다갔다하는 셈이다. 죽음과 생사를 이런 각도에서 생각하고 믿는다면 죽음을 너무 충격으로 받아들일 일도 아니다. 그러나 문제는 이런 생사관을 믿기가 어렵다는 점일 것이다. 박원순도 지금쯤 우주적 자궁에서 나와 어느 인간의 자궁을 통해서 세상에 다시 태어나 자라고 있을 것이라고 생각해 본다. ▲▲▲

불교의 〈원각경(圓覺經)〉에 보면
이런 대목이 나온다.
'지환즉리 이환즉각(知幻卽離 離幻卽覺)',
즉 '삶이 환상(꿈)인 줄 알면 떠나게 되고,
환상을 떠나면 이것이 깨달음이다'라는 뜻이다.
여기서 떠난다는 말은 무슨 뜻인가?
거리를 두고 초연하게 바라본다는
의미 아니겠는가.

꿈자리 학파의
꿈 해석

전북 진안의 마이산(馬耳山)은 말의 귀처럼 생긴 2개의 봉우리가 우뚝 솟아 있는 형상이다. 그 2개의 봉우리는 멀리서 보면 문필봉(文筆峯)이나 말의 귀처럼 보여, 역대 도사들이 많이 찾았다. 산이 사람을 부른다. 특히 기운이 강한 산은 도사들을 불러모은다. 마이산에는 꿈을 수행의 중요 수단으로 보는 동몽(東夢) 도사가 살았다. 그는 전주의 유복한 집안에서 태어나 고생 없이 컸으나, 대학 3학년을 다니다 문득 전국을 떠돌고 싶은 충동이 일어났다. 보따리 하나 메고 전국의 명산들을 돌아다녔다. 그러기를 5년, 주유천하(周遊天下) 도중에 마이산에서 선생을 만나 공부하게 되었다.

어떤 꿈을 꾸느냐에 따라 이 사람의 공부가 되었는지 안 되었는지 알 수 있다는 것이 동몽 도사의 지론이었다. 하지만 이 지론은 동서고금을 막론하고 쭉 내려오던 전통이기도 했다. 꿈은 무의식의 노출이다. 지하 3층에 있는 무의식이 지상으로 올라와 화면에 나타난 것이 꿈이다. 문제는 지하실이다. 겉에는 아무리 청소가 잘된 것 같아도 지하실에 쌓인 것이 많으면 문제는 잠복해 있는 셈이다. 그러나 지하실에 뭐가 쌓여 있는지를 눈치채기 힘들다. 노출이 잘 안 되기 때문이다. 꿈을 꿔봐야 지하실 상태를 안다.

"마이산이 왜 꿈자리 학파의 수행에 적당한 산인가요?"

"특이한 기운입니다. 마이산처럼 자갈과 모래가 압축된 산은 그 기운이 화강암으로 된 산과 다릅니다. 화강암은 돌이 단단하죠. 기운도 비례해서 아주 단단하고 강합니다. 그에 비하여 마이산은 화강암보다 덜 단단하고 부드럽습니다. 강하다고 무조건 좋은 것은 아니죠. 때로는 소고기 스테이크의 안심 부위처럼 부드러워야 소화흡수가 잘 되는 경우가 있습니다. 소화흡수라는 측면에서 산 기운을 감정하면 마이산의 기운이 여기에 해당됩니다. 소화흡수가 잘 된다는 점이죠. 예를 들어 화강암 기운을 과다 섭취하다 보면 위장에서 걸려 체하는 수가 있어요. 과도한 기운의 영향으로 사람이 돌아버리는 수도 있습니다. 그러나 마이산은 어느 정도 소화가 되어 있는 상태이므로 뱃속에 들어가도 편합니다.

물론 이것도 그 도사의 취향과 체질에 따라 다른 문제입니다."

"꿈이라는 것은 도대체 뭡니까?"

"대몽(大夢), 중몽(中夢), 소몽(小夢)이 있습니다."

"대몽은 무엇이고, 중몽과 소몽은 또 무엇인가요?"

"대몽은 인생 전체를 하나의 꿈으로 보는 것입니다. 산다는 것이 다 꿈속 일이라는 것이죠. 지나간 세월을 생각해보세요. 다 꿈 아닙니까? 도요토미 히데요시도 죽으면서 남긴 말이 있지 않습니까. '오사카의 영화(榮華)여! 꿈속의 꿈이로다!' 중몽은 그날 하루의 일과가 꿈이라는 것입니다. 그날 하루낮에 일어난 일이 모두 꿈이라는 말이죠."

"그렇다면 소몽은 또 무엇입니까?"

"이게 보통 말하는 꿈입니다. 밤에 잘 때 꾸는 꿈이죠."

"우리가 꿈을 이야기한다는 것은 꿈속에서 다시 꿈을 이야기하는 셈이네요."

삼국지에 나오는 제갈공명, 그는 원래 융중(隆中)이라는 지역에서 도를 닦는 도사 지망생이었다. 유비가 삼고초려할 때, 그 초려(草廬)에서 아주 단출하게 살고 있었다. 그 초려의 방문 앞에 붙여놓은 편액이 바로 '대몽수선각(大夢誰先覺)'이었다. '대몽을 누가 먼저 깨닫는 것인가'라는 뜻이다. '인생 전체가 꿈이라는 이치를 어떻게 깨달을 것인가' 하는 문제의식이었다고 해도 과언이 아니다. 그러나 유비의 꼬임에 넘어가는 바람에 대몽을 깨닫지도 못하고 병으로 죽었다. 과로사한 것이다. 괜히 유비를 따라가서 죽을 때까지 전쟁터에서만 살았다. 그래서 토정 선생이 한 말이 '자기를 알아주는 사람을 조심하라'였다. 유비를 따라가지 않았으면 공명은 도사로서 과연 성공했을 것인가? 병이 들었다는 것은 과로했다는 뜻이고, 과로했다는 것은 도사가 아니다. 꿈속에서 '이것이 꿈이다' 하고 놀다가 가야지, 죽을 둥 살 둥 하면 과로할 수밖에 없다. 과로의 대가는 결국 중병이다. 중병에 들면 골로 가야 한다. 하지만 공명은 죽을 무렵에 깨닫지 않았을까? '삼국지가 모두 꿈이

로구나!'

불교의 〈원각경(圓覺經)〉에 보면 이런 대목이 나온다. '지환즉리 이환즉각(知幻卽離 離幻卽覺)', 즉 '삶이 환상(꿈)인 줄 알면 떠나게 되고, 환상을 떠나면 이것이 깨달음이다'라는 뜻이다. 여기서 떠난다는 말은 무슨 뜻인가? 거리를 두고 초연하게 바라본다는 의미 아니겠는가.

"대몽과 중몽은 제쳐둡시다. 깨닫기 전에는 꿈이라는 사실을 알아채기 힘들기 때문이죠. 일반 사람의 관심사는 바로 소몽입니다. 이 소몽을 좀 이야기해 주시죠?"

"소몽에도 6가지가 있습니다. 첫째 선견몽(先見夢)입니다. 앞일을 미리 보는 것이죠. 예지몽이라고도 하죠. 박근혜가 탄핵되기 1년 전쯤, 꿈에 박근혜가 나왔습니다. 꿈에 보니까 박근혜가 발가벗고 있는 거예요. 나체로 길바닥에 서 있는데, 지나가는 사람들이 꼬챙이, 송곳, 면도칼 등을 박근혜에게 던지는 겁니다. 그 꼬챙이를 몸에 맞은 박근혜는 피를 철철 흘리고 있었죠. 당시에는 '이게 도대체 무슨 꿈인가? 대통령에게 변고가 생긴단 말인가?' 정도로 생각했는데, 지나고 보니 그게 탄핵이었어요. 성난 대중들이 던진 꼬챙이를 맞은 셈이죠. 선견몽은 지나봐야 파악이 되는 수가 있어요."

"선견몽이 흥미롭습니다. 하나 더 사례를 설명해 주시죠?"

"몇 년 전에 트럼프와 김정은이 싱가포르에서 정상회담을 했지 않았습니까. 그 회담이 이루어지기 1달 전쯤에 선견몽이 있었어요. 두더지와 멧돼지가 나타나는 꿈이었어요. 땅속에 있던 두더지가 멧돼지의 코를 물어뜯는 장면이었습니다. 멧돼지가 땅속에 있는 두더지를 잡으려고 코를 박고 두더지굴을 후벼파는 도중이었습니다. 그런데 덩치가 작은 두더지가 그 후벼파던 멧돼지의 주둥이를 물어뜯는 것이 아닙니까. 아주 놀라운 장면이었어요. 이건 또 무슨 꿈인가 하고 궁금증을 가지고 있었는데, 싱가포르 회담을 보고 알았어요. 트럼프와 김정은의 관계를 암시하는 꿈이었던 거죠."

소몽 중에 두 번째 꿈의 종류가 전생몽(前生夢)이다. 전생의 자기 모습을 보는 꿈이다. 전생의 자기 모습을 보면 현생에서 자신이 하는 특이한 행동이나 습관을 이해하기 쉽다. 전생 이월이 현생이기 때문이다. ᴧᴧᴧ

한국에서 수천 억대 가진 자산가들은
사대불화몽을 많이 꾼다. 법정소송, 쟁투,
각종 근심으로 잠을 이루지 못한다.
돈 많은 사람의 고통이 불면증이다.
이럴 때는 돈을 좀 풀어야 한다.
돈은 귀신이 모여서 만들어진 업(業) 덩어리다.
이 덩어리를 해체시키는 방법은 주변에다
좀 풀어야 한다. 풀면 아군이 생기고,
나를 우호적으로 둘러싸는 신병(神兵)이
생겨서 나를 방어해준다.

오늘 밤
어떤 꿈을 꿀 것인가?

낮에 이루어지는 활동이 대몽(大夢)이라면 밤에 자면서 꾸는 꿈은 소몽(小夢)이다. 인생에는 밤무대와 낮무대가 있다. 낮무대가 대몽이고 밤무대가 소몽인 셈이다. 밤무대에서 뛰는 싱어송라이터는 소몽을 중시한다. 그 소몽에는 앞일을 미리 예시하는 선견몽과 전생의 자기 모습을 보는 전생몽이 있는데, 앞에서 잠깐 언급했다. 전생이란 것이 과연 있단 말인가? 전생몽이 과연 있는 것인가? 이 글을 쓰는 필자는 전생몽을 몇 개 꿔보았다. 자기가 꿔봐야 실감한다. 책만 보고 하는 이야기는 파워가 약하고, 자기가 직접 체험을 해 보아야 강력한 파워가 생긴다.

어느 절벽이었다. 위로 100미터 이상 솟은 바위절벽의 중간 부분에 동굴 사원이 있었다. 동굴 앞에는 기왓장으로 된 처마가 나와 있었다. 눈과 비를 가릴 수 있을 정도의 처마였던 것으로 기억된다. 동굴 안은 깨끗했다. 바닥은 대리석처럼 반들반들하게 다듬어져 있었다. 그리고 내부에는 기둥이 두어 개 서 있었다. 기둥 안에는 제단이 설치되어 있었다. 그리 높지 않은 제단이었고, 강연하기 위해 올라가는 정도 높이의 제단이었다. 그 제단의 양쪽 기둥에는 한문으로 써진 글씨가 있었다. 세로의 긴 주련 같은 모습이었고 경전의 글씨 같은 게 씌어 있었다. 무슨 내용이었는지는 생각이 안 난다. 중국의 도교 사원에 가면 이런 형태로 글씨가 씌어 있는 경우가 대부분이다. 아마도 중국의 동굴에 설치된 도교의 도관(道觀)이지 않았나 싶다.

도관의 제단에서는 머리를 단정하게 묶은 40대 정도의 나이로 보이는 신녀(神女)가 무릎을 꿇고 기도하고 있었다. 제단의 옆으로 돌아간 곳에는 단상이 놓여 있었다. 단상의 높이는 보통 책상보다 약간 높았다. 그 책상 같은 단(壇) 위에는 필자의 얼굴 사진이 놓여 있었다. 언뜻 보아서는 필자가 죽은 후에 제사를 지내는 상황으로 짐작되었다. 꿈에서 가장 인상 깊었던 장면은 바위절벽이었다. 동굴 입구 위로도 까마득히 높이 솟아 있던 절벽이었다. 그 절벽을 보고 이 터는 아주 기운이 강하겠다는 느낌이 들었다.

나는 유럽의 유명한 수도원이나 인도의 역사적인 종교적 수행터를 가볼 때마다 바위와 절벽 여부를 체크해보는 습관이 있다. 이란에도 가보았는데, 3천 년 전 조로아스터교의 유명한 수행터는 모두 바위절벽이나 암반 위에 위치하고 있는 것을 눈여겨보곤 했다. 국내의 유명 절터나 기도터를 볼 때도 바위와 암반 여부부터 체크해보는 습관이 있다. 바위절벽이야말로 영발을 증강시켜주는 고단백질이다. 북유럽의 노르웨이는 아직 가보지 못했지만, 사진 상으로 나타나는 노르웨이의 산세는 강력한 기운으로 꿈틀거리는 것처럼 보인다. 바위절벽이 많다. 바위도 단단한 화강암류로 보인다. 바위가 단단해야 기운도 강하다. 노르웨이 출신 바이킹의 기질이 어떠했을지를 짐작하게 해주는 대목이다. 노르웨이 바이킹의 전투력도 상상이 간다.

이야기가 옆으로 샜지만 전생몽은 현생의 삶과도 관련이 된다. 자기 현생의 주요한 습관이나 취향을 추론하게 해주기 때문이다. 바위를 좋아하는 취향, 이것은 전생의 어느 한 생에서 동굴 도관에 살았던 습관과 취향의 연장선상이다.

천상몽(天上夢)도 있다. 천상세계의 모습을 꿈으로 보는 경우다. 역사적으로 유명한 천상몽은 구약성경에 나온다. 꿈자리 학파의 입장에서 보면 신약보다는 구약이 훨씬 다이내믹하고 참고가 된다. 구약은 읽을거리가 많다. 꿈을 매개로 하여 동양과 서양의 교집합이 발견되기 때문이다. 대표적인 사례가 야곱의 사다리 꿈이다. 야곱이 꿈에서 하늘나라까지 연결되는 높은 사다리를 보았다는 내용이다. 하느님이 계신 천상세계에까지 연결되는 사다리다. 하늘나라로 올라가려면 사다리를 타야 한다는 계시이기도 하다.

절묘한 꿈이다. 야곱의 사다리 꿈은 후일 기독교 교부들에게도 깊은 영감을 준다. 사다리는 단계적으로 되어 있다. '한 방에 하늘나라로 올라가는 게 아니구나! 한 계단, 한 계단을 차곡차곡 올라가야 하는 것이구나!' 이 한 계단들이 어떻게 구성되어 있을까를 기독교 교부들은 연구했다. 기독교 교부들의 수증론(修證論)은 이 사다리 꿈에 기반을 두고 있다. 교부들은 보통 30계단을 이야기한다. 하늘나라로 올라가기 위해서는 30계단을 올라가야 한다고 생각했다. 서양의 화가들은 이 사다리 그림을 많이 그렸다. 사다리를 올라가다가 중간에 떨어지는 사람들도 많이 그려놓았다. 마귀들이 공중 사다리를 올라가는 수도자들을 끌어내어 떨어뜨리는 장면이 그것이다.

사다리를 올라가다 중간에 땅바닥으로 추락하지 않으려면 어떤 계율을 지켜야 하는가? 재색명리(財色名利)와 아상(我相), 인상(人相), 중생상(衆生相), 수자상(壽者相) 아니겠는가. 야곱의 사다리 꿈은 가톨릭보다도 그리스 정교의 은둔 수도자들 사이에서 훨씬 비중 있게 받아들여졌다고 본다. 사다리는 정교 수도사들에게 자기 수도 인생의 전부였다고 해도 과언이 아니다. 도 닦는다는 것은 사다리를 올라가는 일이었다. 불교학자의 관점에서 볼 때 정교의 수행론은 상당히 설득력이 있다. 양쪽의 수행론은 거의 비슷하지 않은가 싶다.

천상몽 다음에는 주사야몽(晝思夜夢)이 있다. 낮에 생각했던 내용이 밤에 꿈으로 나타난다는 뜻이다. 낮무대에 벌어졌던 일들이 밤무대에서 꿈으로 나타나고, 밤무대에서 보여주었던 꿈의 내용이 낮무대에서 일어날 사건을 예시해주기도 한다. 서로 물고 물리며 잡아 돈다. 이 주사야몽이 프로이트와 서양 심리학의 기반이 되었다. 심리학의 주된 주제도 이 주사야몽과 관련된다.

사대불화몽(四大不和夢)도 있다. 사대(四大)는 우주의 구성 요소가 4가지라는 관점이다. 지(地)·수(水)·화(火)·풍(風)이다. 사람도 죽으면 이 4가지로 돌아간다. 흙·물·불·바람으로 돌아간다. 이 4가지는 서로 물고 물린다. 지(地)가 다하면 수(水)로 돌아가고, 수가 다하면 화(火)로 돌아간다. 화가 다하면 어디로 가는가? 풍(風)으로 돌아간다. 인간에게 내장되어 있는 이 4가지 요소가 밤에 잘 때는 서로 잘 화합되어야 한다.

그런데 근심 걱정이 많으면 밤에 잘 때도 사대가 화합하지 못한다. 화합하지 못하면 어떻게 되는가? 개꿈을 꾸게 된다. 개꿈의 특징은 무엇인가? 하나도 안 맞는다는 점이다. 그야말로 허당이다. 개꿈은 개꿈일 뿐이다. 이런 개꿈 믿고 사업 투자했다가는 쪽박이다. 한국에서 수천 억대 가진 자산가들은 사대불화몽을 많이 꾼다. 법정소송, 쟁투, 각종 근심으로 잠을 이루지 못한다. 불면증으로 시달린다. 잠깐 두세 시간 자는 게 전부다. 이 짧은 시간 잠을 자는 도중에 꾸는 꿈도 사대불화몽이나 꾼다. 돈 많은 사람의 고통이 불면증이다. 이럴 때는 돈을 좀 풀어야 한다. 돈은 귀신이 모여서 만들어진 업(業) 덩어리다. 이 덩어리를 해체시키는 방법은 주변에다 좀 풀어야 한다. 풀면 아군이 생기고, 나를 우호적으로 둘러싸는 신병(神兵)이 생겨서 나를 방어해준다. ▲▲▲

과거에는 돼지가 배부름의 상징이었다면
현대인에게 풍요로움은 무엇일까.
한마디로 돈이다. 재물이다.
이것이 돼지꿈을 꾸면 복권을 사는 풍습이
생긴 배경이다.
돼지는 원시시대부터 인간에게 배부름을
안겨주는 동물이었다는 문화인류학적
사실이 꿈으로까지 연결된 것이다.

돼지꿈과
돈

꿈 중에는 돼지꿈이 최고다. 재물이 들어오는 수가 많기 때문이다. 복권을 사기도 한다. 왜 돼지꿈은 돈하고 연결되는가? 서양에서는 돼지를 아주 불길한 동물로 본다. 탐욕의 화신이다. 돼지는 타락과 망조의 길로 인도하는 동물로 인식되어 왔다. 하느님의 길과는 전혀 반대되는 방향으로 인도하는 동물이다. 그래서 서양 기독교권에서는 돼지를 아주 천시하는 문화가 있다. 그러나 동양에서는 다르다. 한자의 '집 가(家)' 자를 보면 갓머리 밑에 '돼지 시(豕)'가 있다. 갓머리가 가리키는 것은 지붕이다. 지붕 밑에 돼지가 있는 모습이 '가(家)'의 어원이다. 고대에는 집집마다 집안에서 돼지를 키웠던 것이다.

20년 전쯤 중국 남방지역의 시골을 여행하면서 보니, 돼지를 키우는 고대의 집 구조가 남아 있었다. 아래층은 돼지우리였고, 그 위의 2층에 사람이 사는 주택구조로 되어 있는 장면을 목격했다. 2층에 사는 사람이 먹다 버린 음식물 쓰레기를 아래층에 있는 돼지가 받아먹고 사는 구조였다. 이 장면을 보고 '가(家)'라는 글자의 성립과정을 한눈에 이해하게 되었다. 남쪽의 더운 지방에서는 동물의 습격을 방지하기 위해 2층 집에 살았다. 어지간한 동물은 2층까지 뛰어올라 인간을 공격하기 힘들다. 2층에 사는 것이 습기도 줄일 수 있고 각종 동물의 공격을 방어하기에도 유리하다.

한 가지 단점은 있다. 뱀의 공격이다. 북유럽 같은 추운 지방에 비해 더운 지방에는 뱀이 많다. 기둥을 타고 2층까지 올라오는 뱀을 어떻게 퇴치한단 말인가? 해답은 돼지였다. 돼지는 뱀의 천적이다. 돼지는 삼겹살이라는 방탄조끼를 입고 있다. 뱀이 돼지를 물어도 이 삼겹살의 방어막을 뚫고 독이 침투할 수 없다. 돼지에게 뱀은 전혀 위협적인 동물이 아니라 그저 풍부한 영양분을 제공하는 식품일 뿐이다. 맛있는 파스타에 해당한다고 설명할 수 있다. 그래서 돼지는 뱀을 국수 가락 삼키듯이 삼켜버린다.

남녀 간에 띠 궁합을 볼 때도 뱀띠와 돼지띠는 상충으로 본다. 피하는 관계다. 뱀[巳]과 돼지[亥]는 충(沖)이다. 그래서 아래층에 돼지를 키우면 이 뱀의 습격을 막을 수 있는 것이다. 게다가 인간의 똥도 돼지는 먹는다. 먹다 남은 음식 찌꺼기도 먹어치워 버린다. 이 얼마나 편리하고 유용한 동물이란 말인가! 그래서 집집마다 돼지를 키웠다. 돼지는 키워놓으면 여러 사람이 먹을 수 있는 동물성 단백질을 제공한다. 동네 잔치를 할 수 있다. 그러다 보니 돼지는 아시아인들의 뇌리 속에 풍요로움을 주는 동물로 깊이 박히게 된 것이 아닌가 싶다.

반복된 습관이 뇌리 속에 깊이 박히면 어떻게 되는가. 이것도 유전된다. 돼지를 아래층에 키우면서 잡아먹었던 아시아인의 유전자 속에는 '돼지는 풍요롭다. 먹을 것을 준다. 배고픔에서 벗어나 포만감을 준다.'는 정보로 각인되어 있었던 것이 아닐까. 이 유전자의 각인이 현대에까지 이어지는 셈이다. 과거에는 돼지가 배부름의 상징이었다면 현대인에게 풍요로움은 무엇일까. 한마디로 돈이다. 재물이다. 이것이 돼지꿈을 꾸면 복권을 사는 풍습이 생긴 배경이다. 돼지는 원시시대부터 인간에게 배부름을 안겨주는 동물이었다는 문화인류학적 사실이 꿈으로까지 연결된 것이다.

세계에서 돼지고기를 가장 좋아하는 나라는 중국이 아닌가 싶다. 중국은 지대박물 (地大博物)한 나라다. 중국은 요리 재료가 많아서 프랑스와 함께 요리가 발달한 나라다. 프랑스 요리는 거위 간으로 만드는 푸아그라가 소문나 있지만, 중국 요리는 돼지고기 요리가 유명하다. 중국 쇠고기는 맛이 별로 없다. 우리 한우만 훨씬 못하다. 돼지를 많이 먹는다. 중국인은 돼지고기에서 에너지를 얻는다고 보여진다. 그 대표적인 돼지 요리가 바로 '동파육'이다.

동파육은 소동파가 즐겨 먹었다고 해서 붙여진 이름으로, 돼지고기를 삶아서 약간 삭힌 음식이다. 동파육은 돼지고기 살집만 따로 떼어 요리한 것이 아니다. 껍데기는 물론 지방도 그대로 두고 살코기까지 붙여서 통째로 먹는 음식이다. 중국인들의 정력 보충은 이 동파육을 비롯한 돼지고기 요리에서 시작된다. 돼지는 오행으로 따지면 수(水)에 해당한다. 북방의 수를 상징한다. 말하자면 개고기처럼 따뜻한 고기가 아니라 차가운 성분을 지닌 고기다. 속이 냉한 소음인은 돼지고기가 맞지 않는다. 위가 약한 데다 찬 성분의 돼지고기가 뱃속에 들어오면 소화가 잘 되지 않는다. 그래서 소음인은 돼지고기를 싫어한다. 반대로 열이 있는 소양인은 돼지고기가 딱이다. 보약이다.

수를 상징하는 돼지는 인체의 오장육부 가운데 수에 해당하는 신장(콩팥)을 보강해주는 음식이다. 콩팥의 수기를 돼지가 보충해준다. 소양인은 신장이 약하다. 신장이 약하면 정력이 약하다. 신장에서 나오는 정액도 하나의 수기다. 신장이 약하다는 이야기는 이 정액이 적게 만들어진다는 이야기다. 남자나 여자나 물이 많아야 하는데, 신장이 약한 소양인 남자는 물이 적은 남자인 셈이다. 물을 보충해주는 음식이 돼지고기다.

중국도 남북에 따라 취향이 다르다. 중국의 남쪽 지방에서 주로 쓰는 처방은 신장을 보하는 처방이 많다. 정력제를 많이 쓴다. 북방은 위를 보강하는 위장약을 많이 처방한다. 보신론(補腎論)과 보위론(補胃論)으로 나뉜다. 남방지역은 보신론자이고, 북방지역은 보위론자다. 남방에서 신장 강화 약재를 많이 쓰는 이유는 정력 남용이 많기 때문이다. 북방은 추우니까 음식을 많이 먹는 습관이 있다. 이번에 못 먹으면 언제 먹을지 모른다는 통념을 지니고 있다. 많이 때려먹다 보니까 위에서 탈이 난다. 과식은 위장병의 시작이다. 그래서 위장병을 다스리는 약재가 많이 처방된다.

한편 중국의 남방이 북방보다 더 색(色)을 밝힌다. 왜 밝히나? 중국 강남은 먹을 것이 풍부하다. 배가 부르면 그 다음에 떠오르는 욕구는 색이다. 식후(食後)는 색이다. 인간사는 뭐니 뭐니 해도 결국은 음식남녀(飲食男女)로 귀결된다. 일찍이 공자도 음식남녀는 인간의 대 욕망이라고 규정했다. 끊을 수 없는 욕망이라는 이야기다. 너무 제약을 많이 하고 법률로 규제를 많이 하면 안 좋다는 이야기다. 돼지고기는 약해진 신장의 수 기운을 보강하고 활력을 준다. 동물성 단백질의 보고다. 그러나 중국의 남방 물소는 맛이 없다. 쇠고

기는 이상하게도 한반도에서 나온 한우가 맛이 좋다. 중국이 돼지고기라면 한국은 쇠고기다. ◢◣◣

화경은 혹독한 환경에서 8년을
연명하다가 105세에 죽은 것이다.
죽을 때 느낀 소감은 '이 산지천 일대의
풍광이 너무나 아름답구나!'였다고 한다.
죽는 순간에 어떤 생각을 하느냐가 중요하다.
아름답다고 느낀 그 마지막 생각으로
인하여 화경은 1959년에 다시 산지천이
있는 건입동(乾入洞)에서 태어난다.
1958년에 죽고 곧바로 1959년에
태어난 것이다.

화경 선생의
생생한 전생 이야기

전생이 있다고 한다면 전생 이야기 듣는 것만큼 흥미로운 일도 없다. 전생이 현생에 연결되기 때문이다. 현생에서 벌어지는 문제의 커다란 골격은 전생의 업보 때문이다. 이번 생에서 맺어지는 결정적인 인간관계도 전생 인연의 소치다. 전생 인연이 없으면 이번 생에서 피할 수 없는 인간관계는 맺어지지 않는다. 또한 이번 생의 인연이 다음 생으로 이어진다. 이번 생에 어떻게 하느냐에 따라서 다음 생의 드라마 각본이 써지는 셈이다. 문제는 전생의 기억을 말할 수 있는 사람이 많지 않다는 데 있다. 전생 일을 다 까먹고 만다. 안 까먹는 사람을 만나기가 어렵다.

화경 선생은 인체의 머리에 봉인(封印)되어 있는 21개의 경락 봉인을 풀어버렸으므로 자신의 전생담을 이야기할 수 있다. 이 소설의 앞 부분에서 이야기한 바대로 화경은 티베트 카일라스 산 옆에 있는 마나스로바 호수에서 살았다. 호수의 동굴에서 제자들을 수십 년 가르치다 자신을 따르던 제자 그룹을 해체했다. 화경은 문득 차(茶)가 먹고 싶었다. 화경의 유일한 취미는 차를 마시는 일이었다. 차를 마시면서 에너지를 얻고 일상의 작은 행복을 얻었다. 인간이 살면서 소소한 재미는 있어야 하는 것 아닌가! 차는 누구와 경쟁할 필요가 없는 취미이자 기호식품이다. 문제는 이 맛좋은 차의 대부분은 중국에서 생산된다는 점이었다. 중국은 세계 최고의 차 생산지가 아닌가. '요가 제자 그만 가르치고 중국으로 가서 차나 마시자.' 이렇게 해서 마나스로바 동굴에서 중국으로 넘어가기로 했다.

중국으로 가는 길은 천산산맥 위로 가는 천산북로가 있고, 산맥 남쪽으로 가는 천산남로가 있다. 북로를 택했다. 천산북로를 따라서 도착한 곳은 중국의 요녕성, 요동반도에 있는 땅이었다. 발해만도 끼고 있다. 수나라와 당나라가 고구려와 전쟁을 벌일 때도 바로 이 요동반도의 요녕성 일대가 중요한 전략거점이었다. 요녕성으로 왔을 때 화경의 나이는 60대 후반. 보통 사람 같으면 이 나이대가 되면 이미 노인이다. 배터리 떨어진 나이다. 육체가 쇠약해지면 정신도 쇠약해지고 의욕도 사라진다. 그러나 요가의 마스터였던 화경

은 그렇지 않았다. 몸을 뒤로 젖히는 후굴(後屈)이 완벽한 자세로 가능했다. 엎드려서 두 다리를 뒤로 들어올린 다음, 이 두 다리의 엄지발가락이 자신의 뒤통수에 맞닿을 수 있는 자세가 바로 '라자-카포타 아사나', 왕비둘기 자세다. 매우 난이도가 높으며, 흔히 서커스에서 곡예사들이 보여주는 자세이기도 하다.

이 자세를 60대의 나이에도 할 수 있으면 세상의 욕망에 지배당하지 않는다. 20~30대 젊은 나이에는 어지간한 고단자들도 할 수 있다. 그러나 쉰을 넘고 60대에도 이 자세를 유지하기는 매우 어렵다. 요가 교과서에서는 세상의 욕망을 모두 지배한 자세라고 설명한다. 요가 아사나의 핵심은 뒤로 젖히는 후굴에 있다. 후굴이 잘 되어야만 사람이 퇴화되지 않는다. 뇌세포가 싱싱함을 유지한다. 나이가 들수록 몸이 앞으로 숙여진다. 앞으로 숙이는 전굴(前屈)은 겸손을 상징한다. 그러나 창의성과 배짱은 후굴에서 나온다. 인생에서는 겸손도 중요하지만, 배짱과 비전, 그리고 창의력도 중요하다. 후굴의 정점이 바로 왕비둘기 자세다.

화경은 히말라야에서 살다가 60대 후반에 낯선 땅 중국에 왔지만 신체 나이는 30대를 유지했고, 먹고 살기 위해 장사를 했다. 요기는 머리를 기르고 있다. 특별한 유니폼이 없다. 유니폼이 없으므로 다른 사람이 알아보지 못한다. 먹을 것을 따로 시주하는 사람도 없다. 자신이 벌어먹고 살아야 한다는 이야기다. 어떤 비즈니스? 차(茶) 장사였다. 조그만 가게를 얻어 차를 팔았다. 자신이 차를 좋아했으므로 수시로 차를 타먹으면서 차삼매(茶三昧)에 들어가기도 했다. 차를 마시면 머리에 몰려 있던 기운이 아래로 내려간다. 머리의 기운이 아랫배로 내려가다가 더 내려가면 발바닥까지 내려간다. 이렇게 하기(下氣)가 되면 평화가 온다.

차를 마시면 기가 내려가면서 지극한 평화가 온다. 반대로 기가 올라갈 때도 있다. 내려가면 올라가기 마련이다. 차 기운이 경락을 타고 가슴과 머리 쪽으로 올라가면 영광

(靈光)을 느낀다. 글로리아(gloria)다. 하늘로 승천하는 기분, 하늘나라로 올라갈 때 느끼는 영광스러운 느낌이다. 차삼매는 이러한 평화와 영광을 교차로 느끼는 상태다. 차가 떨어지면 북경으로 가서 도매상으로부터 차를 사오기도 했다. 차를 사기 위해서 북경으로 가고 있던 전생 모습도 떠오른다. 요녕성의 차 가게에는 조그만 마당이 있었다. 이 마당에 모포를 깔아놓고 손님이 없을 때는 요가 동작을 연습하기도 했다. 요가는 매일 아사나 동작을 통해서 자신의 심신 상태를 체크할 필요가 있다. 어느 동작이 잘 안 되면 오장육부 어디에 문제가 생기고 있다는 것을 느낀다. 문제가 커지기 전에 아사나 체크를 통해 미연에 방지한다.

화경 선생이 요녕성에서 차 장사를 했던 시기는 중국의 국민당과 공산당이 서로 싸울 때다. 국공합작이 깨졌다는 뉴스도 들었다. 모택동의 공산당이 장개석의 국민당을 점점 밀어부쳤다. 북경을 점령한다는 소문도 돌았다. 이때부터 요녕성에서 차를 사서 마시던 중산층들은 피난을 준비했다. 모택동의 공산당이 전국을 장악하면, 부자들은 재산을 다 뺏기고 숙청당할 수 있다고 두려워했기 때문이다. 화경의 가게에서 차를 사던 사람들도 돈이 있는 사람들이었다. 옛날이나 지금이나 돈 없으면 차는 못 마신다. 차 마실 정도 되면 부르주아라고 보면 된다. 공산당이 몰려오기 전에 떠나야 한다. 어디로? 배를 타고 바다로 나갔다. 이렇게 해서 요녕성 장하현(莊河縣) 앞바다에 있는 '석성도(石城島)'라는 섬에 돈 있는 사람들이 모였다.

보트피플의 원조였다. 베트남이 함락될 때 사람들이 배를 타고 바다를 떠돌았다. 이 보트피플은 1948년 중국에서도 있었다. 아니 송나라, 원나라, 명나라, 청나라로 왕조가 바뀔 때마다 중국에서 출발한 보트피플은 상대적으로 안전한 한반도로 피난해 왔다고 보아야 한다. 석성도는 바람과 조류를 맞추기에 적당한 장소였다. 기계 동력선이 나오기 전까지 배가 큰 바다로 나가기 위해서는 자연의 바람과 해류의 흐름을 타야 한다.

화경은 석성도에서 피난 갈 사람들과 함께 석 달간 배를 기다렸다. 드디어 사람이 모아지고 선장과 배를 구해, 1948년 3척이 한반도의 서해 바다 인천으로 향했다. 그런데 3척 중에서 1척은 다시 요녕성으로 돌아갔다. 배를 산 선주의 작은부인이 요녕성에 있었기 때문에 데리러 다시 돌아간 것이다. 중국 부자는 부인이 여럿이었다. 급히 나오느라 그중 한 명을 챙기지 못했다. 나머지 배는 2척, 배 1척당 승선 인원은 87~88명이었다고 전해진다. 인천에 도착했던 나머지 2척은 다시 한반도의 서해안을 따라 남쪽으로 가려고 했다. 인천도 불안하게 여겨졌다. 서해 바다로 다시 나온 2척의 배는 이 섬 저 섬을 떠돌았다. 낯선 외국의 바다 가운데서 항로를 알기도 어려웠다. 서해안의 어느 섬에 도착해 쌀과 먹을 것도 구했다. 값은 중국에서 가지고 온 금반지와 금목걸이로 치렀다.

서해안의 이 섬 저 섬을 표류해 다니던 도중, 1척은 깃발을 달지 않았다고 미군 폭격기에 폭격당했다. 각자 따로따로 표류하던 도중에 1척은 6.25를 만난 것이다. 나머지 1척은 6.25가 발발하기 전인 1950년 봄 제주도의 산지천(山地川)에 도착했다. 요가 마스터 화경도 이 배에 타고 있었다. 이때 화경의 나이는 97세쯤. 거의 100세 가까운 상노인이 2년 동안 해상 표류생활이라는 지긋지긋한 고생을 견디고 산지천에 상륙한 셈이다. 산지천은 한라산 관음사 부근에서 물길이 시작되어 10km 정도 흘러 제주시 건입동을 통해 바다로 나간다. 비가 안 올 때는 건천이다. 산지천 하류 쪽 부근에는 땅에서 솟는 샘물, 가라쿳물, 산지물, 지장샘물 등이 용출한다. 질 좋은 물이다. 그래서 주민들은 이 산지천 물을 식수로 사용하기도 했다. 이 산지천의 끝부분은 바다와 만난다. 그래서 배들이 이 산지천을 통해서 들어오기도 했다.

화경이 탔던 중국배도 이 산지천을 약간 거슬러 올라와서 표착할 수 있었다. 산지천 포구에는 뱃사람들을 위한 주막집과 물건을 파는 상점도 있었던 모양이다. 산지천에 도착한 중국배의 이름은 '해상호(海祥號)'였다. 중국 사람들은 제주도 땅에 내려서 머물 수 없었기에, 배에서 먹고 자고 했다. 그 대신 육지에 내려가서 장사는 할 수 있었다. 주로 만두를 만들어 바구니에 넣고 다니면서 팔았다. 또 하나 팔았던 음식은 돼지껍데기였다. 돼지껍데기를 불에 구워서 콩가루에 묻히면 먹을 만하게 맛이 좋다. 인절미를 콩가루에 묻혀서 먹으면 고소하듯이, 떡 대신에 돼지껍데기를 콩가루에 묻혀 먹는 중국요리가 있었던 모양이다. 이걸 만들어 팔았다. 피난민들은 6~7년간 제주 사람들에게 만두와 돼지껍데기를 팔며 연명했다. 1950년대의 이 시기는 1948년 제주 4.3사태를 겪고 난 직후라서 민심도 흉흉하고 먹고 살기도 정말 어려웠다.

요가 마스터 화경은 이 산지천 부근에서 죽었다. 자기 전생의 사망 시기를 1958년에 죽었다고 기억한다. 죽을 때의 나이가 105세였다. 요기는 먹을 것이 풍부하고 환경이 좋으면 대략 120세를 산다. 화경은 혹독한 환경에서 8년을 연명하다가 105세에 죽은 것이다. 죽을 때 느낀 소감은 '이 산지천 일대의 풍광이 너무나 아름답구나!'였다고 한다. 죽는 순간에 어떤 생각을 하느냐가 중요하다. 아름답다고 느낀 그 마지막 생각으로 인하여 화경은 1959년에 다시 산지천이 있는 건입동(乾入洞)에서 태어난다. 1958년에 죽고 곧바로 1959년에 태어난 것이다. ◢◣◣

이렇게 생생한 증언과 사진까지 있는데
어찌 화경의 전생사가 근거 없는 황당한
이야기라고 부정할 수 있겠는가!
일반적으로 사람은 증거가 있어야 믿는다.
그러나 전생이 있다는 이야기는 확실한 증거를
들이대도 믿기 힘든 사안이 아닌가 싶다.
증거가 있어도 믿지 못하겠다면 어쩌겠는가.
그저 '믿는 자에게 복이 있나니' 하고
기도를 올릴 수밖에 없다.

전생이 있다는
증거

나는 만두를 좋아한다. 만두 중에서도 살짝 구운 군만두를 좋아한다. 껍질은 바삭하면서도 속에서는 만두 육즙이 배어나오는 그 맛이 사람을 끌어당긴다.

"군만두 잘하는 집 어디 없습니까?"

"제주 칼호텔 옆에 있지요. 북경이라는 간판을 단 중국집인데, 이 집이 만두를 잘 합니다."

화경 선생이 북경이라는 중국집을 데리고 갔다. 만두집은 2층에 있었다. 1층에서 건물 계단을 올라가려고 하는데 오래되어 보이는 흑백 사진이 눈길을 사로잡는다. 허름한 목선 사진이었는데 설명이 붙여져 있었다. 중국에서 난민들이 타고 온 배였다. 그러니까 1950년 봄, 제주 산지천에 표착한 그 배였다. 1948년 중국 요녕성의 석성도를 출발하여 2년 동안 우리나라 서해안의 여러 섬을 배회하면서 식량과 먹을 것을 조달하다가 겨우 제주의 산지천 입구에 도착한 보트피플을 실었던 배, 해상호의 흑백사진이 액자에 걸려 있었다.

다른 사람은 무심히 볼 수밖에 없는 사진이었지만, 화경 선생이 전생에 타고 왔던 해상호 사진이었으므로 나에게는 아주 흥미로웠다. 2층에 올라가 만두집 주인을 만나보았다. 50대 중반의 나이로 보였다. 엑센트에 화교 냄새가 났다.

"해상호에 타고 있던 선조는 주인장하고 어떻게 되는 사이 입니까?"

"저의 증조부입니다. 증조부 때 제주에 도착했다고 합니다."

"낯선 이국땅에 처음 도착해서 어떻게 생활했다고 하나요?"

"배에서 먹고 자면서 낮에는 만두를 만들어 행상했다고 합니다. 저의 증조부와 같이 온 일행들도 만두를 만들어 팔았죠. 제주 육지에는 가진 땅이 없어 배가 도착한 산지천 주변의 땅뙈기에 채소를 가꾸었다고 해요. 제주 도착해서 6.25를 맞았습니다."

"증조부 성함은 어떻게 됩니까?"

"양수성(楊樹成)이고, 제 이름은 양덕의(楊德義)입니다."

"칼호텔 옆의 이 북경반점 자리는 언제 마련했습니까?"

"도착한 지 10년 지나서 1960년에 자리를 잡았습니다. 돈이 조금 모이니까 지금 이 자리의 땅을 산 것입니다. 그때는 이 자리가 제주 시내 변두리였습니다. 땅값이 쌀 때였죠."

"배가 2년 동안 바다를 떠돌면서 풍랑도 여러 번 만났을 터인데, 어떻게 무사히 항해를 할 수 있었는지요?"

"배 안에 중국 사람들이 모시는 해신(海神)이 있습니다. '랑랑(娘娘)'이라는 해신이지요. 배 안에는 이 해신의 조그만 신상이 모셔져 있었습니다. 어른들 말씀으로는 항해 도중에 랑랑 해신이 길을 알려주었다고 합니다. 목적지도 몰랐고 어디로 가야 할지도 모르는 상태였던 것이죠. 배에 타고 있었던 나이 어린 동자가 매일 랑랑의 발을 씻겨 주고 향을 피워 공양을 올렸습니다. 조부님 이야기로는 우리가 안전하게 제주까지 올 수 있었던 힘은 랑랑 해신의 힘이 컸다고 합니다."

화경 선생은 내가 이 중국집 주인과 주고 받는 이야기를 그저 옆에서 담담하게 듣고만 있었다. 이렇다 저렇다 이야기를 하지 않았다. 자신이 타고 왔던 전생의 배와 그때 항해하면서 고생하던 이야기인데도 불구하고 그저 남 이야기 듣고 있는 것처럼 담담했다. 전생은 전생이고 금생은 금생이라서 그런 것일까! 하지만 나는 흥분된 상태였다. 전생 일을 확인하는 검증 작업 아닌가. 이렇게 생생한 증언과 사진까지 있는데 어찌 화경의 전생사가 근거 없는 황당한 이야기라고 부정할 수 있겠는가! 일반적으로 사람은 증거가 있어야 믿는다. 그러나 전생이 있다는 이야기는 확실한 증거를 들이대도 믿기 힘든 사안이 아닌가 싶다. 증거가 있어도 믿지 못하겠다면 어쩌겠는가. 그저 '믿는 자에게 복이 있나니' 하고 기도를 올릴 수밖에 없다.

"전생에 요녕성에서 출발할 때 어떤 기억이 생각나면 하나 이야기해 주시죠?"

"석성도가 생각이 나네요. 배가 출발하기 전에 석 달 정도 그 섬에 머물렀습니다. 바로 출발하는 상황이 아니었죠. 배와 선장을 구한 후, 탈 사람들이 돈을 모아 뱃삯을 지불하는 문제를 확정 짓는 데도 시간이 필요했던 것이죠. 섬의 객잔에 머물면서 술도 마시던 생각이 납니다. 제가 전생 말기에 쓰던 호가 석명(石明)입니다. 석명의 '석(石)'이라는 글자도 이 석성도에 머물렀던 인연 때문에 짓게 된 것입니다."

여기서 한 가지 의문이 생긴다. 이 소설을 쓰는 나는 화경과 전생에 어떤 인연이 있었기에, 만둣집까지 찾아가서 꿈과 같은 이야기인 전생사를 뒷조사하고 다니는 것일까? 내가 꾸었던 전생몽(前生夢)이 하나 있다. 전생의 나도 중국에서 살았다. 어느 정도 벼슬과 돈을 가진 부르주아의 복장을 하고 화경을 만나고 있었다. 중국의 벼슬아치 복장이었던 것이다. 화경이 어느 창고로 안내하는 장면이었다. 그 창고에는 여러 가지 다기(茶器)와 도자기들이 쌓여 있었다. 화경이 그 중에서 어떤 다기를 꺼내어 나에게 설명하는 모습이 생각난다. 이로 미루어 볼 때 나는 전생에 화경이 차 장사를 할 때 고객이 아니었나 싶다. 돈도 좀 있고 권세도 좀 있는 고객 말이다.

아마도 차 장사를 했던 화경이 인허가(認許可) 문제로 관청과 부딪힐 때, 내가 좀 도와줬던 게 아닐까. 그러니 내가 차를 마시러 가면 푸대접은 하지 않았을 것이다. 하지만 요가 동작은 수련하지 않았던 것 같다. 금생에 이렇게 몸이 굳어도 요가를 열심히 하지 않는 것을 보면 전생사 습관이 분명하다. 몸 동작을 싫어하는 습관 말이다. 단지 차만 마시지 않았나 싶다. 금생에도 차를 좋아하고 자사호와 다기에 대한 애착은 남아 있으니 말이다. 화경 선생은 금생에도 요가를 지도한다. 전생에 하던 습관이다. 요가 도장도 산지천 바로 옆이다. 도장에서 100미터만 나가면 산지천이다. 전생에 이 부근에서 죽었다. 1958년에 죽고 다시 1959년에 태어날 때도 이 산지천이 있는 제주시 건입동에서 태어났다. ▲▲▲

"이런 병이 오는 것도 결국 업보입니까?"
"업보죠. 가깝게는 현생 업보가 있습니다.
글 쓰는 직업을 가진 사람에게 오는 병입니다.
컴퓨터 모니터 앞에서 자판 두들기는
업에서 오는 과보(果報)인 것이죠.
더 거슬러 올라가면 전생 업보이기도 합니다.
전생에 책상 앞에 앉아 책을 보고
글을 쓰는 책상물림 직업을 가졌습니다.
좌업(坐業)을 했던 업보가 현생의 몸에도
남아 있습니다. 척추 아래쪽 명문혈(命門穴)
부위를 보면 오랫동안 책상에
앉아 있었던 흔적이 축적되어 있습니다.
결국 질병은 현생과 전생의 업보인 것입니다."

업보(業報)가
병을 만든다

병은 업보(業報)다. 업의 결과라는 말이다. 업은 무엇인가? 행위와 생각이다. 어떤 행위를 반복적으로 하다 보면 병이 온다. 반복적인 행위는 한쪽으로 편중되기 마련이다. 예를 들어 오른쪽 팔만 계속해서 쓰다 보면 반드시 오른쪽 어깨에 문제가 생기거나 이상이 온다. 직업도 그렇다. 반복적인 행위를 반복하는 것이 직업이다. 직업병이 온다.

나같이 문필업을 하는 사람도 반복적인 동작을 한다. 책상에 앉아서 글을 쓰는 일이 반복적이다. 요즘은 노트북에 글을 쓰니까 자세가 앞으로 기운다. 목이 앞으로 기운다. 거북이 목처럼 목이 앞으로 빠진다. 거북목 현상이다. 목만 이상이 오는 게 아니다. 심장이 답답해지는 현상도 온다. 글을 쓰면서 긴장을 한다. 긴장을 하면 몸의 경락(經絡)과 혈도(穴道)가 굳기 마련이다. 병의 시작은 경락과 혈도가 막히면서 비롯된다. 이걸 풀면 큰 병은 미리 예방할 수 있다. 문제는 자신의 어떤 부위 혈도가 막혀 있는지를 모른다는 점이다. 모르니까 방치한다. 포인트는 어떤 혈자리가 막혀 있는가를 아는 일이다. 알면 굳어버린 혈도를 풀 수 있고, 풀면 병을 예방할 수 있다.

20년 전쯤 일이다. 중앙아시아를 여행하고 있었다. 우리 민족의 고대 성소였던 신시(神市)의 유래를 찾기 위해서 여기저기 둘러보고 다녔다. 해발 2,000미터 높이에 있는 산상호수(山上湖水)인 '이식쿨 호수'를 본 다음에 키르기스스탄의 수도인 비슈케크에 도착했다. 비슈케크 역시 고도가 높아 여름에 갔는데도 공기가 시원했다. 노상 카페에 한가롭게 앉아서 차를 한 잔 하고 있었는데, 건너편 자리에 아우라를 풍기는 아시아계 중년 여자가 하나 보였다. 그 주위에는 젊은 백인 남자들 서너 명이 둘러싸고 있었고, 젊은 아시아계 여자 한 명이 그 중년 여자를 시봉하고 있었다. '아! 저 중년 여자가 범상치 않다. 도사 필이 나는구나!'라는 느낌이 왔다.

50대 초반의 나이로 보이는 여자였다. 알고 보니 대만 여자였다. 인도의 명상 아쉬람에서 소규모 추종자를 거느린 영적 지도자로 몇 년 활동하다가 이를 마치고, 자기 추종자들을 이끌고 천산(天山)을 여행 중이었다. 눈 덮인 설산인 천산의 에너지는 인도와 같은 더운 나라의 에너지와는 다른 차원의 기운이 풍겨나온다. 남국에 있는 사람은 북국에도 가보아야 하고, 평지의 사람은 고산 지대에 가보아야지 에너지 전환이 이루어진다. 이질적인 에너지를 섭취해야만 폭이 넓어지니까 말이다. 나와 같이 간 일행 한 명이 중국어를 할 줄 알아 통역을 해주었다. 평범한 한국 아줌마처럼 생긴 그 여자 도사는 나에게 곧바로 직구를 날렸다. 도사는 커브를 던지지 않는다.

"당신은 앞으로 문필가로 이름을 날릴 것이다. 그 과정에서 소인배들이 찧고 까불 것이다. 거기에 너무 괘념치 마라. 그리고 건강상의 문제가 온다. 가슴이 답답한 병이 찾아올 것이다. 당신의 과제는 '그 가슴 답답해지는 병을 어떻게 풀 것인가'다. 특히 '아나하타 차크라(오목가슴 부위의 4번째 혈도)'가 막힐 것이다. 그걸 풀기 위해서 내가 미리 밀교적 조치를 하나 취해주고 싶다. 당신 오늘 저녁 내 숙소로 올 수 있느냐?"

"오늘은 못 간다. 오후부터 천산을 지프차로 둘러보는 투어를 계약해 두었다. 지프차 투어를 끝내고 3일 후에 당신 숙소에 가겠다. 그때까지 여기 있을 거냐?"

"기다리고 있겠다."

그 여자 도사는 과연 3일 후에 약속 장소에서 기다리고 있었다. 길거리에서 처음 만난 이방인과의 약속을 지키기 위해 자신의 예정된 일정보다 이틀을 더 머물렀던 것이다.

여자 도사의 숙소에 가보니 바닥에 가로·세로 1.5m 크기의 붉은색 양탄자를 깔아놓았다. 방 안에는 전깃불 대신 양초를 2개 켜놓아 조도가 너무 밝지 않고 약간 어두운 편이었다. 그 방에 들어섰을 때 특히 인상적인 부분은 향기였다. 어떤 향을 피워 놓았는데, 그 향이 사람 마음을 안정시켜주는 효과가 있었다. 긴장된 마음을 착 풀어주면서 아래로 가라앉혀주는 느낌이었다. 지금 생각해 보면 침향의 일종이 아니었나 싶다. 침향은 비싼 향인데, 그 여도사도 매일 피우지는 않고 가끔 특별한 모임이 있을 때 피웠을 것이다. 낯선 이방인에게 그런 호의를 베풀었다는 점은 지금도 고맙게 생각된다. 여도사는 용의 문양이 디자인된 네모진 수건을 들고 있었다. 가로·세로 30cm나 되었을까. 나를 양탄자에 앉힌 다음 그 수건을 펄럭거리며 향 연기를 나에게 오도록 했다. 그런 다음에 알아들을 수 없는 어떤 주문을 외우는 게 아닌가. 아마도 시바 신의 자비를 비는 주문이 아니었을까 싶다. 5분 정도 그런 의식을 계속했다.

"다 되었다. 앞으로 5~6년 후에 닥쳐올 질병을 당신이 무사히 건너갈 수 있도록 신에게 축원했다. 좋은 글을 써서 여러 사람에게 도움을 주도록 하면 그것이 내가 바라는 목적이다."

여도사는 생전 처음 보는 나에게 아무 대가 없이 축원을 해주었다. 과연 여도사 말대로 6년 후에 그 아나하타 차크라가 막히는 병이 찾아왔다. 심근 경색 초기였다. '올 것이 왔구나! 그 도사가 말한 질병이 이것이로구나!' 숨이 막히고 가슴 통증을 동반하는 심장병을 겪어보니 인생사 모든 것이 다 별 것 없다고 느껴졌다. 죽음 앞에서 무엇이 중하단 말인가? 사람이 살다 보면 누구나 위기를 겪는다. 병의 위기를 겪고, 돈의 위기를 겪는다. 사회적으로 매장당할 위기를 겪기도 하고, 감옥에 가는 수도 있다. 또한 불의의 사고를 겪기도 한다. 이런 위기가 닥칠 때 보호령(保護靈)이 작동되면 어떻게 해서라도 그 위기를 넘길 수 있다. 그러나 자신을 지켜주는 보호령이 없으면 위기에서 침몰한다.

나의 보호령은 있단 말인가? 그 보호령의 작동은 신묘난측(神妙難測)하다. 전혀 생각지도 못한 곳에서 도움이 오기도 하고 사람이 오기도 한다. 어떤 계기가 발생한다. 그때는 꿈으로 왔다. 바다에서 갑자기 돌로 된 징검다리가 솟아나오는 꿈이었다. 그 징검다리를 밟고 가니 끝에는 어떤 섬이 있었다. 바다 가운데에 솟아난 징검다리를 밟고 섬으로 가라는 계시였다. 그 섬에는 요가의 마스터인 화경 선생이 기다리고 있었다.

"이건 큰 병이 아니요. 겨드랑이 밑의 극천혈(極泉穴)과 천지혈(天池穴)을 우선 풀어야 됩니다. 여기가 막히면 심장과 위장으로 압박이 갑니다."

"어떻게 풀어야 합니까?"

"요가 자세 중에서 뒤로 젖히는 후굴 자세를 많이 해야 합니다. 요가 아사나의 핵심은 후굴에 있습니다. 차크라 자세도 필요합니다. 그리고 쟁기 자세도 해야죠, 그리고 양쪽 옆으로 기울기 자세인 파리브르타 자누 시르사 아사나도 수시로 해줘야 합니다."

이걸 어느 정도 풀고 나니, 그 다음에는 소장(小腸) 쪽의 혈자리를 풀어주어야 한다고 주문한다. 왼쪽 어깻죽지 쪽에 곡원(曲垣)과 천종(天宗) 혈자리가 있다. 여기가 뭉치면 소장에 문제가 생기고, 소장에 문제가 생기면 심장으로 전달되는 에너지가 막힌다. 노트북 자판을 치며 글을 쓰다 보면 어깨를 움츠리게 되고, 어깨를 움츠리다 보면 곡원과 천종 같은 어깻죽지 혈자리가 굳어버리게 된다.

"이런 병이 오는 것도 결국 업보입니까?"

"업보이죠. 가깝게는 현생 업보가 있습니다. 글 쓰는 직업을 가진 사람에게 오는 병입니다. 컴퓨터 모니터 앞에서 자판 두들기는 업에서 오는 과보(果報)인 것이죠. 더 거슬러 올라가면 전생 업보이기도 합니다. 현생에서 글을 쓰는 직업을 갖게 되는 것도 전생에 그것과 연관된 무엇인가를 했기 때문이죠. 아무나 글을 쓰는 직업을 갖는 게 아닙니다. 소질이 있어야 하는 것이죠. 이 소질이 어디서 왔느냐? 전생에서부터 계속 해왔기 때문에 할 수 있는 겁니다. 전생에 책상 앞에 앉아 책을 보고 글을 쓰는 책상물림 직업을 가졌습니다. 좌업(坐業)을 했던 업보가 현생의 몸에도 남아 있습니다. 척추 아래쪽 명문혈(命門穴) 부위를 보면 오랫동안 책상에 앉아 있었던 흔적이 축적되어 있습니다. 결국 질병은 현생과 전생의 업보인 것입니다." ▲▲▲

5장

도사의
기술과
신통력

구약에 보면 모세가 시내산에 올라가
야훼를 만났다고 되어 있다.
떨기나무에 불이 붙어 있었다는 것 아닌가.
그리고 하늘의 음성을 들었다.
이건 유대민족 스타일의 접신이다.
이 접신을 통해 모세는 엄청난 신통력을 얻었다.
이집트 파라오와의 신통력 대결에서도
승리하지 않았던가! 그리고 유대민족을
이집트 노예살이에서 탈출시켰다.
홍해 바다를 갈랐다는 것 아닌가!
엄청난 신통력이다.

신통력은
접신(接神)에서 나온다

사람들은 도사에게 무엇을 기대하는가? 신통력(神通力)이다. 상식을 벗어나는 파워가 바로 신통력이다. 신통력이라는 명칭 자체가 이를 말해주고 있다. 신(神)과 통해서 생기는 힘이 신통력이다. 신이 없으면 생길 수 없는 힘이라는 사실을 추론해낼 수 있다. 신이 있다는 것을 전제한다. 그렇지 않으면 이러한 비상식적인 능력이 어디서 왔단 말인가?

신통력의 종류를 분류해보면 여러 가지다. 우선 예지력이다. 앞일을 내다보는 힘이다. 그 다음에는 병을 고치는 치병(治病) 능력이다. 의사가 못 고치는 난치병을 고쳐줄 때 사람들은 감동한다. 러시아의 괴승 라스푸틴이 황실의 신임을 얻게 된 계기도 치병이었다. 라스푸틴이 어린 왕자의 혈우병을 고쳐주면서 황제와 황후의 절대적인 신임을 얻게 되었던 것이다. 신통력의 또 한 가지는 설교 능력이다. 말씀으로써 사람을 감동시키는 능력이 탁월하다. 1980년대 인도의 라즈니쉬가 이러한 설교 능력이 탁월했다. 이걸 '설통(說通)'이라고도 한다. 설통을 한 사람의 설법을 듣다 보면 자기도 모르게 빠져든다. 필자도 20대에 라즈니쉬의 설교를 듣고 매료되었다. 그때 라즈니쉬가 집 팔아서 돈 내라고 했으면 냈을 것 같다. 뭔가 재산이라도 바쳐야 할 것 같은 감동이 밀려왔다.

신통력의 종류를 크게 3가지로 압축하면 예언, 치병, 설법 능력이다. 이 가운데 치병은 종합병원이 생기고 의술이 크게 발달하면서 그 효과를 대체할 수 있게 되었다. 몸이 아프면 병원에 먼저 간다. 도사에게 가지 않는다. 설법 능력도 예전에 비해 그 효과가 많이 퇴색되었다. 인쇄매체와 인터넷, 영상매체들이 발달하면서 설법을 대체하는 효과가 생겼다. 굳이 설법하는 현장에 가지 않더라도 줌을 통해서 비대면으로 들을 수 있고 볼 수 있다. 인터넷 중계방송의 기술 때문에 설법 잘하는 사람의 신통력도 예전 같지 못하다. 설법 신통력도 현대 기술문명의 발달로 인하여 그 상품성이 떨어진 것이다.

하지만 아직까지도 유효한 분야가 예언 능력이다. 이건 인공지능 AI가 대체할 수 없는 분야다. 인간의 미래 운명을 인공지능이 예측하는 단계는 아직 아닌 것이다. 이러한 예지능력, 그 사람의 앞일을 미리 아는 능력은 어디서 오는 것일까. 접신(接神)에서 온다. 신과 접 붙은 것이 접신이다. 과일나무도 접을 붙인다. 신과 인간이 접 붙는 상태, 이것이 접신이다. 구약에 보면 모세가 시내산에 올라가서 야훼를 만났다고 되어 있다. 떨기나무에 불이 붙어 있었다는 것 아닌가. 그리고 하늘의 음성을 들었다. 이건 유대민족 스타일의 접신이다. 이 접신을 통해서 모세는 엄청난 신통력을 얻었다. 이집트 파라오와의 신통력 대결에서도 승리하지 않았던가! 그리고 유대민족을 이집트 노예살이에서 탈출시켰다. 홍해 바다를 갈랐다는 것 아닌가! 엄청난 신통력이다. 이 신통력을 보여주지 않았으면 과연 유대인들이 모세를 믿고 따랐겠는가. 말만 듣고 따르는 사람은 별로 없다. 요즘은 하도 사기꾼들에게 당한 사람들이 많아서 여간해서는 그 사람 말을 100퍼센트 믿는 경우가 드물다. 눈으로 보여줄 수 있는 신통력은 역사상 모세가 최고봉이다. 동서고금에 바다를 갈랐다는 신통력은 보여준 사람이 없다. 어떻게 바다를 가른단 말인가! 지팡이가 뱀으로 변하는 정도의 신통력은 쌔고 쌨다.

접신도 여러 단계가 있다. UFC도 헤비급에서 플라이급까지 그 체급이 여러 단계다. 체급에 따라 신통력도 각기 차원이 다르다. 어느 차원의 신과 접신하느냐에 따라 다르다. 밴텀급 정도의 신과 접신하면 그 정도의 능력이 나온다. 접신도 그 사람의 자질, 수준과 비례한다. 그 사람의 그릇이 크면 비례해서 큰 신이 들어온다. 그릇이 작으면 작은 신이 접신한다. 자기 그릇이 간장종지만 한가, 세수대야만 한가, 드럼통만 한가에 따라 붙는 신도 다르다. 기독교에서는 최고신 야훼 신만을 언급하지만 불교에서는 33천을 이야기한다. 하늘의 천당이 한 겹이 아닌, 무려 33겹이 있다는 이야기다. 불교 사찰에서 새벽에 종을 칠 때 33번 타종을 하는 것은 이 33천에다 각기 모닝콜을 하기 위해서다. 우선 바로 위의 하늘이 욕계(欲界) 6천이다. 사천왕천, 도리천, 야마천, 도솔천, 화락천, 타화자재천이 그것이다. 이 가운데 도리천에만 다시 33천이 펼쳐져 있는 것이다. 신라사람들은 도리천을 천당으로 여겼다. 경주의 왕릉 근처 소나무 이름이 '도리송'이다. 쭉 뻗은 소나무가 아니고 구불구불 휘어진 데다 키도 작은 소나무다. 이 소나무를 도리송(도리솔)이라고 이름 붙인 것은 왕릉들이 있는 공간을 하늘의 도리천으로 생각했던 탓이다. 그런가 하면 미륵불을 신봉하는 종파에서는 도솔천을 천당으로 여겼다. '도솔천에서 만납시다!'가 미륵신앙 신봉자들의 인사였다. 미륵불이 도솔천의 내원궁에 계신다고 믿었다.

이 내원궁(內院宮)이 전북 고창 선운사 도솔암 바위 꼭대기에 세워져 있는 법당 이름이다. 선운사 도솔암에 올라가려면, 마치 무협지의 장문인이 거처하는 듯한 분위기의 커다란 바위 암봉 위로 가파른 돌계단을 타고 올라가야 한다. 그 돌계단도 바위 틈새에 만들어져 있다. 바위 틈새로 경사가 가파른 돌계단을 올라가려면 힘이 든다. 이 돌계단이 없었을 당시에는 그야말로 암벽을 타듯이 법당을 올라가야 했을 것이다. 그 암벽 사이의 틈새 계단길을 올라가면 내원궁이 나타난다. 마치 압력밥솥에 찌듯이 기운이 쩔어 있는 법당이다. 여기를 미륵교도들은 천당으로 믿었다. 여기에 오면 미륵불의 구원을 받는다고 철석같이 믿었던 것이다. 죽기 전에 이 내원궁에 한 번만이라도 오는 것이 소원이었다. 죽으면 바로 이 도솔천에 태어난다고 신앙했다. 보통 점쟁이라고 불리우는 집단은 조상신을 받은 사람들이다. 육체를 벗으면 혼령이 있고, 이 혼령들은 육체를 가진 인간보다 시공의 제약을 덜 받는다.

보통 점쟁이의 접신은 이 조상신과 접신하는 셈이다. 그 조상신들이 상담을 하러 온 사람들의 조상신에게 물어본다. "네 후손은 이번 투자가 성공할 것 같으냐? 이사를 가면 어디로 가는 게 좋으냐? 이번 사업 파트너는 궁합이 맞냐?" 등이다. 그러면 상담자의 조상신은 자기 후손의 일이니까 대강은 알고 있다. 그래서 점쟁이에게 붙은 신에게 알려 준다. 이때 상담자의 조상신과 점쟁이에게 붙은 접신의 파워 게임이 있을 수도 있다. 상담자의 조상신이 훨씬 체급이 높으면 점쟁이에게 붙은 신을 제압하게 된다. "네가 뭔데 감히 나에게 이래라 저래라야. 물어볼 것을 물어봐야지." 그러면 점을 볼 수 없다. 반대로 점쟁이에게 붙은 신의 급수가 높으면 조상신을 압도한다. "까라면 까지. 뭘 우물쭈물하느냐. 빨리빨리 대답을 해야지." 하면서 조상신을 조진다. 그러니까 점쟁이에게 붙은 신이 계제가 높으면 아주 영험하다. 점쟁이에게 붙은 신의 경우, 전생에 공부를 많이 하고 학문이 높은 사람이 죽어서 신이 되면 신통력도 세다. 그렇지 않고 술이나 먹고 주색잡기나 하던 조상이 죽어서 후손에게 붙으면 골치 아픈 일만 생긴다. 조상신이 붙었다고 다 좋은 게 아니다. 골치 아픈 질병을 앓거나 하는 일마다 엎어지는 경우가 생긴다. 사람은 죽는다고 끝나는 게 아닌 것이다. 그 후손들의 인생 행보에 영향을 미친다. 그래서 나온 말이 '못 되면 조상 탓이다'라는 말이다. 이 말도 전혀 근거가 없지는 않다.

높은 신과 접신하면 차원이 다른 행보를 보인다. 한마디로 교주급이 된다. 신흥종교의 교주, 또는 영적 지도자가 된다. 차원이 높은 고급령(高級靈)과 접이 붙으면 하는 말의 수준이 다르다. 인생살이에 도움이 되는 멘토급의 설교를 한다. '자제하고 살아라!', '착하게 사는 것이 남는 것이다!'와 같은 이야기다. 상당히 수준 있는 설교나 법문을 한다. 그리고 부가적인 신통력을 또 보여준다. 치료의 능력이 그렇다. 이런 고급령과 접신이 된 영적 지도자 또는 교주급(教主級)은 일반인이 판단하기 어렵다. 선생님으로 모신다.

이처럼 접신에는 여러 단계가 있다. 스펙트럼이 아주 다양하다. 일반 조상신부터 시작해서 하늘세계의 수많은 차원의 신들과 접신이 된다. 이슬람에는 이슬람 하늘의 신들이 있기 마련이다. 마야 문명은 마야 하늘의 수많은 신들이 있었다. 불교식으로 이야기하면 야마천의 천상계 신과 접신이 된다. 이렇게 놓고 본다면 접신을 꼭 부정적인 시각으로만 봐서도 안 된다. 접신을 통해 구원을 받을 수도 있기 때문이다. 접신은 쉽지 않다. 아무나 접신 되는 것도 아니다. 접신이 되어 하급 무당도 될 수 있지만 거룩한 영역의 종교 지도자가 될 수도 있다. ᴖᴖᴖ

에디슨의 그 대단한 발명들은 노력한다고
되는 일이 아니다. 본인이 '99%의 노력과
1%의 영감'이라고 말했지만,
이건 솔직한 말이 아닌 것으로 보여진다.
거꾸로 99%의 영감이 작동했고, 1%가 노력이다.
그 영감은 접신에서 온 것이다.
신명계(神明界)에서 에디슨에게 영감을 준 것이다.
그 신명계의 작동도 전생부터 닦아온 결과인
경우가 많다. 이런 인물들은 전생부터
뼈를 깎는 수양을 하고 공부를
많이 했던 인물들이다.

신통(神通)의
5가지 종류

신통력은 접신에서 나오고, 접신은 그 사람의 그릇에 따라 신격(神格)에 차이가 난다. 플라이급 신이 들어오느냐, 미들급 신이 들어오느냐에 따라 능력이 차이 난다. 전공도 차이 난다. 사업가들에게 필요한 내용을 잘 예측해주는 접신이 있고, 난치병을 치료해주는 접신이 있다. 들어온 신에 따라서 병과가 각기 다른 것이다. 공병대도 있고, 포병도 있고, 병참도 있는 셈이다.

대만의 국사를 지냈던 남회근 선생은 이 신통을 5가지 종류로 나누어 이야기하고 있다. 먼저 보통(報通)이 있다. 여기에서 보(報)는 불교에서 말하는 과보(果報)의 의미다. 전생의 업보(業報)라는 개념이다. 이 업보는 선업을 쌓은 결과로 나타나는 업보도 있고, 악업을 쌓은 결과로 나타나는 업보도 있다. 업보라는 말이 꼭 나쁜 맥락에서의 업보만은 아니다. 보통은 그 사람이 태어날 때부터 지닌 특수한 능력을 가리킨다. 전생부터 그 분야 종사자들이다.

예를 들면 음악의 신동으로 불리는 모차르트도 보통의 개념에 포함시킬 수 있다. 전생부터 음악에 종사했던 영혼이 죽은 뒤 다시 환생하여 모차르트로 태어난 것으로 보는 관점이다. 모차르트는 6~7세때부터 작곡에 관심을 보였다고 전해진다. 어찌 6~7세밖에 안 된 어린아이가 작곡에 관심을 보인단 말인가! 이게 시킨다고 되는 일이 아니다. 후천적으로 교육시킨다고 되는 일도 아니다. 저 스스로 좋아서 하는 일이다. 공부는 전생에 다 끝내놓고 금생에 잠깐 복습하는 개념으로 보아야 한다. 금생에 시작하면 늦는다고 본다. 물론 금생에 뼈를 깎고 살을 도려내는 혹독한 노력을 하면 내공이 쌓인다. 그러나 담배 끊는 것도 실천 못하는 사람들이 대부분인데, 뼈를 깎는 후천적 노력은 쉬운 일이 아니다.

발명왕 에디슨도 이 보통의 관점에서 해석하고 싶다. 에디슨의 그 대단한 발명들은 노력한다고 되는 일이 아니다. 본인이 '99%의 노력과 1%의 영감'이라고 말했지만, 이건 솔직한 말이 아닌 것으로 보여진다. 거꾸로 99%의 영감이 작동했고, 1%가 노력이다. 그

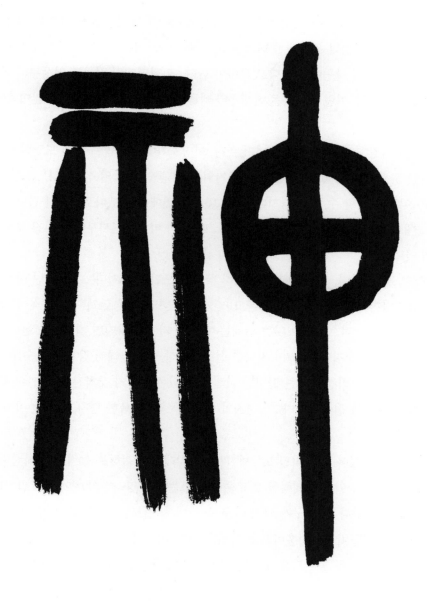

영감은 접신에서 온 것이다. 신명계(神明界)에서 에디슨에게 영감을 준 것이다. 역사적인 사건 가운데 절체절명의 위기에서 난국을 돌파하는 아이템은 우연히 오는 것 같아도 그렇지 않다. 신명계의 작동이 있었다고 보아야 한다. 그 신명계의 작동도 전생부터 닦아온 결과인 경우가 많다. 이런 인물들은 전생부터 뼈를 깎는 수양을 하고 공부를 많이 했던 인물들이다.

바둑의 이창호도 이런 과가 아닌가 싶다. 이창호가 바둑 1급 수준에 도달하는 데 10개월 걸린 것으로 알고 있다. 보통 사람은 거의 20년 동안 바둑의 정석을 보고 공부하고 연구하여야만 도달할 수 있는 경지다. 이걸 10개월 만에 돌파했다고? 20년 걸린 사람들은 다 돌대가리들이란 말인가! 이러한 신통, 그러니까 타고나면서부터 얻어진 보통은 쉬운 일이 아니다.

수통(修通)이 있다. 이건 금생에 열심히 닦아서 도달한 경지다. 보통 30년 이상을 한 분야에 집중하여야만 가능하다고 본다. 10년을 몰두하면 입문 단계다. 20년을 집중하면 강호에 나가서 일방적으로 얻어맞는 단계는 아니다. 자기도 맞지만 때리기도 한다. 한 방을 갈길 수도 있는 경지다. 30년이 지나면 선수급이다. 어지간해서 강호의 고수들로부터 얻어맞지는 않는다. 최강 고수를 만나면 피해갈 수 있는 지혜가 갖춰진다. 30년이 지나서 50년 정도 몰두하면 접신급이다. 이 경지가 바로 닦아서 이룩한 경지, 즉 수통이 아닌가 싶다.

의통(依通)도 있다. 물질적인 도구에 의지해 미래를 예측하는 능력을 가리킨다. 〈주역〉의 육효점(六爻占)이나 만세력을 보고 팔자를 보는 사주명리학이 여기에 포함된다. 의통도 문화와 민족마다 그 도구가 각기 다를 수 있다. 이집트는 이집트의 방법이 있고, 인도에는 인도의 방법이 있다. 흥미로운 사실은 현재 미국 뉴욕의 월가에는 각 문명권의 예측 방법이 거의 모두 동원되고 있다는 점이다. 수정구슬로 비추어보는 수정파부터 시작하여, 엽전을 던져서 보는 엽전파, 타로 카드를 사용하여 보는 타로파, 입고 있는 옷을 만져보면 아는 의상파, 상담자의 눈동자를 보고 전생과 미래를 예측하는 아이리딩(eye reading)파, 사진을 물속에 띄워놓고 보는 사진파 등 각 문명권에서 내려온 방법론이 모두 가동되고 있다.

꿩 잡는 게 매다. 주식시세만 맞추면 장땡이다. 그 방법론은 가타부타 논할 게 못 된다. 방법론 가지고 우열을 논하기는 어렵다. 결과가 중요하다. 과연 어떤 방법으로 맞추느냐에 따라 그 방법의 정당성이 판가름 난다. 고대로부터 내려오는 세계 모든 주술의 전시장이 뉴욕의 월가인 것이다. 월가야말로 편견이 없는 지역구다. 돈 앞에서는 미신(迷信)도 없고, 정신(正信)도 없다. 오로지 주식시세만 있을 뿐이다.

요통(妖通)과 귀통(鬼通)도 있다. 이건 정신분열 상태를 가리킨다. 건강이 좋지 않고 극심한 쇼크 상태에서 귀신이 붙는 경우가 있다. 잡신이 붙는 사례가 많다. 이 잡신도 약간의 능력은 보여준다. 그러나 제약이 많다. 어떤 지역에서는 잡신의 신통력이 발휘되지만 다른 지역으로 옮기면 신통력에 제한이 온다.

잡신의 특징 가운데 하나는 거짓말도 가끔씩 한다는 사실이다. 자기가 모르면 모른다고 해야 하는데 자꾸 와서 물어보면 모르면서도 대답을 하는 습관이 있다. 이게 거짓말이다. 이게 헛방이다. 이거 믿고 사업 추진했다가 쫄딱 망하고 낭패 보는 경우가 비일비재이다. '귀신같이 거짓말한다'는 옛말이 있다. 이런 잡신이 붙어서 온 요통과 귀통을 가리킨다. 정신세계는 넓고도 깊어 단시간 내에 파악이 어렵다. 파악이 어렵다 보니 속아서 휘둘리는 경우가 발생한다. 수업료는 내는 셈이다. 그러나 따지고 보면 수업료 없는 세계가 있던가! 모든 분야에 진입하려면 수업료는 지불하여야 이치에 맞다는 생각도 든다. ◢◣◣

"그때 신입사원 얼굴만 봐도 알았습니까?"
"눈에 들어오지. 눈, 코, 입, 귀, 턱을 보고
마지막에는 목소리를 들어보지.
남자 관상에서는 눈이 포인트야.
우선 눈에 정기가 있는가를 보지.
눈이 반짝반짝하면 아이큐와 총기가 있는 거야.
의지력도 있다고 보아야 하고.
의지력은 추진력과 인내력을 포함하지.
머리도 좋고 게다가 추진력과 인내력이 좋으면,
그 사람은 인재임이 분명한 거요."

이병철의
영발경영

'영발경영'이란 경영에 영발을 참고한다는 뜻이다. 영발이란 '영(靈)'에서 발사되는 직관적인 통찰력이다. 바꿔 말하면 예지력을 지녔던 도사들의 조언을 경영에 참고했다는 말이기도 하다. 삼성그룹 창업자 이병철은 도사들의 영발을 경영에 일정 부분 참고하고 수용하는 특이한 능력이 있었다. 이는 현대 경영학에 있어서 매우 특이한 형태다.

일반적인 경영학 교과서에 별로 안 나오는 초식을 구사했던 셈이다. 현대 경영학의 아버지라 일컬어지는 피터 드러커의 경영학 책들을 읽어보아도 영발경영의 개념은 소개되어 있지 않다. 책에도 나오지 않는 독자적인 경영 행태를 보인 것이 이병철이다. 다른 사람들 하지 않은 방식으로 했음에도 불구하고 현실적으로는 커다란 경영성과를 이룩한 셈이다.

우선 이병철의 영발경영 형태는 가장 먼저 어떤 것이 있는가? 신입사원을 채용할 때 면접을 중시한다는 점이다. 그리고 이 면접을 할 때 도사를 입회시켜 신입사원의 관상을 보고 사주를 봐서 그 잠재되어 있는 가능성을 통찰했다. 이병철은 학벌에도 큰 비중을 두지 않았다. 물론 기본적인 시험성적은 참고한다. 학벌이나 시험성적이 기본을 통과하면 그 다음에는 면접 비중이 훨씬 높았다. 면접의 핵심은 사주와 관상이었다.

사주와 관상을 봐서 어쩌겠다는 것인가? 복이 있는가를 보았다. 결국 복이 있는 사람이 회사에 들어와야 조직이 잘 된다. 머리만 좋고 복이 없는 사람은 자칫 회사에 해를 끼칠 수 있다고 본 것이다. 머리는 좋고 타고난 복이 없으면 감방 가기 쉽다. 사기꾼이 되기 쉬운 것이다. 그러나 그 사람에게 내재되어 있는 '복(福)'이라는 부분을 어떻게 미리 안단 말인가. 본인도 모르는 부분인데 말이다. 이걸 파악하기 위해서 영발 있는 도사가 필요했던 것이다. 이 복이라는 요소를 가장 중시했던 경영자가 바로 이병철이었다.

이병철이 신입사원을 뽑을 때 면접 현장에 도사가 같이 참석했다는 것은 세간에 알게 모르게 소문이 나 있었다. 이 도사 가운데 한 명이 '박 도사(1935~2000)'였다. 함양군 서

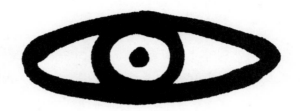

상면 출신이다. 주로 지리산 일대의 산 속에서 도를 닦았던 인물이다. 박 도사는 생전에 필자에게 이렇게 말했다.

"조 선생. 내가 삼성에서 신입사원 면접 때 추천한 인재가 대략 1,800명이여. 이 사람들 다 사주팔자가 좋아서 중소기업 사장이라도 할 만한 인재들이었어. 이들을 몽땅 삼성에다 집어넣어 월급쟁이를 만들었으니 지금 생각하면 내가 잘한 일인지, 잘못한 일인지 모르겠어."

박 도사가 죽기 4~5년 전쯤, 고향 함양의 한옥집 덕운정사에서 필자와 나눴던 이야기다. 아마 90년대 중반쯤 되었던 것 같다. 덕운정사는 1,000여 평의 대지에 한옥 서너 채가 있는 저택이었다. 가장 큰 집은 여러 명이 모여 스터디 모임도 할 수 있는 대청도 있었다. 아마도 내방객이나 제자들이 모여 토론도 하고 공부도 할 수 있는 도관(道觀) 용도로 지은 건물 같은 느낌이 들었다. 지붕의 기와는 청기와였다. 청와대에나 있는 청기와를 기와로 올렸다. 매우 비싼 기와가 아닌가! 동네 뒤로 바위가 있는 산봉우리가 포진했는데, 극락봉이었다. 그 극락봉의 맥이 동네 뒤로 해서 박 도사 집으로 들어왔다. 동네의 앞산도 1,000미터급의 산봉우리들이 마치 병풍처럼 멀리서 호위했다. 동네 터가 호방하면서도 기운이 뭉쳐 있는 장소였다. 당시 내가 박 도사로부터 듣고 싶었던 것은 이런 이야기가 아니었다.

　무림의 비급(祕笈)에 대한 이야기였다. 즉 '어떻게 한소식을 했는가' 하는 부분이다. 여기서 한소식이라 함은 '어떻게 명리학에 도통할 수 있었는가' 하는 이야기다. 그 방법이 무엇인가? 다른 이야기는 잡설로 치부하고 이 방법론에 대한 관심만 집중되어 있었던 시절이었다. 세월이 지나고 보니까 그 시절에 관심 가졌던 부분은 스끼다시가 되어버렸고, 오히려 그때 부수적이라 생각했던 내용이 메인 스테이크가 되었다. 문화인류학에서 말하는 '씩 디스크립션(thick description)'이 중요했던 것이다. '두터운 묘사'를 가리킨다. 오겹살처럼 두터운 묘사. 삼겹살의 비계라고 생각했던 부분이 다른 영역의 관찰자에게는 오히려 더 중요한 정보로 다가설 수 있다는 사실. 그런 여지를 남기는 두텁고 풍부한 관찰과 서술이 학문적인 태도다.

　그러니까 박 도사가 이병철의 신입사원 면접 때 입회했던 시절이 아마도 1970년대 중반에서 1980년도까지나 될까.

　"그때 신입사원 얼굴만 봐도 알았습니까?"

　"눈에 들어오지. 눈, 코, 입, 귀, 턱을 보고 마지막에는 목소리를 들어보지. 남자 관상에서는 눈이 포인트야. 우선 눈에 정기가 있는가를 보지. 눈이 반짝반짝하면 아이큐와 총기가 있는 거야. 의지력도 있다고 보아야 하고. 의지력은 추진력과 인내력을 포함하지. 머리도 좋고 게다가 추진력과 인내력이 좋으면, 그 사람은 인재임이 분명한 거요."

　"눈의 정기는 계속 변함이 없는 겁니까? 아니면 연령대나 시절 따라서 정기의 강도에도 변화가 있는 겁니까?"

　"타고난 것이 크게 작용해요. 타고난 게 7할이라면, 후천적인 관리나 상황변화에 따라 정기가 급속도로 소모되는 경우가 있어요."

"눈의 정기가 급속도로 소모되는 경우는 어떤 경우입니까?"

"가장 큰 요소는 색(色)이지. 색을 많이 쓰면 정기가 급속 방전되고 말지. 그래서 남자는 여자를 조심해야지. 물론 여자도 남자를 조심해야 하고. 남자가 돈이 들어오고 몸이 건강하면 대부분의 범부는 색으로 달려가요. 강남 룸살롱에 가서 여자들한테 돈 주고 몸 주는 경우가 대부분이여. 인재는 여기서 브레이크를 잡는 사람이지. 정력은 엔진에 해당하지만 브레이크가 더 중요해. 브레이크는 색을 절제할 줄 아는 능력이오. '부귀불음빈천락(富貴不淫貧賤樂)'이라는 시구도 있잖아. 큰돈과 높은 자리를 얻어도 여자를 밝히지 않고 빈천에 있어도 즐겁게 생각하는 게 대장부라고 말이여."

"일반 사람의 눈에는 안 보이는 영발로 보는 측면도 있을 것 아닙니까?"

"그 사람이 문을 열고 들어올 때나 밥을 먹으려고 숟가락을 잡는 순간, 의자에 앉아 있는 모습 등 일상생활에서 어떤 장면을 문득 보았을 때 느낌이 확 오지. '아, 이 사람은 조상 대에 복을 많이 쌓아놓은 사람이구나. 아, 여기는 명이 짧겠구나. 아, 이 친구는 돈이나 벼슬이 크게 들어오면 패가망신으로 흐를 수 있는 팔자구나' 하는 느낌이지. 이 느낌은 순간적인 것이고, 긴장을 풀고 느슨한 상황일 때 다가오는 수가 많아요."

"긴장을 풀고 느슨한 상황일 때 영발이 더 잘 작동된다는 뜻인가요?"

"그렇지. 사람이 긴장을 하면 잘 안 보여요. 무심한 상황일 때 그 사람의 전생도 보이고 미래도 보이지. 억지로 저 사람을 보아야겠다 하는 순간에 긴장이 들어가요. 긴장이 들어가면 헛방이 될 수 있지. 자기(도사)가 기존에 품고 있던 선입견을 대입시키는 오류가 발생할 수 있어요. 그러니까 항상 무심한 상태가 중요하지. 커피 마시다가 상대방을 봤는데 앞일이 훤히 보이는 수가 바로 그런 경우일 걸. 아마."

이러저런 이야기를 나누다가 나는 직선적으로 박 도사에게 치고 들어갔다.

"선생님! 저는 앞으로 뭐를 하면 좋겠습니까? 돈은 좀 벌겠습니까?" ◭◭◭

박 도사가 면접에서 가장 중점을 놓고 본
관상 포인트는 바로 복(福)이었다.
'복이 있는가, 없는가?' 복 없는 놈은 퇴짜였다.
박복한 직원이 많으면 그 회사는 박복하게 된다.
노는 물이 박복하면 그 물은 빨리 떠야 된다.
'복이 있는 관상을 뽑아주시오.'
이것이 이병철이 박 도사에게 부탁한 부분이다.

복 있는 놈이
이긴다

도사의 영발과 가장 궁합이 맞는 직업은 기업가들이다. 기업을 운영하는 사람들에게 영발은 보약이다. 물론 제대로 된 영발이 보약이다. 엉터리 영발은 신세 망치는 지름길이다. 기업인들에게 생사가 걸린 선택은 새로운 투자 업종이다. 어떤 업종에 투자해야만 먹거리가 될 것인가. 이것이 어려운 문제다. 여기에는 기업운기도(企業運氣圖)가 필요하다. 기업도 팔자가 있다. '너는 먹는 사업이 맞으니까 이쪽으로 투자하거라!' 기업 오너의 팔자와 당대 시장의 흐름, 국제적인 동향도 참고하고, 당시 정권 실세와의 인연까지도 감안해서 작성하는 것이 기업운기도다. 정권 실세와 자신의 궁합이 맞을 것인지도 관건이다. 처음에 맞는 듯하다가 중간에 틀어지는 경우도 많기 때문이다. 오히려 시간이 흐르면서 실세가 화근이 되기도 한다. 한국 현대사에서 영발경영의 사례를 꼽는다면 수없이 많다. 그러나 가장 대표적인 사례를 든다면 삼성 창업자 이병철이다.

이병철은 경남 의령군 정곡면 중교리가 고향이다. 태어나는 동네 산세도 그 사람의 팔자에 영향을 미친다. 중교리를 한자로 쓰면 '中橋里'다. 중교리, 의미를 푼다면 '가운데 다리'가 된다. 가운데 다리가 뭔가? 남자의 생식기를 가리킨다. 중교리라고 지명을 지은 이유는 미루어 짐작컨대 이 동네의 형세가 가운데 다리같이 생겨서 지었던 게 아닐까. 땅의 기운이 뭉친 곳은 가운데 다리같이 생겼다. 태어날 때 장소가 가운데 다리냐 아니냐 하는 부분은 그 이후의 사업 경쟁력에서 중요한 변수로 작용한다. 명당에서 태어난 사람들은 이상하게도 도사를 좋아한다. 영발에 관심이 많다는 이야기다. 명당의 기운은 눈에 보이지 않는 신통력에 해당한다. 자신이 명당에서 태어났다고 믿는 사람은 이미 도사의 영발에 오리엔테이션이 된 셈이다. 영발이 있다는 것을 믿는 사람이어야만 도사들과 접선이 쉽다. 이것을 자꾸 부정하는 사람에게는 도사들도 입을 다물어 버리는 수가 많다. 씨알머리 안 먹히는 사람에게 자꾸 이야기하면 입만 아프다.

이병철은 어려서부터 도사들의 영발을 많이 보았던 것으로 짐작된다. 집안 형들이 동굴 속에서 108개의 촛불을 켜놓고 기도할 때, 갑자기 한순간에 기도발로 촛불이 모두 꺼지는 장면을 목격하기도 했다. 고향인 의령군 일대는 지리산과도 가깝다. 지리산 도사들의 왕래가 많았다고 보아야 한다. 도사들도 밥 얻어먹으려고 의령군의 밥 먹고 사는 사람들 집에 한 번씩 찾아오는 수가 있었다. 이런 도사적 분위기, 영발적 분위기를 이병철은 일찌감치 접했던 것이다. 그래서 영발에 대한 거부감, '이거 다 사기다! 이거 다 미신이다!'라고 단정하는 습관이 없었다. 세계를 보는 시야가 넓었다는 이야기도 된다. '합리 너머에 신비가 있다'는 이치를 알았을까.

박 도사도 전성기가 있었다. 대략 70년대 초부터 80년대 중반까지다. 이때 고순도의 영발 배터리가 작동하던 시기였다. 배터리도 무한 리필은 불가능하다. 도사의 영발이 한창 작동할 때 만나야 효과를 본다. 이병철은 박 도사의 전성기 때 만났다. 박 도사 전성기의 영발을 가장 효과적으로 활용한 기업인이 바로 이병철이라고 본다. 영발을 이용한 부분은 신입사원 채용이다.

이병철은 신입사원 채용할 때 관상가를 옆에 놓고 면접을 봤다는 이야기가 전해진다. 직원 채용할 때부터 관상가의 관점을 참고했다는 말이다. 이 관상가가 누구인고 하니 박 도사다. 박 도사가 생전에 나에게 한 말이 있다.

"내가 삼성에 추천한 직원이 1,800명쯤 된다. 지금 생각해보니 1,800명이나 추천한 일이 잘한 일인지 못한 일인지 모르겠다."

삼성 직원 채용 때 본인이 관상 보고 합격 도장 찍은 사람이 이 숫자였다. 박 도사가 면접에서 가장 중점을 놓고 본 관상 포인트는 바로 복(福)이었다. '복이 있는가, 없는가?' 복 없는 놈은 퇴짜였다. 박복한 직원이 많으면 그 회사는 박복하게 된다. 노는 물이 박복하면 그 물은 빨리 떠야 된다. '복이 있는 관상을 뽑아주시오.' 이것이 이병철이 박 도사에게 부탁한 부분이다. 그렇다면 복이 있는 관상은 우선 생김새에서 아우트라인(outline)이 나온다. 소위 말해서 복스러운 얼굴이 그것이다. 그러나 껍데기 속에 숨어 있는 멘탈을 볼 수 있어야 한다. 그 멘탈을 보는 것이 도사의 영역이고, 영발의 영역이다. 생긴 것은 평범하게 생겼어도 복이 들어 있는 사람들이 있다. 이상하게 이런 사람들은 넘어져도 돈 있는 데로 넘어진다. 누가 자기 땅 좀 사달라고 애걸해서 도와주는 셈 치고 사준 땅이 10년 있다가 폭등하는 경우다.

이병철이 복 외에도 또 하나 챙겼던 부분은 '배신자 관상은 배제시켜 달라'는 당부였다. 사업가는 사업하면서 결정적인 배신을 적어도 서너 번은 당한다. 배신을 몇 번 당하다 보면 사람을 믿지 않는다. 의심부터 하는 습관이 생긴다. 내가 만나본 사업가들이 대부분 이런 경우였다. '저 친구는 나에게 어떤 사기를 치려고 접근하는가?' 하는 의심을 깔고 상대방을 바라다본다. 그 눈동자 속에 사람을 믿지 못하는 의심이 지리산 노고단 운해처럼 가득 차 있다. 이게 결국 그 사람의 카르마가 된다. 업(業)이 된다.

배신을 많이 당하면 인간에 대한 깊은 슬픔이 가득 차게 된다. 슬픔은 오장육부 중에서 폐장(肺臟)을 타격한다. '폐가 울결(鬱結)된다'고 표현한다. 폐가 약해지고 망가진다. 그러면 폐암이 온다. 재벌 오너들이 폐암으로 죽는 경우가 많은 것은 이 때문이다. 배신과 슬픔, 이게 축적되면 폐암이다. 담배 피워서 그런 것도 아니고, 영양 부족 때문도 절대 아니다. '폐(肺)' 자에는 '시장 시(市)' 자가 들어있다. 시장의 상인이 걸린다는 의미가 암시되어 있다. 관상을 보고 어떤 놈이 배신할지 어떻게 안단 말인가! 이걸 집어내는 게 박 도사의 영발이었다.

복과 배신, 이 두 가지 아이템이 면접 때 당락의 기준이었다. 삼성은 오늘날 세계 일류기업이 되었다. 일류고 이류고 간에 국가 GNP의 상당 부분을 삼성의 반도체 수출이 차지한다. 삼성 때문에 환율도 유지한다고 본다. 국가에 내는 법인세도 엄청난 액수다. 이병철이 써붙여 놓은 '기업보국(企業報國)'은 사기가 아니었다. 진짜로 보국하고 있다. 삼성의 우수한 인력 채용에 도사의 영발이 큰 기여를 했다고 본다. 이런 건 잡아내기 어려운 부분이다. 영발 작동은 어두컴컴한 음지에서 이루어진 작업이었으므로 아는 사람이 별로 없다. 수원에 삼성전자 공장 터를 잡은 배경에도 도사의 영발이 있었다.

풍수 영발은 담당자가 달랐다. 장용득이었다. 70·80년대 실전 풍수의 대가가 장용득이다. 공장도 아무 데나 짓는 게 아니고 명당에 지어야 회사가 발전한다고 생각하는 것은 일반 사람이 할 수 없는 특이한 생각이다. 이병철은 특이한 생각을 가지고 있었다. 삼성전자 터를 수원에 잡게 된 배경에는 장용득의 점지가 있었다. 이 점지를 이병철이 장용득에게 맡겼던 것이다. 이걸 맡긴다는 게 리더십 아니겠는가. 도사를 선별하여 병과별로 전담하게 하고, 또 그 도사의 의견을 수용하는 등 이 전체적인 조율을 이병철이 해냈으니 '영발경영'이 틀림없다. 세계 경영학계에 영발경영이란 항목은 없다. 경영학자 피터 드러커(Peter Drucker)가 이 영발경영을 들었더라면 생전에 그의 경영학 저서의 한 챕터를 반드시 할애해서 써놓았을 것이다.

영발경영은 이병철만 했던 게 아니다. 요즘도 영발도사를 찾는 기업인들은 부지기수다. 영험하다고 알려진 도사들 만나보면 대개 어느 기업 오너들에게 전속되어 있는 경우를 많이 목격한다. 월급을 받는다. 그 기업체 관련 상담에만 집중하지, 일반 서민들 상담은 하지 않는다. 돈이 안 되기 때문이다. 오너들 치고 도사 한두 명 안 끼고 있는 사람이 없다. 쓸 만한 도사는 씨가 말랐다. 일급 도사를 만나는 건 인연복이다. ◢◣◢

"후계자로 누구를 정하면 좋겠소?"

"첫째와 둘째는 머리가 좋습니다.

그러나 복은 셋째가 제일 많습니다.

그러니 셋째 건희를 후계자로 정하면 좋겠습니다."

당시 셋째인 이건희는 방송국 TBC 기자를

하고 있을 때였다.

"그러면 큰아들과 둘째 아들이 너무 섭섭해하지

않겠습니까?"

"회장님이 이방원 역할을 하셔야 합니다.

셋째 건희가 세종 형국입니다.

태종 이방원이 첫째와 둘째를 제쳐놓고

셋째 세종을 선택하지 않았습니까."

"누가 왕이 될 상인가?"

후계자, 이것이 문제다. 후계자를 세우기가 그만큼 어렵다는 말이다. 잘못 세워놓으면 회사, 조직이 망한다. 경영학의 아버지 피터 드러커는 "제대로 된 후계자를 확보해놓는 것이 리더십의 완성이다."라는 말을 했다. 창업자 본인은 대단히 능력도 크고 카리스마도 강하지만, 그 다음 대에 가서 조직이 흐지부지 사라져버리는 수도 있다. 후계자가 없었기 때문이다. 후계자가 왜 없었겠는가. 후계자라고 해서 세워놓았지만, 결과적으로 능력과 복이 안 되는 사람을 세워놓으면 그 조직은 와해되거나 망해버린다.

세계적 기업인 아마존의 제프 베조스와 투자자로 명성이 자자한 워렌 버핏이 어떻게 후계자를 정하는가를 보니, 자기 밑에서 대략 20년 정도 부하직원이나 보조자로 일한 사람을 뽑는 것 같다. 자기가 그동안 충분히 데리고 있으면서 검증을 해본 사람을 후계자로 앉히는 방식이다. 20년 정도 일을 같이 해보면 충분히 안다고 볼 수 있다. 합리적인 선택이다.

그러나 그 후계자로 간택된 인물이 타고난 큰 복(福)이 있는지 없는지는 모른다. 능력은 눈에 보이지만 복은 눈에 보이지 않는다. 그렇다면 어떻게 이 복이 있다는 것을 알 수 있는가? 복이 눈에 보이는 물건이란 말인가? 바로 여기에 도사의 영역이 존재하는 것이다. 이 복이 있다는 부분을 감지하는 능력, 그것이 영발이다. 가방끈은 영발 앞에 무력하다.

이병철에게는 아들 셋이 있다. 이 셋 중에 누구를 후계자로 세울 것인가가 이병철에게는 관건이었다. 한국과 같은 유교적 문화가 지배적인 사회에서는 장자가 상속하는 게 일반적이다. 그러나 이병철은 유교적 관례를 따라갈 사람이 아니었다. 단선적인 사고를 하는 사람이 아니라는 이야기다. 사업이라는 게 워낙 복잡한 문제가 많으므로 다차원적인 문제해결 능력이 있어야 하고, 궁극적으로는 좋은 운을 타고난 자식이 맡아야 한다는 생각을 하고 있었다.

세 아들 중에 누가 운이 좋고 복이 있는가를 박 도사하고 상의했다. 그만큼 박 도사는 당대 최고의 도사였다. 이병철이 누구인가. 어지간한 도사의 말을 그대로 믿을 사람이 아니다. 본인이 이미 도사급의 반열에 올라 있던 인물이다. 이병철 본인도 수많은 사람을 상대하면서 인간에 대한 많은 시행착오를 거쳤다. 대략 50세 무렵부터는 거의 도사가 되었다고 해도 과언이 아니다.

사실 기업을 창업하는 사람들은 타고난 신기(神氣)가 발달한 사람들이다. 신기 없으면 큰 사업을 못한다고 본다. 그런 이병철이 자식 문제를 상의할 정도로 박 도사를 신뢰했다는 이야기다. 구한말 대원군이 풍수도사 정만인을 믿고 아버지 남연군의 묫자리를 상의했던 것처럼 말이다. 대원군 본인도 이미 풍수의 이치를 상당히 깊이 파고 들어간 반 도사였다. 그런 대원군이 정만인에게 묫자리를 믿고 맡겼다는 것은 정만인이 간단한 인물이 아니었다는 사실을 암시해준다. 자신이 반 도사가 되어야 진짜 실력 있는 도사를 감별할 수 있는 안목이 생기는 법이다.

"후계자로 누구를 정하면 좋겠소?"

"첫째와 둘째는 머리가 좋습니다. 그러나 복은 셋째가 제일 많습니다. 그러니 셋째 건희를 후계자로 정하면 좋겠습니다."

당시 셋째인 이건희는 방송국 TBC 기자를 하고 있을 때였다.

"그러면 큰아들과 둘째 아들이 너무 섭섭해하지 않겠습니까?"

"회장님이 이방원 역할을 하셔야 합니다. 셋째 건희가 세종 형국입니다. 태종 이방원이 첫째와 둘째를 제쳐놓고 셋째 세종을 선택하지 않았습니까."

당시 셋째인 이건희로 낙점하는 자리에는 이건희의 장인인 홍진기도 합석하고 있었다. 홍진기는 당연히 박 도사 의견에 찬성할 수밖에 없었다. 박 도사가 죽기 전에 내가 물었다.

"도사로 살면서 가장 잘한 결정이 무엇이었습니까?"

"셋째인 이건희가 맡아야 한다고 추천한 일이여. 그 결정이 기억에 남아."

사실 박 도사는 후계자 결정 문제에, 이거 말고 또 한 건의 추천이 있었다. 전두환 후계자 문제였다. 당시 전두환은 자신의 후계자로 장세동을 생각하고 있었다. 장세동은 월남전의 정글에서 생사의 고비를 같이 넘긴 전우이자 가장 충성스러운 자신의 부하였다. 장세동에게 편지를 쓸 때에도 그 서두가 '사랑하는 세동이에게'로 시작할 만큼 장세동에 대한 애정이 각별했다. 대권을 물려줄 후계자로 장세동을 염두에 두고 있었다.

그런데 후계자는 노태우가 되었다. 대권 후계자 문제를 상의할 때 전두환과 박 도사 외에 입회인이 한 명 더 있었다. 바로 포항제철의 박태준이었다. 박태준이 박 도사 신봉자였던 것이다. 박태준은 박 도사를 볼 때마다 '살아있는 토정 선생을 보는 것 같다'는 멘트를 남기곤 했다. 그만큼 박 도사의 판단은 일반인이 상식적으로는 도저히 생각해 낼 수 없는 영역에 머물러 있었던 것이다. 한 마디로 생각의 범위가 신출귀몰했다는 이야기다.

박태준은 언젠가 함양 서상면의 옥산마을에 있었던 박 도사 집을 방문하기 위하여 헬기를 타고 갔다. 포스코 회장 때다. 박태준 헬기는 박 도사 집 근처였던 서상중학교에 내렸다. 당시 이 서상중학교에 착륙한 헬기가 신문의 가십난에 보도되어 세간의 이목을 집중시킨 바 있다. 박 도사는 포철 박태준을 한국의 비스마르크로 생각했다. 철혈재상 비스마르크. 박태준에게 그런 기운이 있다고 본 것이다.

박태준이 박 도사를 데리고 청와대에 들어가려고 했다.

"청와대는 왜 가려고 합니까?"

"후계자 문제요. 이걸 정해야 할 거 아니요. 오늘 대통령과 이야기를 합시다."

"그렇다면 노태우를 같이 데리고 가시죠. 차기는 노태우가 무난합니다. 무난한 사람이 차기 대권을 잡아야 나라가 안정됩니다."

이렇게 해서 노태우, 박태준, 박 도사가 청와대에 들어가서 전두환과 합석했다. 그 자리에서 전두환에게 이렇게 말했다.

"노태우가 후계자로 적당합니다."

장세동을 마음 속에 두고 있던 전두환은 이 만남을 계기로 하여 노태우를 비중 있게 생각하기 시작했다고 보여진다. 그 보증을 박 도사가 섰던 것이다. 그리고 박 도사가 과연 믿을 만한 도력을 가지고 있는가에 대한 보증은 박태준이 섰던 셈이다. 박태준에 대한 보증은 전두환이 섰다는 결론이 나온다.

이날 청와대에서 전두환, 노태우, 박태준, 박 도사 네 명은 술을 상당히 많이 마셨다. 아마도 양주 몇 병을 비웠던 모양이다. 술에 약한 박 도사도 술에 취했다. 노태우는 술에 비틀거리는 박 도사를 연희동 집에까지 데려다주는 성의를 보였다.

세월이 수십 년 흘러서 박 도사가 추천했던 후계자 문제를 생각해 본다. 이건희 건은 성공한 결정이다. 이건희 때에 반도체가 세계적인 반열에 오른 것 아닌가. 한국사람이 사대주의를 극복하지 못하는 것이 병이었는데, 이건희 때의 삼성 반도체가 '우리도 세계 최고가 될 수 있다'는 자신감을 심어주어 사대주의를 극복하게 만들었다. 이건 굉장히 큰 업적이다. 노태우는 어찌 됐건 선거를 거쳐서 대통령이 되었다. '물태우' 소리를 들었지만 오히려 그 점이 한국 정치사에서는 긍정적인 부분으로 작용하지 않았나 싶다. ▲▲▲

금두꺼비 명당에 묘를 쓴 이후에

이병철도 나오고, 그 후손인 이건희 얼굴 모습이

금두꺼비를 닮게 된 소이연(所以然)이 아닌가 싶다.

그 두꺼비가 반도체를 폭발시켜서

한국의 국부를 쌓아올렸으니 금섬복지의

명당발도 입증된 셈이 아닌가.

이럴 때 하는 말이 '인걸은 지령(地靈)'이다.

'땅에 신령함이 숨어 있다'라는

이 이치를 깨닫기가 참으로 쉽지 않다.

땅에 신령함이
숨어 있다

관상을 보는 방법에는 여러 가지가 있다. 우선 음양오행법(陰陽五行法)이다. 그 사람이 '양인(陽人)인가, 음인(陰人)인가'부터 판별하는 법이다. 양인은 외향적이며 적극적인 성격을 가리킨다. 이재명 전 경기도지사는 전형적인 양인 관상이다. 음인은 내성적이고 수비적이다. 문재인 대통령이 대표적인 음인 관상이다. 음양도 있지만 오행도 있다. 목형(木形)은 얼굴이 길쭉하다. 이런 얼굴은 끈기가 있다. 금형(金形)은 네모진 형이다. 흔히 '밭 전(田)' 자 형상이다. 의지가 굳고 실천성이 강하다. 이해찬 전 총리가 금형에 해당한다. 외국 영화배우로는 갱 영화에 자주 나왔던 '로버트 드 니로'가 금형이다. 화형(火形)은 턱이 뾰쪽한 특징이 있다. 아이디어와 번쩍이는 머리가 있다. 끈기가 좀 약하다는 게 단점이다. 토형(土形)은 뚱뚱한 스타일에 많다. 속이 깊고 신중한 편이다. 돈이 좀 짜다.

관상을 볼 때 음양오행 다음으로는 동물법이 있다. 동물에 비유하는 법이다. 이 동물법을 마스터하기 위해서는 TV 프로그램 '동물의 왕국'을 아주 장시간 시청하는 것이 좋다. 각종 동물의 행태를 연구하기 위해서다. 동물의 왕국은 인간 본성에 대한 깊은 탐구를 할 수 있는 아주 심오한 프로그램이다. 정치인들이 많이 시청한다고 들었다. 생전에 DJ도 동물의 왕국은 아주 즐겨 보았다고 들었다. 그 사람이 어느 동물과 유사한지를 알면, 결정적인 순간에 그 사람이 보여줄 행보를 미리 짐작할 수 있기 때문이다. 예를 들어 소의 관상이면 힘이 들더라도 우직하게 그 일을 밀고 가는 끈기를 보여준다고 예측한다.

원숭이상은 시야가 넓다. 나무에 높이 올라가서 보는 습성이 있다. 그래서 새로운 트렌드를 예측하고 잡아내는 데 아주 뛰어나다. 단점은 나뭇가지를 잘 갈아탄다는 점이다. 이 나무에서 저 나무로 여차하면 갈아탄다. 이익에 아주 민감하다. 바로 나무를 갈아타 버린다는 특징이 있다. 이런 원숭이상은 장기적인 동고동락의 관계보다는 단기적인 단타매매의 인간 관계에 적당하다고 볼 수 있다. 원숭이상 하면 떠오르는 인물이 있지만 이 소설에 등장시키게 되면 척을 질 수 있어 생략할까 한다. 아무리 소설이라고 해도 임팩트가 생기기 마련이다.

주역의 64괘로 보는 방법이 있다. 그 사람을 척 보고 64괘 중 어떤 하나의 괘로 판별하는 방법이다. 주역관상법은 주역의 64괘를 줄줄이 외우고 있어야 하고, 신기(神氣)도 장착된 고단자들이 사용하는 방법이다. 주역은 이론과 신기를 모두 겸비하고 있어야 실전에서 활용할 수 있는 과목이다. 책만 보고 이론만 축적한다고 해서 되는 분야가 아니다. 핵심은 신기 내지는 직관력이다. 이 신기도 전생부터 가다듬은 신기가 있어야만 작동이 된다. 신기 중에서도 고급스런 신기가 육효(六爻)를 뽑아서 적중시키는 능력이다.

우리나라에 '한국민족종교협의회'라는 종교 지도자들의 단체가 있다. 이 단체 회장을 오랫동안 맡았다가 돌아가신 어른이 있는데, 바로 민족종교계의 대부였던 한양원 선생이다. TV에서 보면, 북한에 가는 방북행사 때 갓 쓰고 한복 도포를 입은 모습으로 자주 등장하던 원로였다. 이 양반이 주역의 괘에 아주 밝았다. 특히 국회의원을 비롯한 정치인들이 이 한양원 선생에게 많이 자문을 구했다.

"저 이번에 선거 나가면 붙겠습니까?"

"이번에는 떨어질 것이네. 뿐만 아니라 감옥에도 가겠네. 학교(감옥)에 들어갈 괘야. 그런데 들어가면 좀 오래 있겠어. 그러니 각오를 좀 하고 있어야 돼."

한양원 선생의 말처럼, 과연 그 정치인은 감옥에 가게 되었다. 1~2년이 아니라 4~5년을 학교에 있었다. 그 정치인이 학교에서 나와 필자에게 해준 이야기다.

"그 어른이 돌아가시고 나니, 내가 어디 가서 인생 상담을 할 곳이 없어져 버렸어. 아버지처럼 믿고 의지했는데 마음이 참 허전해요."

통일교의 교주 고(故) 문선명 총재도 젊었을 때 한양원 선생을 찾아가 몇 달간 주역을 배웠다고 전해진다. 문 총재는 기독교 성경뿐만 아니라 동양의 주역과 풍수도참에 깊은 조예를 지녔던 인물이다. 문 총재가 한양원 선생한테 주역을 배울 정도였으니 당대 실전 주역의 최고봉은 한양원이었다고 생각한다. 왜정 때 주역 최고봉은 야산 이달 선생이었지만 말이다. 다산 정약용이 주역에 대해서 여러 권의 책을 썼지만 실전주역은 몰랐다는 생각이 든다. 주자학의 원조 주회도 주역에 대해 책을 썼지만 주역의 묘용은 몰랐다고 보는 것이 남회근 선생의 결론이다. 주역은 책 많이 본다고 아는 것도 아니고 그렇다고 해서 책을 안 본다고 아는 것도 아니다. 먹물과 신기, 이 조합하기 어려운 2가지 능력을 모두 겸비해야만 진입할 수 있는 영역이 주역의 세계다.

공자가 가죽끈이 세 번이나 끊어지도록 많이 보았다고 하는 이유도 바로 여기에 있다. 정신세계의 4차원에 들어가는 신기가 부족한 사람은 아무리 책을 보아도 문리가 터지지 않는다. 이 소설을 쓰는 나도 신기가 부족해서 주역의 문리를 터득하지 못한 상태다. 굴 속에도 들어가 보고 바위 밑의 암자에서도 몇 주씩 기도를 해보았지만 별 효과가 없었다. 깨달은 이치는 먹물이 너무 많이 들어가면 영발에는 해롭다는 이치다. 먹물이 영발을 휘발시켜 버린다고나 할까. 또 하나, 영발은 전생부터 이월 받아야 생기는 영역이라는 점이다. 금생에 시작하면 늦다. 이야기가 옆으로 좀 샌 감이 있는데, 이건희 관상으로 돌아가보자. 이야기가 다시 원점으로 돌아갈 수 있어야만 플롯이 된다. 옆 가지로 새어나가 유턴하지 못하면 횡설수설로 전락할 수 있다. 소설가는 사실 횡설수설하는 화

법이 많다.

이건희의 관상을 동물법으로 판단하면 금두꺼비 관상이다. 눈매 쪽이 그렇다. 두꺼비는 동작이 날쌔지 않다. 가만히 엎드려 있는 형국이다. 굼뜬 것 같으면서도 파리가 앞에 지나갈 때는 잽싸다. 얼른 파리를 혓바닥으로 낚아채는 특징이 있다. 다시 말하면 평상시에는 조용히 있다. 에너지 낭비가 없다. 절전형으로 살다가 앞에 파리가 날아오면 그 즉시 혓바닥으로 파리를 낚아채는 습성이 두꺼비의 행태다. 그리고는 다시 눈 감고 가만히 앉아있다. 언제 파리를 낚아챘냐 하고 시치미 떼듯이 가만히 정좌하고 있는 것이다. 얼마나 효율적인가. 두꺼비 중에서도 금색 무늬를 띤 두꺼비를 금두꺼비라고 부른다. 황금색이 무엇인가? 돈이 붙는다는 이야기 아닌가. 후손 중에 이런 금두꺼비 관상이 나오려면 선대에 그만한 축적이 있어야만 한다.

인과론(因果論)이다. 콩 심은 데 콩 나고 팥 심은 데 팥 나온다. 좀 더 고상하게 표현하면 인중유과론(因中有果論)이다. 원인 속에 이미 결과가 포함되어 있다는 뜻이다. 어떤 원인을 심어 놓으면 그 결과는 시간이 지나면 반드시 나오게 되어 있다. 그래서 원인이 중요하다. 보살은 원인을 두려워하지만 범부는 결과를 두려워한다는 말도 있다. 원인을 제공할 때 이미 결과도 예정되어 있는 이치를 아는 보살은 원인 제공 단계에서 심사숙고하는 것이다. 원인을 개떡같이 심어 놓고 아름다운 결과를 기대한다는 것은 난센스다.

이병철의 윗대(조부)는 풍수 마니아(mania)였다. 명당을 써야만 발복한다는 철저한 믿음이 있었다. 그 시대에 이런 믿음은 이병철 집안만 미신에 현혹되어서 그런 것은 아니다. 전국이 다 그랬다고 보아야 한다. 글 좀 읽고 밥 먹고 사는 중산층이나 상류층들이 이 풍수지리에 심취해 있었다. 유교의 약점이 죽은 후의 사후세계를 말하지 않는다는 점이다. 이 약점을 풍수 사상이 보완해 주고 있었다. 명당에 묘가 들어가면 죽은 사람도 행복하고 그 후손들도 잘 된다는 신앙이다. 이건 20세기 후반까지 이어져온 한국인의 신앙이었다.

이병철 조부(윗대)는 돌아가신 아버지의 백골을 수습해서 상자에 넣은 다음, 이걸 메고 전국을 돌아다녔다. 명당이 발견되면 묻기 위해서였다. 자동차도 없던 시절에 걸어서 전국 이곳저곳을 헤매고 다녔다. 그 얼마나 고생길인가! 선친 백골을 등짐에다 메고 10년을 '명당 찾아 삼만리'를 한 셈이다. 이를 일러 십년구산(十年求山)이라고 한다. 10년간 산을 찾아헤맸다. 그렇게 고생고생하다가 어느 날 고향인 의령군 정곡면 일대에서 어느 스님을 만났다.

"왜 그렇게 헤매고 다니느냐?"

"좋은 명당 자리를 찾고 다닙니다. 어디에다 묻으면 좋겠습니까?"

이런 상황에서 태도와 봉투가 중요하다. 아마도 스님을 존중하는 태도로 물으면서 식사 대접도 후하게 했을 것이다. 건방진 표정으로 박대하면 절대로 명당 알려줄 이유가 없다.

"어디 멀리 갈 것 없다. 당신 고향 동네 뒷산에 명당이 있다. 거기에다 써라. 후손 중에서 국부(國富)가 나올 것이다."

이렇게 해서 이병철 고향 동네 뒷산에 이 스님이 잡아주는 대로 묘를 썼다. 이 자리가 '금섬복지(金蟾伏地)'라고 알려져 있다. 금두꺼비가 엎드려 있는 형국의 명당이라는 뜻이다. '십년구산(十年求山)에 가후장(家後葬)이요, 금섬복지(金蟾伏地) 명당이로다.' 10년을 쎄가 빠지게 전국을 유랑하다가 결국 구하게 된 곳이 동네 뒷산이라니. 가후장(家後葬)은 집 뒤에 묻었다는 말 아닌가. 동네 뒷산에 있는 걸 모르고 그렇게 밖을 헤맸단 말인가. 금두꺼비 명당에 묘를 쓴 이후에 이병철도 나오고, 그 후손인 이건희 얼굴 모습이 금두꺼비를 닮게 된 소이연(所以然)이 아닌가 싶다. 그 두꺼비가 반도체를 폭발시켜서 한국의 국부를 쌓아올렸으니 금섬복지의 명당발도 입증된 셈이 아닌가. 이럴 때 하는 말이 '인걸은 지령(地靈)'이다. '땅에 신령함이 숨어 있다'라는 이 이치를 깨닫기가 참으로 쉽지 않다. ◢◣◢

나폴레옹이 부하를 뽑을 때 주로 보았던
부위가 코였다. 코가 못생기면 안 뽑았다는 이야기다.
코가 우뚝하고 쭉 뻗었으면 중용했다.
'돌격 앞으로' 명령을 내렸는데 코가 잘생긴 부하는
명령대로 돌격을 한다. 코가 주저앉은 부하는
뒤로 내빼버리는 수가 있다.
육박전에서 뒤로 도망가버리면 전투는
망치는 것이다.

관상, 관형(觀形)과 찰색(察色)

관상을 본다는 것을 2가지 부분으로 나누어보면 관형(觀形)과 찰색(察色)이다. 관형은 눈, 코, 귀, 입, 턱, 이마 등의 얼굴 부분을 보는 것이다. 찰색은 얼굴에 나타난 색깔을 보는 개념에 가깝다. 관형은 잘 안 변한다. 찰색은 그때그때 변한다. 따라서 그 사람의 장기 운세를 볼 때는 관형을 보지만, 지금 당장의 단기 운세를 볼 때는 찰색이 중요하다.

관형 부분을 논해보자. 민주당의 대표를 지냈던 이해찬의 관상을 보면 '밭 전(田)' 자 형태다. '전(田)' 자 관상의 특징은 턱 부분이 네모지다는 점이다. 턱 부분이 뾰쪽하지 않고 네모지면 하관이 좋다고 한다. 말년 운세가 좋다고 보기도 한다. 실천력이 강하고 실질적인 사고(思考)를 한다. 한마디로 현실주의자의 특징이다. 공상적인 사고를 하지 않는다. 턱이 네모지면 '전(田)'도 있지만 '용(用)' 자도 있다. 네모지면서도 얼굴이 상하로 좀 긴 스타일은 '쓸 용(用)' 자로 본다. 이런 얼굴은 쓸모가 많다.

이해찬은 용(用)보다는 전(田)에 가깝다. 밭에서는 각종 채소도 자라고 곡물도 자란다. 일용할 양식을 제공하는 게 밭이다. 턱 다음에 이해찬의 관상에서 주목할 부분은 눈이다. 남자는 관상의 7할을 차지하는 분야가 눈이다. 그만큼 눈의 생김새가 중요하다. 이해찬의 눈은 맹금류의 눈이다. 맹금류가 어떤 새인가? 독수리나 매에 해당한다. 공중의 수백미터 높이에 떠 있다가도 땅에서 쥐가 움직이면 쏜살같이 급강하해서 낚아챈다. 깎아지른 바위절벽에서 풀을 뜯어먹는 산양과 염소들은 이 독수리가 천적이다. 여지없이 공중에서 내려와 염소를 낚아챈다. 수백 미터 높이의 공중에서 먹잇감을 포착하는 그 눈매, 이게 맹금류의 눈매다. 이해찬은 맹금류의 전형적인 눈매를 가졌다.

문재인 대통령의 비서실장을 지냈던 노영민의 눈매도 맹금류다. 아주 매서운 눈매다. 차가움과 냉철함이 느껴지는 눈매다. 그러나 이해찬의 눈매보다는 그 날카로움이 덜하다. 우리나라 토종 매인 송골매의 눈을 이해찬은 가졌다. 그리고 턱의 부위가 노영민보다 더 네모진 형태다. 실전에서 맷집이 더 강하게 발휘된다. 실전의 맷집? 이건 애매모호한 상황에서 더 버티는 힘과 상황 분석력이 강하다는 이야기다. 이것도 아니고 저것도 아닌 상황. '고냐 스톱이냐'가 불분명한 상황에서 인간은 엄청난 스트레스를 받는다. 애매하다고 해서 결정을 연기할 수는 없다.

죽기 아니면 살기로 결정을 내려야 하는 상황에 자주 직면하는 게 리더의 숙명이요, CEO의 팔자다. 애매모호한 상황에서 내려야 하는 결정이 결국 리더의 수명을 갉아먹는다. 잘못되면 어떻게 되는가? 잘못될 수 있다는 생각에 애간장이 녹는다. 결단이라는 것은 잘못되었을 경우의 위험을 자기가 받아들이겠다는 태도다. 위험을 감수하는 이 스트레스의 대가로 스톡옵션과 연봉을 받는 셈이라고나 할까. 이해찬은 맹금류의 눈과 '전(田)' 자의 턱을 모두 갖추고 있다. 이 두 가지 요소를 모두 갖추기 힘든데 말이다. 그래서 586세대의 좌장으로 권위를 누리고 있다.

이명박 전 대통령은 못생긴 얼굴이다. 그런데 어떻게 대통령까지 갔나? 사실 대통령이라는 권력투쟁의 정점 자리는 잘생긴 사람이 가는 자리가 아니다. 잘생기면 영화배우나 얼굴마담 하는 자리에 간다. 역사상 가장 못생긴 사람이 대권을 잡은 사례로는 명나라를 창업한 주원장의 얼굴이다. 전해지는 초상화를 보면 그는 기괴한 얼굴을 가진 인물이었다. 얼굴에 점이 많고 광대뼈가 불거지고 턱도 길고 눈매는 잔인했다. 한 마디로 괴이한 얼굴이었다. 괴상(怪相)이다.

괴상의 소유자답게 그는 황제에 오른 다음 숙청의 연속이었다. 같이 풍찬노숙하던 동지였다고 할지라도 조금만 이상한 기미를 보이면 모두 목을 잘랐다. 그는 주변 부하들의 목을 치는 데 있어 조금의 머뭇거림도 없었다. 창업공신들의 목이 수없이 날아갔다. 그러다 보니 후대의 관상 평론가들은 이런 괴상이야말로 난세를 평정할 수 있는 제왕의 관상이라고 칭송되기도 했다.

역사는 결과론의 총체다. 아무리 못생겨도 성공하면 제왕의 상이 되는 것이고, 실패

하면 괴수(魁首)의 관상이 된다. 이명박 관상의 특징이 있다. 바로 코다. 코가 힘있게 뻗었다는 점이 이명박의 최대 장점이다. 코는 판단력이고 줏대를 상징한다. 나폴레옹이 부하를 뽑을 때 주로 보았던 부위가 코였다. 코가 못생기면 안 뽑았다는 이야기다. 코가 우뚝하고 쭉 뻗었으면 중용했다. '돌격 앞으로' 명령을 내렸는데 코가 잘생긴 부하는 명령대로 돌격을 한다. 코가 주저앉은 부하는 뒤로 내빼버리는 수가 있다. 육박전에서 뒤로 도망가 버리면 전투는 망치는 것이다.

코가 주저앉은 사람은 그 대신에 코미디언을 하면 된다. 남들 웃기는 재주가 있다. 자신이 망가지는 역할을 부끄러워하지 않으니까 말이다. 이명박은 평생을 그 코로 밀어붙이고 살았다. 추진력을 상징한다. 그 코로 청계천을 팠다고 본다. 청계천 파기가 그리 쉬운 일이 아니었다. 실천하기 어려운 난제였다. 그러나 그 눈이 문제였다. 너무나 실리적인 눈이다. 대의명분이 약한 눈이다. 기업체 오너는 이익만이 문제이지만 대통령 자리는 이상이 필요하다. 대의명분이 있어야 하는 것이다. 이게 부족하면 빙공영사(憑公營私)가 된다.

코와 턱 말고 다른 것은 없는가? 있다. 입이다. 입은 반달같이 생긴 모습을 좋게 본다. 반달의 둥그런 모양 말이다. 이런 반달 입에 해당하는 사례가 누구인가? 조용기 목사, 김영삼 대통령, 그리고 박근혜 정권 말기에 당 대표를 지냈던 국회의원 이정현이 해당한다. 이 세 사람은 입이 잘생긴 사례다. 입이 크고 양쪽의 입꼬리가 둥그렇게 올라갔다. 정치인은 우선 입이 커야 한다. 포용력을 상징한다. 입이 커야 사람을 품는다. 여자 가수들도 한결같이 입이 크다. 그래서 입이 큰 여자는 생활력이 있다. 남자를 먹여 살리는 사람도 많다. 입이 크고 재복이 있는 여자하고 사는 남자는 셔터맨으로 사는 경우도 많다.

입이 작으면 소심하다. 여자는 입이 작은 상도 귀하게 본다. 여성적인 성품이다. 반대로 남자가 입이 작으면 소극적이고 내성적이라고 본다. 정치나 보스 자리는 맡지 말아야 한다. 자기에게 조금 섭섭한 이야기를 한 사람은 품지를 못하고 내쳐버리기 때문이다. 이정현은 전남 곡성에서 태어나 민정당 사무직원으로 들어가 경상도 사람들이 주류인 박근혜 당에서 당 대표까지 지냈다. 바로 그 입 때문에 거기까지 올라갔던 것이라는 생각을 한 적이 있다. 다음 글에서는 찰색을 살펴보자. ⋀⋀⋀

눈의 색깔도 있다.

남자의 정기는 눈에서 나타난다.

정기(精氣)는 넓게 보면 체력과

에너지를 나타내지만 좁게 보면 정액이다.

남자가 평생 쓸 수 있는 정액의 양은

쿼터가 정해져 있다. 무한 리필은 없다고 본다.

이 정액을 아껴서 쓰면 몸에 양기가

꽉 차게 된다. 꽉 차면 눈에서 빛이 난다.

눈에서 빛이 난다는 것은 총기와 자제력,

추진력이 있는 상태라고 간주한다.

단기 운세는
얼굴 색깔을 본다

그 사람의 단기 운세는 얼굴 색깔을 본다. 건강상태와 감정기복이 얼굴색에 나타나기 마련이다. 말은 숨길 수 있지만 색깔은 못 숨기는 법이다. 이것이 찰색(察色)의 세계다. 관상의 핵심은 찰색에 있다. 색깔을 살필 줄 알아야 한다는 말이다. 예를 들어 노총각 노처녀가 얼굴의 광대뼈나 볼 부분에 약간 불그스름한 색깔, 또는 미세한 분홍빛이 감돌면 연애를 하는 중이라고 보면 맞다. 남자나 여자가 생긴 것이다. 맘에 드는 이성이 나타나면 감정이 설레고 흥분이 된다. 가만히 앉아 있어도 상대방을 생각하면 마음이 들뜬다. 그러면 볼 쪽에 색깔의 변화가 생긴다. 이 미세한 색깔의 변화를 보는 것이 찰색의 경지다.

조직에서 누가 승진할 것인가? 승진 후보자들의 이마를 본다. 이마 부분에 밝은 색의 광채가 나면 그 광채 나는 사람이 승진 가능성이 높다. 운이 좋으면 얼굴 전체적으로 훤한 빛깔이 돈다. 이걸 '신수(身手)가 훤하다'고 하는 것이다. 얼굴을 포함해서 전체적으로 신수가 훤한 사람은 사업도 잘 되고, 조직에서 승진도 하고 인정도 받는다. 긍정적인 마인드를 가지고 있고, 누구를 미워하지도 않고, 돈에 쪼들리지도 않고, 감정 조절이 잘 되는 원만한 상태가 되면 신수가 훤해진다. 반대의 상태에 있으면 신수가 어둡다. 약간 거무튀튀한 색깔이 돌면 좋지 않다. 이는 병색이거나, 사업이 망조 들거나, 조직에서 퇴출되는 조짐이다.

눈의 색깔도 있다. 남자의 정기는 눈에서 나타난다. 정기(精氣)는 넓게 보면 체력과 에너지를 나타내지만 좁게 보면 정액이다. 남자가 평생 쓸 수 있는 정액의 양은 쿼터가 정해져 있다. 무한 리필은 없다고 본다. 이 정액을 아껴서 쓰면 몸에 양기가 꽉 차게 된다. 꽉 차면 눈에서 빛이 난다. 눈에서 빛이 난다는 것은 총기와 자제력, 추진력이 있는 상태라고 간주한다. 반대로 정액을 너무 낭비하게 되면 눈빛이 사라진다. 흔히 동태눈 같은 상태가 된다.

나는 지하철을 타고 앉아갈 때 맞은편에 30·40대 남자가 있으면 그 눈을 유심히 살피는 버릇이 있다. 정기가 어느 정도 남아 있는지를 가늠하기 위해서다. '저 친구는 너무 낭비해버렸구나! 조자룡이 헌 칼 휘두르듯이 너무 휘둘렀구나. 얼마 안 남았다.' 같은 진단이 나올 때가 여러 번 있었다.

기업체 면접을 할 때 기업 오너가 가장 많이 보는 부분은 남자의 경우 눈이다. 따라서 찰색의 핵심을 차지하는 눈의 정기를 유지하는 방법은 절욕(節慾)이다. 욕망을 절제하는 것, 특히 정액을 낭비하지 않는 것이 운세를 좋게 만드는 첩경이다. 하타요가를 수행하는 요가 수행자는 아이를 낳기 위해서가 아니면 정액 누출을 삼가는 것이 수행의 요체라고 한다. 그러나 이것이 맘대로 되는가! 남자들은 보편적으로 색을 좋아한다. 하지만 여자들은 그렇지 않은 체질도 있고, 색을 특별히 좋아하는 체질은 따로 있다. 색을 밝히는 체질은? 관상 전문가들은 눈에 나타난다고 이야기한다. 어떤 눈? 촉촉한 눈이다. 왠지 눈에 물기가 촉촉하게 어려 있는 듯한 느낌의 눈을 가진 여자다. 우수에 젖은 듯한 분위기의 눈이기도 하다. 우수에 젖은 촉촉한 눈빛, 이런 여자에게 남자들은 뿅 간다. 아이러니컬하게도 이런 여자들이 색을 좋아한다. 남자들은 다 색을 좋아하지만 말이다.

서양 사람들도 관상을 본다. 유럽 문명의 기반은 장사다. 장사는 낯선 사람과 거래하는 일이다. 속을 모른다. 언제 사기당할지 모른다. 그러다 보니 과연 계약을 지킬 것인가, 물건을 갖다 줄 것인가, 돈을 지불할 것인가를 철저하게 체크해야 한다. 진실성을 체크할 때 서양인들은 눈을 본다. 상대방의 눈을 정확하게 보는가? '아이 컨택(eye contact)'을 말한다. 상대방의 눈을 정면에서 응시하지 못하고 약간 비켜서 본다거나 하면 서양인들은 그 사람을 의심한다. 거짓말을 하고 있다고 여긴다. 동양의 관습은 상대방의 눈을 정면으로 응시하면 기분 나쁘게 생각하는 문화가 있지만, 서양은 반대다. 정면으로 응시할수록 신뢰도가 올라간다. 상대방의 눈을 흔들림 없이 정면으로 응시할 수 있느냐가 백인들과의 비즈니스 매너다.

기업체 오너 가운데 평소에는 원만한 눈빛을 하고 있다가 갑자기 어느 시점에서 눈빛이 바뀌는 경우가 있다. 눈에 살기가 풍기거나 독기가 서려 있는 경우로 바뀌는 사례다. 이렇게 되는 배경에는 '죽기 아니면 살기'의 상황에 몰려 있기 때문이다. '죽느냐 사느냐'를 앞에 두면 사람의 눈빛이 달라진다. 살벌해질 수밖에 없다. 또는 갑자기 엄청난 욕심을 가지면 눈빛이 바뀐다. 갑자기 떼돈을 벌려고 작심을 하고 물불 가리지 않고 돌진하는 경우에 눈빛이 바뀐다. 이런 오너를 만나면 조심해야 한다. '저 사람 저러다가 망조 들겠구나!'

찰색과 함께 보는 부분이 그 사람의 기운이 서늘한지 따뜻한지를 보는 방법이다. 팔자에 금기(金氣)가 많고 겨울에 태어난 사람들이 대체로 서늘하다. 왠지 모르게 서늘한 기운, 때로는 차가운 기운이 감도는 사람들이 있다. 이런 사람들은 아주 냉정한 사람들이다. 기업체 구조조정에서 칼자루 쥐고 조직원들 자를 때 진가를 발휘한다. 인정사정없다. 이익에 방해가 되면 가차 없이 목을 쳐버린다. 칼에 묻은 피를 닦을 때 스스럼없이 수건을 꺼내서 닦는다. 갱 영화에 자주 등장했던 영화배우 로버트 드 니로가 이러한 서늘한 기운을 풍기는 배우다. 반대로 온화한 기운을 풍기는 사람도 있다. 도를 많이 닦아서 사람의 수양이 어느 경지에 오르면 기운이 온화해진다. 아주 귀족적이면서도 고급스러운 기운이다.

세속에서 정치하고 사업하면 이런 온화한 기운을 가지기가 힘들다. 산에서 도 닦는 도사가 아니고, 세속에서 내가 만나본 사람 가운데 이런 기운을 가진 사람을 꼽는다면 '이건창호'의 80대 창업주가 여기에 속한다. 어느 식사 모임에서 옆자리에 앉았는데 아주 부드러우면서도 온화한 기운을 가지고 있었다. 그래서 성직자인 줄 알았다.

"가톨릭 신부님이신가요?"

"저 사업하는 사람입니다."

나중에 주변 오너들한테 물어보니 아주 신망이 높은 80대 어른이었다. 윗대부터 독실한 기독교 집안이라고 한다. '기독교 신앙이 숙성되면 이런 인품을 가진 후손이 배출되는구나!' 하는 사실을 깨달았다.

한국에서 사업을 하는 사업가는 칼부림의 연속이다. 온갖 사기꾼, 여우, 깡패를 상대해야 하는 게 사업가의 운명이다. 이런 부류에 이용당하지 않으려면 자신이 다양한 칼, 전기톱, 철사, 송곳, 기관총으로 무장해야 살아남는다. 이렇게 살벌한 판에서 사업을 하며 어떻게 이런 온화한 인품을 유지할 수 있었단 말인가! 나는 속으로 경탄했다. 이렇게 정화된 에너지를 가진 사람의 옆에 있기만 해도 자연스럽게 감화가 된다. 마음이 착 가라앉고 순화되는 느낌을 갖는다. 인품이 온화하면 찰색에도 그 기운이 그대로 반영된다. ▲▲▲

살기 위해서는 눈이라도 지져야 하는 게 인생이다.

담뱃불로 지져서 앞을 못보는 장님이 되었지만

불행은 멈추지 않았다.

어느 날 백운학은 집을 나갔다가

행방불명되었다고 전해진다. 타살된 것이다.

도사는 세상에 너무 오래 머물러 있는 게 아니다.

돈이 생겼으면 이 돈을 가지고 산으로

튀어야 한다. 산으로 튀는 게 도사다.

미래를 아는
도사의 운명

미래를 알면 좋을 것 같은가? 아니다. 빨리 죽을 수 있다. 알면서도 모르는 척하는 게 일급 도사다. 그러나 모르는 척하는 게 어렵다. 입이 근질거리기 때문이다. 내뱉어야 직성이 풀리는 기질은 도사가 못 된다. 이급 도사는 아는 체하다가 명을 재촉하고 만다. '아는 체' 하고 싶은 욕망도 끊기 힘든 욕망이다. 지난 대선에서 이재명이 된다고 예언했다면 윤석열 쪽 지지자들이 얼마나 욕을 해댔을 것인가. 반대로 윤석열이 된다고 했다면 이재명 쪽에서 가만뒀을 것 같은가. 어느 쪽이 된다고 예언하는 순간, 다른 반대편에서 댓글 테러와 문자 폭탄을 퍼붓는다. 테러와 폭탄을 맞으면서까지 예언할 필요가 있겠는가. 무슨 영양가가 있다고.

　나이를 먹으면서 깨닫게 되는 사실은 영양가 없는 일에는 될 수 있으면 나서지 않는 게 지혜로운 태도라는 것이다. 이게 매사에 현명하게 처신해 자신의 몸을 보전하는 '명철보신(明哲保身)'이자, 도가에서 말하는 '경물중생(輕物重生)'이다. 물질을 가볍게 여기고 자기 인생을 중하게 여긴다는 철학이 경물중생이다. 물질은 무엇인가. 돈과 명예, 그리고 외형적인 출세와 성공이다. 이것 때문에 부산하게 바쁘게 살다가 비명횡사한다고 본다. 한가하게 놀아보지도 못한다. 늙고 병들어야만 쉰다. 매일매일 자기 자신의 삶을 한가하게 사는 것, 이것이 도가의 인물들이 지향했던 바다. 사회가 잘못되는 것을 어떻게 그냥 놓아두냐고? 이건 처리할 사람들이 수두룩하다. 세상을 바꾸겠다고 정치에 뛰어들 사람들은 줄 서 있다. 어느 시대에나 사회를 위해서 일할 사람은 차고 넘쳤다. 결국에는 하늘에 계신 신이 정리한다고 본다. 인도의 베단타 학파에서도 자비로운 신이 역사에 개입한다고 믿는다.

　이런 원론적인 이야기를 길게 하면 독자들은 하품한다. 하품을 다물게 하는 방법은 실전 사례다. 사례가 재미있는 법이다. 구한말 고종 때의 도사 백운학의 사례가 있다. 이름도 도가적인 취향이 담겨 있다. 백운학(白雲鶴), 흰 구름에 학이다. 우리네 인생은 흰 구름같이 둥둥 떠다닌다. 있다가 사라지고, 없다가 어디서 또 나타나는 게 구름이다. 그래서 구름은 도사들의 상징이었다. "생은 뜬구름이 일어나는 것이요, 죽음은 뜬구름이 사라지는 것이다(生也 浮雲起요 死也 浮雲滅이로다!)"라고 서산 대사가 게송으로 읊었다.

학이라는 날짐승은 한가함을 상징한다. 우선 모습이 하얀 데다가 체구도 큼지막하다. 대개는 한가하게 서 있다. 부산하게 움직이지 않는다. 자주 날개를 퍼덕거리지도 않는다. 부동의 자세로 논바닥에 한가하게 서 있는 모습으로 목격된다. 한운야학(閑雲野鶴)이다. 그러면서도 장수하는 새다. 도사들은 학의 이러한 성품을 찬미했다. 닮고 싶어했다. 한가한 새인 것이다. 바쁘면 도사가 아니다. 한가해야 도사다. 학처럼 한가해야 한다. 욕심이 적고 머리가 좋아야만 한가할 수 있다. 머리가 좋다는 것은 우선순위를 안다는 말이고, 이는 무엇이 중요하고 하찮은 일인지 안다는 것이다. 중요한 일만 하고 그렇지 않은 일은 버려버린다. 바쁜 사람은 욕심이 많고, 경중이 잘 분간이 안 되는 사람이다. 머리가 나쁘다는 말이다.

백운학은 경북 청도 사람이다. 청도에 가면 백운학의 고향 집터도 남아 있다. 어렸을 때부터 영발 분야에 자질이 있었던 모양이다. 불교 스님 밑으로 들어가서 정신수련을 했고, 여러 분야 중에서도 관상과 미래예측에 주특기를 발휘했다. 처갓집에 도가의 비서(秘書)들이 있었다. 처가가 임진왜란 때 조선에 왔던 명나라 도사 두사충 계열이기 때문이다. 두사충은 전쟁이 끝나고 명나라로 돌아가지 않고 조선에 눌러앉았다고 전해진다. 백운학 처가는 이 두사충의 후손이었다. 백운학은 두사충이 보았던 도서들을 일찍부터 섭렵할 수 있었다.

백운학은 스승 밑에서 공부를 어느 정도 마친 다음에 서울로 상경했다. 떠나기 전에 스승이 충고를 했다. "네가 눈을 하나 담뱃대로 지져서 애꾸가 되면 관상을 아주 잘 볼 것이다."라고. 그래서 한쪽 눈을 지졌다는 설이 있다. 백운학이 서울 북촌에 와서 보니까 운현궁 근방에서 상서로운 서기(瑞氣)가 뻗치는 게 감지되었다. 서기를 좇아 운현궁에 가 보니 12~13세쯤 되는 어린 소년이 제기를 차고 있었는데, 이름이 명복 도련님이었다.

"앞으로 군왕이 되실 관상입니다."

'장동 김씨' 밑에서 눈치를 보며 가랑이 사이로 기어다니는 수모도 감수하곤 했던 대원군이 이 관상쟁이의 말을 듣고 소리를 질렀다.

"어떤 놈이 감히 함부로 이런 이야기를 내뱉느냐. 주둥이 닥치질 못할까?"

대원군이 남들 듣는 데서는 이렇게 소리를 쳐놓고 은밀하게 백운학을 불렀다.

"정말 임금이 될 관상이냐?"

"네 그렇습니다. 4년 뒤에 될 것입니다. 군왕의 상을 봤는데 복채를 주셔야죠."

"복채로 얼마나 주면 되겠느냐?"

"당나귀 3마리에 실을 만큼의 엽전을 주셔야죠."

"알았다. 나중에 명복이 왕이 되면 내가 복채를 주겠다. 우선 외상으로 하자. 그 대신 약속어음을 끊어주마."

明哲保身

과연 몇 년 후에 제기를 차던 명복 도련 님은 왕으로 등극했다. 고종이 된 것이다. 백 운학은 당나귀 3마리를 끌고 운현궁으로 찾 아갔다. 대원군에게 약속어음을 들이밀었고, 대원군은 돈을 후하게 지급했다. 군왕의 등 극을 예언했으니 거액을 받을 수밖에 없었 다. 복채로 땅도 받았다. 수선교에서 돈암동 에 이르는 넓은 땅이 그것이다. 엄청난 넓이 의 부동산을 받은 셈이다. 이 일을 계기로 하 여 백운학은 대원군의 장자방(최고의 책사)이 되었다. 대원군이 운현궁 옆에 45칸 규모의 집도 지어주어 살도록 했다. 갑자기 정권을 잡은 대원군은 이권이나 한자리 챙기려고 밀려드는 사람들을 만나는 게 일이었다. 대 개는 처음 보는 사람들인데 그 뱃속을 어떻 게 알 수 있겠는가. 옆에서 백운학이 감정을 해주었다. '저 놈은 배신할 관상입니다', '저 친구는 나중에 크게 복이 있을 관상입니다' 같은 멘트였을 것이다. 대원군을 호위하던 경호팀은 인구에 회자되었던 '천하장안'이었 다. 중인 출신이었던 천씨, 하씨, 장씨, 안씨 4명이 힘을 쓰는 장사였기에 붙여진 이름이다. 판단국장, 즉 책사는 백운학이 담당했다.

백운학의 불행은 민비가 며느리로 간택되면서부터였다. 대원군은 고종의 처갓집, 즉 외척의 발호(跋扈)를 경계했다. '안동 김씨'의 세도가 결국 외척의 발호였다고 보았으므로, 그럴 위험이 없는 며느리를 보고자 했다. 대원군의 부인이 민씨 집안이었고, 자신이 컨트롤 가능한 처가인 민씨 집안에서 며느리를 보고자 했다. '여흥 민씨' 민치록의 딸 민자영을 며느릿감으로 점찍었다. 백운학에게 감정을 물었다.

"며느릿감으로서 어찌 보는가?"

"적당치 않습니다. 시아버지 대원군의 앞길을 막을 관상입니다."

이 답변을 들은 대원군이 여간 찝찝했음은 두말할 나위가 없다. 얼마 있다가 또 한번 물었다.

"며느릿감으로 어찌 안 되겠는가?"

"안 됩니다."

3번을 물어도 모두 퇴짜를 놓자 대원군이 화를 냈다고 전해진다. "내 며느리 뽑는 것이지, 자네 며느리 뽑는 것인가" 하고 성질을 냈다. 그리고 민비를 며느리로 간택했다. 눈에 콩깍지가 씌면 어쩔 수 없는 법이다. 처음에 시집온 민비와 백운학은 떨떠름한 관계였다. 그러나 시간이 가면서 민비 쪽에서 백운학의 실력을 감지하기에 이르렀다. '도사로서의 지인지감(知人之鑑)은 당대 최고의 인물이다!'

실력자라고 판단되면 그 다음에 취할 조치는 스카우트다. 정치적으로 반대편일지라도 스카우트해서 내 편만 만들면 더 이로울 수 있다. 민비 쪽에서 대원군 진영의 브레인 백운학을 스카우트하고자 했다. 제의가 들어오자 백운학은 번민했다. 마침내 결단을 내렸다. '내 한쪽 눈마저 담뱃불로 지지자.'

"양쪽 눈을 보지 못하는 장님이라서 이제는 관상을 볼 수 없습니다."

이렇게 민비 쪽의 제안을 거절했다. 말이 그렇지 자기의 멀쩡한 눈을 담뱃불로 지진다는 게 쉽게 할 수 있는 일이 아니다. 그러나 살기 위해서는 눈이라도 지져야 하는 게 인생이다. 담뱃불로 지져서 앞을 못보는 장님이 되었지만 불행은 멈추지 않았다. 어느 날 백운학은 집을 나갔다가 행방불명되었다고 전해진다. 타살된 것이다. 도사는 세상에 너무 오래 머물러 있는 게 아니다. 돈이 생겼으면 이 돈을 가지고 산으로 튀어야 한다. 산으로 튀는 게 도사다.

YS(김영삼 전 대통령)가 대통령 그만두고 상도동 자택에서 한가하게 머무를 때였다. 나는 그 시절에 몇 번 상도동을 찾아가 YS와 이런저런 대담을 한 적이 있다. 도사 이야기를 하다가 YS가 불쑥 이런 이야기를 꺼냈다.

"내가 대통령 할 때 국정원 시켜서 전국에 백운학이 몇 명 있는지 조사를 시킨 적이 있어. 그때 보고를 보니까 전국에 23명이 있더구만. 전국에 23명이나 있었어. 백운학이." ▲▲

어느 차원에 들어가면 과거, 현재, 미래가
동시에 보이는 차원이 존재할 수 있다.
이걸 편의상 4차원이라고 하자.
4차원의 인공위성, 이 인공위성은
신명계(神明界)가 될 수도 있고 귀신계(鬼神界)가
될 수도 있다. 이 인공위성의 신명 또는
귀신이 리시버를 장착한 도사에게 메시지를
보내면 수신이 된다는 가정은 어떨까 싶다.

신명계(神明界)와
귀신계(鬼神界)의 속삭임

남원시 인월면에 가면 원제당 한약방이 있다. 이 약방 주인은 노개식이다. 1940년생이니까 경진생(庚辰生) 용띠다. '풍천 노씨'인 원제당은 조선시대 함양의 유명한 선생인 옥계(玉溪) 노진(盧禛, 1518~1578)의 13대 후손이다. 노옥계 선생의 후손들이라고 하면, 그 평판이 대체적으로 양반이라는 소리를 듣는다. 학문을 좋아하는 호학(好學) 기질이 있고, 인간관계 처신에 있어 크게 욕먹을 짓은 하지 않는 경향이 있다. 노개식 윗대도 함양에 살았지만 6.25 무렵에는 인월에 살게 되었다. 함양과 인월은 지리산을 끼고 있는 이웃 동네다 보니 교류가 많다. 양쪽이 혼사도 많이 했고, 선생 따라 서로 배우러 다니기도 했다.

함양 출신인 박 도사와 인월의 노개식은 젊었을 때 친구였다. 한약방 주인은 약초의 성분과 효과에 대해서도 알아야 하고 인체의 각종 혈(穴)자리에도 조예가 있어야 하므로 도사들과 어울리기에는 아주 적당한 직업이기도 하다. 영발을 강조하는 박 도사와 유가적인 상식을 기본으로 하는 노개식은 서로 기질이 달랐지만, 지리산이 품고 있는 도가에 대한 존중은 서로 공통분모였다.

지리산은 무수한 도인들을 배출한 한반도 최대의 영산이 아니던가! 골짜기마다 도인들의 무용담과 기행이 박혀 있다. 그러다 보니 도통의 경지와 도인들의 신통력에 대해 자연스럽게 인정하고 받아들이는 기풍이 있는 것이다. 두 사람이 하루는 지리산의 노개식 집에서 이 이야기 저 이야기 하다 하룻밤을 같이 잔 적이 있다. 아침에 일어나 박 도사가 친구인 노개식에게 한마디 툭 던졌다.

"오늘 제일 먼저 오는 손님은 황하수(黃河洙)라는 이름의 남자이고, 그 사람은 울타리가 대나무로 둘러싸인 집에서 사는 사람일 것이다."

평소 친구인 박 도사의 신통력에 대해서는 대강 알고 있었지만, 찾아오는 사람 이름까지 알아 맞춘다는 것은 쉽게 납득하기가 어려웠다.

"어떻게 이름까지 아느냐? 이보(耳報)로 알았지?"

여기서 '이보'라고 하는 것은 '이보통령(耳報通靈)'의 줄임말이다. 접신이 된 상태에서 신명이 그 사람의 귀에다 대고 뭐라고 알려주는 것을 이보통령이라고 한다. '이보로 알았지' 하고 친구가 다그치니 박 도사는 '아니다'라고 부정했다. '이치를 따져서 알았다'고 대답했다. 그러자 노개식이 다시 물었다.

"이보가 아니면 황하수라는 이름을 어떻게 알았느냐? 그 이유를 대봐라."

"지금 우리가 자고 난 방의 머리맡에 물사발이 있지 않느냐? 저 물사발에 대뿌리 하나가 놓여 있다. 그 대뿌리의 색깔은 '누르스름한 색[黃]'이다. 그리고 물사발에 담겨 있는 물이 창문으로 들어오는 아침 햇살을 받아 아주 맑게 보였다. 물이 맑으니까 '하수(河洙)'다. 그리고 대뿌리가 있으니까 그 찾아오는 사람은 집의 울타리가 대나무로 되어 있을 것이다."

박 도사가 이렇게 예언을 해놓고 한약방에 처음 찾아오는 손님이 누구인가를 기다렸다. 과연 처음에 오는 손님이 있었다. 남자였다. 아니나 다를까 조심스럽게 이름을 물어보니까 황하수라고 하는 게 아닌가. 한자도 물어보니 '黃河洙'가 맞았다. 귀신이 곡할 노릇이었다. 예전에는 잠을 자는 방 머리맡에 찬물 한 사발을 놓고 자는 습관이 있었다. 자다가 혹시 목마를 경우에 먹기 위한 생수였다. 이 물사발 위에 얹어진 대뿌리를 보고 황씨 성을 연상하고, 게다가 대나무 울타리에 둘러싸인 집에서 산다는 사실을 어떻게 유추한단 말인가? 이것이 과연 이성적 추리로 접근이 가능한 세계인가? 박 도사가 이렇게 알아맞힌 사실을 어떻게 설명해야 한단 말인가?

인공위성에서 정보를 쏘아주면 수신기로 이 정보를 받아 입으로 말해주는 시스템일지도 모른다. 그렇지 않고서는 알 수 없다고 본다. 헬리콥터가 공중에 떠 있으면 서울의 종로와 성북동이 동시에 보인다. 이건 3차원의 세계에서 얼마든지 가능하다. 시간도 이렇게 볼 수 있지 않을까. 어느 차원에 들어가면 과거, 현재, 미래가 동시에 보이는 차원이 존재할 수 있다. 이걸 편의상 4차원이라고 하자. 4차원의 인공위성, 이 인공위성은 신명계(神明界)가 될 수도 있고 귀신계(鬼神界)가 될 수도 있다. 이 인공위성의 신명 또는 귀신이 리시버를 장착한 도사에게 메시지를 보내면 수신이 된다는 가정은 어떨까 싶다.

박 도사는 전성기 때 여러 선거에 개입한 적도 있다. 지방의 국회의원 선거가 있었을 때였다. 박 도사와 평소에 안면이 있던 사람이 국회의원 후보로 출마했다.

"제가 이번에 선거 나가면 당선되겠습니까?"

"당선은 된다. 그러나 엎치락뒤치락 사연은 있다. 처음 검표에 자네가 163표 차이로 질 것이다. 그러나 다시 재검표를 하면 45표 차이로 뒤집을 수 있다. 관건은 재검표에 있다. 개표를 한 번 더 하면 자네가 이기고, 개표를 한 번만 하면 자네가 진다."

과연 박 도사의 예언대로 1차 개표에서 163표 차이로 그 후보자는 졌다. 그러나 개표에 문제가 있다고 해서 다시 재검표를 요구했고, 재검표 결과도 박 도사 예언대로 45표 차이로 이겼다고 한다. 박 도사는 이 국회의원 후보자에게 선거 자금도 빌려준 적이 있었다. 투표 3일을 앞두고 후보자가 실탄이 떨어졌다. 중요한 순간에 돈이 떨어진 것이다. 이때 박 도사가 과감하게 상당한 금액을 지원했다. 당선될 줄 미리 내다보았기 때문에 가능한 일이었다.

90년대 중반에 지리산 인근의 명당을 보러 이 동네 저 동네의 좋은 터를 답사 다닐 때다. 필자에게 풍수를 가르쳐주던 70대 후반의 경산(敬山) 선생을 모시고 함양을 지나다가, 서상면의 박 도사 집을 예고 없이 불쑥 찾아간 적이 있었다. 그때 덕운정사가 거의 완공되었던 시점이었다.

"제 사주나 한번 봐주십시오"

"벌 한 마리가 방 안에 들어와 날아다니는구나. 나갈 구멍을 찾지 못해서 앵앵거리며 방 안을 이리 갔다 저리 갔다 하는구나."

이것이 박 도사가 나에게 던져준 점괘였다. 이 벌 이야기는 선가(禪家)에서 회자되는 이야기이기도 하다. 신찬 선사가 죽어라 책만 보는 나이든 선승에게 남긴 선시(禪詩)다. ◢◣◣

박 도사는 보안사 경남지구 본사 건물의 지하 취조실로 끌려갔다.
거기에는 덩그러니 철제 의자 두 개와 때 묻은 탁자가 놓여 있었다.
이들이 박 도사를 닦달하는 포인트는 정보부장이었던 이후락과의 관계였다.
"너 이후락이랑 자주 만났다던데, 이후락이가 너에게 뭐를 주로 물어봤나?"

도사 인생의
위기

도사 인생에서도 위기는 온다. 위기의 유형은 한두 가지가 아니다. 여러 유형으로 다가온다. 앞일을 내다보는 신통력의 소유자라고 소문이 나는 순간부터 위기는 찾아온다. 미래를 내다보는 신통력은 여러 가지 이권과 반드시 결부되기 때문이다. 인간사에 이익 보는 측이 있으면 손해 보는 측이 있기 마련이다. 그 이권의 경쟁에서 손해 보는 측의 입장에서는 도사를 가만두지 않는다. 타격을 입힌다.

박 도사도 그의 도사 인생에서 큰 위기가 찾아왔는데, 그 해가 1973년이었다. 당시 박 도사는 부산 대신동에 살고 있었다. 아침 일찍 집 앞에서 사이렌 소리가 울렸다. '웬 사이렌 소리!' 하며 밖을 내다보니 하얀색의 지프차, 즉 백차 여러 대가 집 앞에 정차하더니 정보 요원들로 보이는 사람들이 박 도사 집 안으로 들이닥쳤다. 다짜고짜 박 도사를 수갑 채워 특수차량인 하얀색 백차에 태우더니만 어디론가로 데려가는 게 아닌가. 하얀색 지프차는 특수한 임무를 수행하는 차였다. 동네 사람들은 아침 일찍부터 백차가 들이닥쳐 박 도사를 연행해가는 것을 보고 '저 사람이 간첩인가보다. 간첩 잡아가는 것 같네.'라는 인상을 받았다. 그만큼 주변 사람들의 이목을 집중시키는 전격적인 작전이었다.

영문도 모르고 수갑 찬 채로 끌려가던 박 도사는 지프차 안에서 운기조식(運氣調息)을 취하며 마음을 다스렸다. 지프차가 두어 시간 달려 최종 도착한 장소는 마산이었다. 마산의 어느 건물 지하실 계단으로 사복의 정보원들이 박 도사를 끌고 내려갔다. 그동안 까지 아무 말 하지 않고 있었던 박 도사는 이 계단 앞에서 처음으로 말문을 열었다. 자기를 연행해가던 사복 요원들에게 한 마디 툭 던졌다. "나 이따가 2시쯤 여기를 나가게 되는데…." 뜬금없는 이 이야기를 듣고 요원들은 박 도사의 조인트를 깠다. 그리고 조롱 섞인 말투로 40대 중반의 요원이 내뱉었다.

"네가 도사라고 소문났더구만! 너는 여기서 죽었다. 뭐라고? 2시쯤 나간다고. 이놈이 정신이 없는 놈이구만! 너는 여기서 몸 성히 나가기 어려울 거야."

박 도사는 보안사 경남지구 본사 건물의 지하 취조실로 끌려갔다. 거기에는 덩그러니 철제 의자 두 개와 때 묻은 탁자가 놓여 있었다. 이들이 박 도사를 닦달하는 포인트는 정보부장이었던 이후락과의 관계였다.

"너 이후락이랑 자주 만났다던데, 이후락이가 너에게 뭐를 주로 물어봤나?"

정보부장 이후락이 거명되는 것을 듣고 박 도사는 '이 사건이 큰 사건이구나. 정보부장을 조질 정도면 이 조직도 만만치 않구나.'를 짐작했다. 이때 '윤필용 사건'이 일어났던 것이다. 쿠데타 모의 혐의로 당시 수도경비사령관이었던 윤필용과 장성, 장교등 13명이 처벌받은 사건이다. 정보부장이었던 이후락과 윤필용은 서로 친했다. 하루는 정보부 구내식당에서 둘이 밥을 먹다가 윤필용이 이후락에게 이렇게 말했다고 한다.

"박통께서 이제 나이가 들어가시니, 그 다음 후계자는 형님이 되어야 하는 것 아닙니까."

정보부 구내식당에서 두 사람 사이에 오갔던 이 멘트가 보안사 첩보에 잡혔다. 박종규 경호실장을 통해 이 말이 박통에게 보고되었고, 그 조사를 강창성 보안사령관이 하게 되었던 것이다. 그러니까 아침부터 부산 대신동 박 도사 집 앞에 들이닥쳤던 지프차는 보안사 요원들이 몰고 온 것이다. 보안사에서 박 도사를 잡아다가 이후락과의 관계를 족쳐야 한다고 판단했다. 적어도 중앙정보부장이 관련된 사건인 만큼 정보부에 맞서는 정보력을 가진 보안사가 이 사건 수사의 주체였다. 이후락과 강창성의 파워 게임이기도 했다. 이런 파워 게임 구도를 만드는 것은 박통의 용병술이었다. 민간인이 느닷없이 지프차로 연행되어 보안사 건물의 지하실로 끌려가면 주눅이 들기 마련이다. '이제 나는 골로 가는 모양이구나!' 하는 주눅이 그것이다. 그 절체절명의 상황에서도 박 도사의 영발은 작동하고 있었다. 영발은 때와 장소를 안 가린다. "나는 이 지하실에서 2시에 나갈 것이다!" 이 말을 듣고 보안사 경남 책임자는 얼마나 웃겼을 것인가. 초주검이 될 상황인데 풀려난다니. 그런데 이상한 일이 벌어졌다. 보안사 서울 중앙 본부에서 경남 지역구로 오후 1시쯤 전화가 온 것이다. "오늘 잡아온 박 도사라는 친구를 거기에 놔두지 말고 서울로 올려보내라." 중앙정보부에서 역공하여 박 도사를 다시 빼갈 수 있다고 본 것이다. 안전한 보안사 서울 본부에서 데리고 있어야 한다는 판단이었다.

박 도사는 2시쯤 마산 사무실을 나가게 되었다. 밖에는 헬기가 대기하고 있었다. 자동차는 중간에서 가로채일 수 있으니 헬기로 이송하는 작전이었다. 헬기를 타고 서울로 가던 도중에 박 도사와 보안사 간부의 대화가 이루어졌다. 2시에 나간다는 예언이 적중하는 것을 직접 목격하게 된 보안사 간부는 정중한 태도로 변했다. 아울러 박 도사에 대한 호칭도 변화가 있었다.

"선생님, 제 아들놈 사주팔자 좀 보아주십시오. 아들놈 진로는 어떻게 하면 좋겠습니까? 이 놈이 대학은 합격하겠습니까?"

옆에 있던 보안사 하급 직원도 박 도사에게 인생문제 상담을 하는 게 아닌가. 서울 보안사 본부에 도착한 박 도사는 다시 취조실로 직행했다. 그때 영발로 한마디 날렸다.

"너희들 취조한다고 나 때리면 다 모가지 나간다. 그걸 명심해!"

보안사에서 박 도사에게 집중한 이유는 무엇일까. 보안사에서는 이후락과 박 도사가 서로 친하기 때문에 이후락이 자신의 미래를 박 도사에게 상의했을 것이라고 보았다. 즉 이후락이 '내가 대권을 잡을 수 있느냐' 하는 문제를 박 도사에게 상담했을 가능성이 높다고 보고, 이 부분을 박 도사가 실토하면 정보부장 이후락에 대한 타격을 입힐 수 있었던 것이다. 박 도사가 서울 보안사 본부에 잡혀가 있다는 정보를 입수한 이후락 쪽에서는 박 도사를 빼오는 데 성공했다. 몇 가지 명분을 대고 정보부가 움직였고, 마침내 박 도사를 보안사에서 빼내 전방의 군부대로 이송했다. 이후락이 신뢰하는 사단장 휘하에 있던 부대였다.

박 도사는 이 군부대에서 6~7개월을 지냈으며, 이 사건 이후 기관원 공포증이 생겼다. 하지만 영발은 적중했다. 시간이 흐르면서 보안사는 정보부의 역공을 받았고, 보안사 서울 본부에서 박 도사를 취조했던 관계자 대부분이 사표를 쓰게 되었던 것이다. 모가지가 나갔다고나 할까. 윤필용은 군대 내 사조직 '하나회'의 보스였다. 윤필용 밑에 있던 하나회 후배들이 바로 전두환과 노태우였다. 보안사령관을 지냈던 강창성은 전두환이 정권을 잡은 뒤 삼청교육대에 끌려가 곤욕을 치른 것으로 안다. 윤필용은 5공 때 한국도로공사 사장으로 복귀했다. 후배들의 보은 인사였다. ▲▲▲

"남편이 필요도 없는 산 밑의 집을
사겠다고 하는데 어떻게 해야 합니까?"
"사 주시오. 남편이 전생에 형제봉
산신과 인연이 있습니다.
그래서 형제봉 밑에 살면 좋은 일이
있을 것입니다."
"뭔 좋은 일이 있나요?"
"남편의 명을 잇는 일입니다.
명이 짧은데 그 집을 사면 명을
연장하게 될 겁니다."

집을 옮기면
운이 바뀐다

운(運)을 바꾼다는 것은 '나쁜 운을 어떻게 좋은 운으로 바꾸느냐' 하는 문제다. 몇 가지 방법이 있다. 우선 적선을 많이 하고, 선생을 만나고, 하루에 1시간씩 기도를 하고, 독서를 하고, 자기의 운세를 미리 파악하는 일 등이 방법에 해당한다. 또 하나의 방법이 집을 옮기는 일이다. 자신의 거처를 옮기는 일이기도 하다. 공간을 바꾸면 시간도 바뀐다. 어떤 공간에 있느냐에 따라 시간이 다르게 흘러간다. 예를 들어 감옥에 들어가 있을 때의 시간과 자기가 좋아하는 이성과 같이 있을 때의 시간은 다르게 흘러간다. 시간은 인간이 통제할 수 없지만 공간은 어느 정도 조정이 가능하다. 따라서 공간을 바꾼다는 것이 차지하는 비중은 크다.

집을 옮기면 운이 바뀔 수 있다. 우선 그 공간에서 뿜어져나오는 기운과 파장이 다르기 때문이다. 좋은 기운이 나오는 터에 머물면 심리 상태가 쾌적해진다. 피곤이 덜하다. 쾌적하고 가뿐한 상태에서 내리는 판단과 그렇지 못한 상태에서 내리는 판단은 다르다. 그리고 공간이 바뀌면 거기에서 만나게 되는 사람도 바뀐다. 회사에서 만나는 사람과 취미를 같이 하는 동호회에서 만나는 사람이 다른 법이다. 어떤 공간에 있느냐에 따라 조우하는 인간도 다르다. 이런 차원보다 한 차원 더 들어가면 4차원의 인연법도 작동한다. 논리적으로는 미처 예상하지 못했던 시공(時空)이 작동하기 때문이다. 4차원의 시공, 이건 예를 들어야 이해가 가는 문제이기도 하다.

서울의 대기업에 다니던 K부장은 직장 생활이 25년 넘어가니까 지겨웠다. 매일 서울의 빌딩과 아스팔트를 오가며 자동차 매연만 맡으며 한세상 다 보내는가 싶었다. 어디 산 밑에 집 하나 짓고 텃밭도 가꾸면서, 뒷산 소나무숲 오솔길로 한가로이 산책도 좀 다니고, 산책길에 쫄쫄 나오는 샘물이 있으면 표주박으로 한 모금 떠마시는 생활. 중년의 도시 봉급생활자의 로망이다.

그러던 차에 마침 지리산 형제봉 밑에 전원주택이 하나 매물로 나왔다. 2010년 무렵에 시세가 1억5천만 원 정도였다. 지리산 형제봉은 하동 악양면 들판을 굽어보고 있는 산이다. 높이도 1천 미터가 넘는 봉우리다. 지리산 북쪽의 함양군 금대암(金臺庵) 쪽에서 이 형제봉을 바라보면 가운데 봉우리 좌우로 도깨비뿔처럼 생긴 바위가 포진해 있다. 금대암에서 바라볼 때 이 좌우 양쪽에 포진한 바위가 마치 형제처럼 보인다. 한쪽 바위 이름은 부자바위라고 부른다. 그래서 형제봉이라고 한 것인지 모르겠다. K부장은 형제봉 자락의 이 전원주택을 사고 싶었다. 그러나 대개 아내가 브레이크를 걸기 마련이다. 와이프와 옥신각신하게 된다.

"지리산까지 너무 멀잖아. 서울에서 거기까지 5시간은 걸리는데 한 달에 몇 번이나 갈 수 있겠어? 관리하기도 어렵고, 괜히 사 놓고 가지도 않으려면서 뭐 하려고 사?"

"그래도 나 죽기 전에 산에서 한번 살아보고 싶어. 나 해보고 싶은 것도 한번 해봐야 할 것 아니야?"

여자는 백화점 가까운 곳을 선호하고, 남자는 숲이 있는 산을 좋아하기 마련이다. 평소 이 와이프에게 멘토 역할을 해주는 사람이 있었는데, 바로 팔봉 선생이다. 팔봉 선생은 양산 통도사 영취산에서 도를 닦은 도사다. 그런데 도를 닦게 된 계기가 특이하다. 80년대 초반 서울에서 대학을 다니면서 데모를 했다. 데모를 하다 큰 부상을 입는다. 전경이 휘두른 곤봉에 정수리를 된통 맞아 두개골에 금이 가는 부상을 입은 것이다.

이후 학교를 쉬고 산에 들어가 요양을 했다. 그때 영취산의 조그만 암자에 들어가 몸과 마음을 추스르다 보니 정신세계에 입문하게 된 것이다. 그 입문은 화두였다. '어머니 뱃속에 있기 전에 나는 어디에 있었는가?' 하는 화두였다. 불가의 1,700 공안(公案) 중에서 '부모미생전(父母未生前)' 화두에 해당한다. 암자에서 밥 먹고 나면 이 화두가 머릿속에 떠올랐다. 길을 가면서도 생각하고 똥을 누면서도 생각했다. 그렇게 3년쯤 지나니까 화두가 풀렸다. 의심이 저절로 사라진 것이다. 그러면서 찾아온 현상이 다른 사람의 마음이 어떤 상태인지 훤히 보이는 것이었다. 소위 말하는 타심통(他心通)이 된 것이다. 앞에 앉아서 대화하는 사람이 겉으로 하는 이야기와 전혀 다른 생각을 속에 품고 있을 때 그 속마음이 다 보이는 상태였다. 심지어는 그 사람의 오장육부도 보였다. 간이 좋지 않으면 그 좋지 않은 모습이 보였다. K부장의 와이프는 이 팔봉 선생에게 상의를 드렸다.

"남편이 필요도 없는 산 밑의 집을 사겠다고 하는데 어떻게 해야 합니까?"

"사 주시오. 남편이 전생에 형제봉 산신과 인연이 있습니다. 그래서 형제봉 밑에 살면 좋은 일이 있을 것입니다."

"뭔 좋은 일이 있나요?"

"남편의 명을 잇는 일입니다. 명이 짧은데 그 집을 사면 명을 연장하게 될 겁니다."

집을 사면 명을 잇는다, 이건 수학적으로 계산하기 어려운 문제다. 집 사는 것하고 수명이 연장되는 것하고 어떻게 연관이 된단 말인가? 그리고 진짜로 명이 짧은지 안 짧은 지를 어떻게 판별한단 말인가.

"남편이 그 동안 월급 받다가 살림에 보탰으니 그 보상으로 벤츠 한 대 사준다고 생각하고 집을 사 주시오."

이렇게 해서 결국 그 집을 구입하게 되었다. 남편은 좋아했다. 매일 주말에 서울에서 지리산 형제봉까지 내려와 집을 고치고 페인트칠을 했다. 집을 고치다 보니 담벼락의 축대를 새로 쌓는 공사도 시작하여야만 했다.

마침 그 즈음에 K부장의 회사에서 아프리카 출장 명령이 떨어졌다. 아프리카에 토목공사를 할 일이 생겼는데 그 현장에 미리 가서 사전조사를 하라는 출장이었다. 시간은 열흘쯤 주고 출장비는 물론 회사에서 공금으로 챙겨주는 조건이었다. 매일 사무실에 출근해야만 하는 봉급쟁이에게 열흘 동안의 해외 출장은 땡큐였다. 그러나 형제봉 집 공사를 벌려놓은 상태였다. 인부들도 두세 명 와 있고 축대 공사가 진행 중인데, 이걸 놔두고 해외 출장을 가기는 어려웠다.

"저는 집 고치는 중이라서 가기가 어렵습니다. 다른 직원을 보내시죠."

K부장은 아프리카 출장에서 빠지고 다른 직원들 5명이 가게 되었다. 문제는 사고였다. 아프리카에 출장을 간 5명이 자동차 전복 사고로 전부 사망하는 사건이 벌어진 것이다. K부장도 분명 같이 출장을 가서 죽어야만 하는 팔자였는데, 형제봉 집을 고친다고 빠져서 죽음을 면한 셈이다. 이것이 집을 사서 팔자를 고친 사례에 해당한다. 자기와 인연이 있는 땅을 사서 죽음을 피한 것이다. 그러나 보통 사람이 자기와 인연이 있는 땅을 어떻게 사전에 알 수 있단 말인가? 4차원의 판단이다. 삶은 3차원과 4차원의 쓰리쿠션이라는 생각이 든다. 엄청난 복잡계다. ▲▲▲

일반인은 집중력이 약해서
염력을 쏘아봤자 별 볼 일 없다.
그러나 평소에 정신 집중력 수련을 거친
중봉 같은 도사가 기도를 하면 그 전파가
고출력이 된다. 밀교에서 유래한 대수대명의
주문이 따로 있다. 이 주문을 외우면서
염력을 쏘니, 그 부인의 꿈에
한 장면이 나타났다.

수명을 연장하는 방법, 대수대명(代壽代命)

다른 사람이 대신 죽음으로써 나의 수명이 연장되는 경우를 '대수대명(代壽代命)'이라고 부른다. 이 용어는 원래 불교 종파 가운데서도 밀교(密敎) 용어였다. 밀교는 비밀스런 신통력을 구사하는 종파다. 그 밀교 중에서도 좌도밀교(左道密敎)가 있다. 우도밀교(右道密敎)가 보편적이라면 좌도밀교는 파격적인 방편을 사용한다는 점에서 차이가 있다.

우도는 엄격한 금욕을 강조한다. 좌도는 섹스까지도 깨달음의 방편으로 동원한다는 점에서 파격적이다. 예를 들면 탄트라다. 좌도밀교에서 구사하는 하나의 노선이다. 좌도에서 구사하는 탄트라의 행법 가운데는 해골 방법도 있다. 남녀가 수십 번의 성적인 교합을 하면서 남자의 정액을 해골바가지에 계속해서 바르는 행법이다. 물론 죽은 자의 해골을 구해다가 옆에 놓고 섹스를 하는 것이다. 정액을 해골에 덕지덕지 바르다 보면 그 해골이 파워를 지니게 된다. 생기를 불어넣는 셈이다. 정액을 입힌 해골은 그 어떤 영적인 파워를 구사하게 되는 것이다.

이러한 해골 탄트라 행법은 일본 밀교에서 수백년 동안 전통이 이어져왔다. 그 구체적인 방법에 대한 내용을 적은 기록이 있는데, 모두 빨간 띠로 봉인을 해놓고 외부인에게는 공개하지 않는다고 들었다. 불교의 비밀스런 전통이 중국과 한국보다 잘 보존된 나라가 일본이라는 점도 주목해야 한다. 일본에서 영발이 가장 세다고 알려진 고야산(高野山)의 밀교 사찰에 가보면 한국에서는 모두 사라진 밀교 의식이 아직 살아서 작동되고 있다. '대수대명'도 이러한 밀교적 전통에서 비롯되었으나 불교적 색채는 사라지고 그 사례만 전해진다. 한국에서 이어진 대수대명의 사례를 소개하면 이렇다.

부산에 한 사업가 부부가 있었다. 아들이 둘 있었는데, 20대 중반의 작은아들이 미국에서 유학하고 있었다. 그 부인은 가끔 불교 사찰에 가서 예불도 드릴 정도의 불교적 교양을 가지고 있던 사람이었다. 어느 날 부인이 꿈을 꾸었는데, 미국에 가 있는 아들이 몸에 칼을 맞는 꿈이었다. 꿈이라고 지나치기에는 너무나 생생하고 불길하게 여겨지는 꿈이었다. 아침에 일어나 남편에게 꿈 이야기를 하니 남편도 아들이 절벽에서 떨어지는 꿈을 꾸었다는 게 아닌가. 부부는 깜짝 놀랐다. 아울러 겁이 덜컥 났다. 이건 개꿈이 아니로구나. 어떻게 부부가 동시에 흉몽을 꾼단 말인가. 이런 일에는 와이프가 더 적극적이기 마련이다.

이 흉몽을 '땜빵'할 방법이 있지 않을까? 비상시에는 땜빵해줄 사람을 알거나 수소문하는 것도 인생의 지혜다. 수소문하다 보니 팔공산의 중봉(中峰) 선생을 알게 되었다. 중봉은 전생에 밀교의 고승이었다. 태어나면서부터 자연적으로 터득한 비법을 가지고 있었다. 이 사연을 접한 중봉은 그 부부의 아들을 위해서 기도를 했다. 여기서 기도를 한다는 것은 강력한 염력을 쏘아보내는 것이다. 일반인은 집중력이 약해서 염력을 쏘아봤자 별볼 일 없다. 그러나 평소에 정신 집중력 수련을 거친 중봉 같은 도사가 기도를 하면 그 전파가 고출력이 된다. 밀교에서 유래한 대수대명의 주문이 따로 있다. 이 주문을 외우면서 염력을 쏘니, 그 부인의 꿈에 한 장면이 나타났다. 아들이 강가에서 나룻배를 타려고 하는데 신발이 작아서 신는 데 어려움을 겪는 장면이었다.

"불교의 큰 사찰을 찾아가서 스님들에게 신발을 여러 켤레 시주를 하시오."

이게 처방이었다. 가지고 있는 재물을 풀면 운을 바꿀 수 있다. 재물이라는 것도 너무 과중하면 그 사람에게 커다란 영적 짐으로 작용한다. 이때는 돈을 풀어버리면 짐이 가벼워진다. 이 이치를 알기도 어렵다. 그 상관관계를 파악하기 어렵기 때문이다. 그 와이프는 신발 100여 켤레를 사서 큰 절에 시주했다. 그러고 나서 며칠 후에 집안사람이 죽었다. 남편의 누나, 즉 아들의 고모가 갑자기 사망한 것이다. 그 고모의 나이는 70대 중반 무렵으로, 건강도 좋고 성성했었는데 갑자기 죽은 것이다. 요즘에 70대 중반은 많은 나이가 아니다. 아직 죽을 때가 아닌데 갑자기 죽어버렸다. 그러나 이 죽음을 특별히 이상하게 생각하지는 않았다.

'70대 중반이니까 죽을 수도 있지' 하며 사업가 부부 쪽에서는 고모의 죽음을 특별히 주목하지 않고 대수롭게 넘겼다.

문제는 중봉에게 나타났다. 중봉의 꿈에 그 죽은 고모가 나타났던 것이다. 꿈에 나와서 하소연했다. '아직 내가 죽을 때가 아닌데 왜 이렇게 먼저 보내버리느냐. 좀 억울하다.'는 내용이었다. 명이 짧은 조카, 즉 남동생의 아들 목숨을 연장하기 위한 땜빵 용으로 고모가 먼저 간 셈이다. 유전자가 같은 패밀리는 업보(業報)도 공동 계산되는 수가 있다. 공동 계산이란 쉽게 말하면 연좌제다. 조카의 수명을 연장했으니 그 고모의 수명을 단축시켜야만 패밀리 전체의 토털 수명 대차대조표가 맞는 것이 된다. 이런 사례가 '대수대명'의 한 사례다. 남의 집안 대수대명 공사에 참여한 중봉은 또 어떤 인연으로 이 일에 개입한 것인가? 중봉 선생이 이 일을 겪고 난 후에 필자에게 한 말이 있다.

"남의 집안 일에 함부로 개입하는 것이 아닙니다." ᴧᴧᴧ

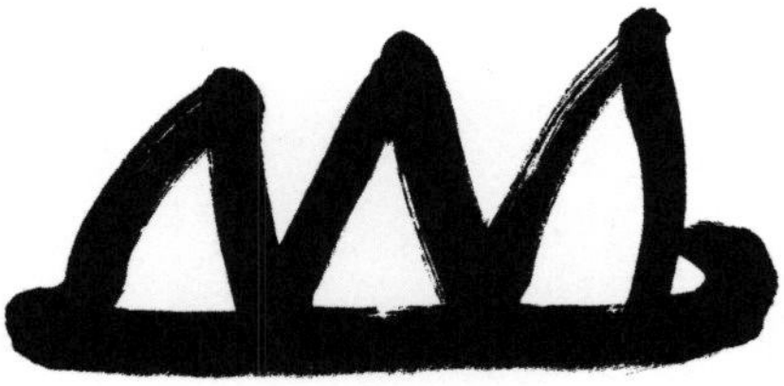

나는 도사가
되고 싶었다

나는 도사(道士)가 되는 게 꿈이었다. 왜 도사가 되려고 했는지는 모르겠다. 어렸을 때부터 자연스럽게 드는 생각은 장래희망이 도사였다. 그러나 결과적으로 도사가 되는 데는 실패했다. 중간에 노력은 나름대로 한다고 했지만 생각한 대로 진도가 나가지 못했고 성취를 이루지 못했다. 노력도 필요하기는 했지만 도사는 노력한다고 되는 것만은 아니고 타고난 자질도 상당 부분 작용한다는 사실을 깨달았다.

어찌 되었든 도사 되는 것은 실패했지만 전국의 명산대천을 여행 다니면서 이 산 저 산의 도사들을 많이 만나보았다. 지금 생각해보니 이야깃거리를 장만하는 소득은 있었던 것 같다. 밥 먹고 사는 집 자식들이었던 내 친구들은 미국의 뉴욕과 LA, 프랑스로 유학 가서 영어와 불어 책을 들고 씨름할 때 나는 지리산, 계룡산, 모악산, 속리산을 헤매고 다녔다. 그 산속의 바위 밑과 흙으로 지은 토담집에서 살던 사회생활 부적응자들, 또는 체제의 속박을 싫어해서 산으로 왔던 자유로운 영혼들, 미신 종사업자, 도사들과 승려들을 만나고 다녔다. 이제 60세가 되니 이런 내용들을 정리해서 소설도 써보고 싶은 욕구가 생겼다.

소설이므로 큰 전제는 허구와 상상력이다. 상상력도 최소한의 씨앗은 있어야 상상이 가능해진다. 맨땅에 헤딩은 못한다. 그 상상력의 씨앗은 사실이 된다. 내용 가운데는 사실도 있고 허구의 상상력도 있다. 사실과 근거 없는 내용이 섞여 있다. 실제로 우리 삶은 사실과 허구의 혼합이 아니던가. 소설이므로 사실보다는 허구의 상상력이 훨씬 큰 비중을 차지한다.

조용헌의
도사열전
ⓒ 조용헌, 2022

2022년 6월 15일 초판 1쇄 발행
2023년 1월 27일 초판 3쇄 발행

지은이 조용헌
발행인 박상근(至弘) • 편집인 류지호 • 상무이사 김상기 • 편집이사 양동민
편집 김재호, 양민호, 김소영, 권순범, 최호승, 하다해 • 글씨 강병인 • 사진 유동영
디자인 쿠담디자인 • 제작 김명환 • 마케팅 김대현, 이선호 • 관리 윤정안
콘텐츠국 유권준, 정승채
펴낸 곳 불광출판사 (03169) 서울시 종로구 사직로 10길 17 인왕빌딩 301호
      대표전화 02) 420-3200 편집부 02) 420-3300 팩시밀리 02) 420-3400
      출판등록 제300-2009-130호(1979. 10. 10.)

ISBN 978-89-7479-708-9 (03100)

값 30,000원